노무현 정부와 미국

노무현 정부와 미국

안 문 석 지음

알다가도 모를 나라가 미국이다. 세계 유일의 초강대국으로 아프가니스탄을 공격하고 이라크를 치고, 북한을 위협하는 모습을 보면 미국은 영락없는 깡패의 모습이다. 하지만 미국은 이와는 완전히 다른 면도 갖고 있다. 조승희라는 한국인 학생이 버지니아 공대 기숙사와 강의실에 권총을 난사해 32명을 살해했을 때 미국인들은 희생자뿐만 아니라 조씨를 위해서도 추모의 꽃과 편지를 전했다. 그를 위한 임시 추모석까지 마련했다. 천하에 둘도 없을 만큼 오만한 제국이 미국이지만 한편으로는 이런 포용과 용서와 자비의 모습을 함께 갖추고 있다.

한국학술정보(주)

서 문

알다가도 모를 나라가 미국이다. 세계유일의 초강대국으로 아프가니스탄을 공격하고 이라크를 치고, 북한을 위협하는 모습을 보면 미국은 영락없는 깡패의 모습이다. 하지만 미국은 이와는 완전히 다른 면도 갖고 있다. 조승희라는 한국인 학생이 버지니아 공대 기숙사와 강의실에 권총을 난사해 32명을 살해했을 때 미국인들은 희생자뿐만 아니라 조씨를 위해서도 추모의 꽃과 편지를 전했다. 그를 위한 임시 추모석까지 마련했다. 천하에 둘도 없을 만큼 오만한 제국이 미국이지만 한편으로는 이런 포용과 용서와 자비의 모습을 함께 갖추고 있다.

두 가지 모습의 미국을 상대하는 것은 여간 어려운 일이 아니다. 특히나 우리처럼 힘과 돈이 부족한 나라는 더욱 그렇다. 무조건 조르고 큰소리치던 미국은 그저 자기 길을 가버린다. '조종'(manipulation)이 안 되는 것이다. 사실 냉전시대에는 약소국이 미국이나 소련을 을러서 목적하는 바를 얻어내기도 했다. 동서 양진영으로 나뉘어 두 개의 강대국이 세력균형을 이룬 상태로 체제경쟁을 하는 상황에서 동맹국을 하나라도 더 확보하기 위해 애를 썼기 때문에 그것이 가능했다. 현대의 국제관계에서도 석유와 같이 강대국이 절실하게 필요로 하는 자원을 가진 나라는 강대국을 상대로 한 '조종'이 가능하다. 하지만 그렇지 못한 작은 나라들로서는 단순한 '조종' 시도는 전혀 효과를 거둘 수 없다. 김영삼 정권이 그랬다. 핵개발 문제를 둘러싸고 미국이 북한과 대화를 하려 할 때 김영삼 정권은 남북관계 개선이 먼저라며 반대했고, 북한의 핵시설에 대해 특별사찰이 조기에 안 되면 북미 간의 합의는 있을 수 없다고 고집을 부렸다. 클린턴 행정부는 종국에는 한국정부의 의견을 무시하고 그들의 길을 갔다. 특별사찰을 미루고, 남북관계 개선은 막연하게 합의사항에 표시하는 정도로 해서 북한의 핵을 동결시키고 대신 경수로를 제공한다는 합의를 했다. 냉전시대에는 '조종' 외에도 여러 가지 수단이 있었다. '도와주지 않으면 죽는다'고 엄살을 부리면 강대국이 도와주기도 했다. 이른바 '약자의 독재(tyranny of weakness)'이다. 하지만 이제 그런 것이 통할 리 만무하다.

탈냉전시대 작은 나라가 강대국을 상대하는 외교정책 수단은 자유주의적인 것이 되어야 할 것이다. 강대국과의 협의와 유대를 강화해 그 바탕 위에서 우리의 이익을 실현하는 것이 가장 현실적이고 실용적이다. 하지만 그것이 전부는 아니다. 강대국 내의 내부분열과 파워게임도 이용할 줄 알아야 하고, 우리가 가진 자원과 지위도 십분 활용해야 한다.

한미관계에서도 한미동맹을 유지, 강화하는 방향은 맞다. 하지만 한미동맹을 끌고 감에 있어서 미국에게는 무조건 협조해야 하고, 미국의 비위를 거스르면 곤란하다는 식으로는 미래 비전이 없다. 할 말은 하고, 주장할 것은 주장하고, 잘못된 것은 잘못됐다고 얘기하고, 얻을 것은 얻어야 한다. 우리의 안보와 경제를 위해 미국이 필요하다면, 미국에게도 우리가 필요하다. 미국 세계전략의 큰 축은 유럽, 아시아, 중동에 대한 관계이다. 유럽과의 관계는 미영동맹, 아시아와의 관계는 미일동맹, 중동과의 관계는 미-이스라엘 연대를 중심으로 관리하고 있다. 이스라엘과는 중동국가들의 반감, 세계여론을 의식해 군사동맹관계를 맺지 못한 상태로 군사·정치적 연대를 유지하고 있고, 이를 바탕으로 중동정책을 펴고 있다. 미국이 세계의 유일 초강대국이지만 사실 군사동맹을 맺고 있는 나라는 그렇게 많지가 않다. 미국의 아시아 정책에서 일본이 물론 중요하지만 한국과도 군사동맹관계를 갖고 있다. 그만큼 미국의 대외전략에서 한국의 위치는 적지 않다. 게다가 미국은 장래 미국에 대항할 유일한 나라를 중국으로 상정하고 중국에 대한 포위 전략을 가지고 있다. 베트남, 몽골, 중앙아시아와의 관계를 강화하는 것도 그런 차원이다. 미국이 대중전략을 추진함에 있어서 한국의 전략적 가치가 큰 이유가 여기에 있다. 보다 실용적 측면에서 본다면 경제적으로도 한국은 미국이 FTA체결을 적극 추진할 만큼 큰 교역상대국이고, 미국 무기를 사주는 규모도 세계 4, 5번째를 유지하고 있다.

그런 점에서 노무현 정부의 대미외교는 그 방향성을 어느 정도 잘 잡았다고 보아야 할 것이다. 미국에 대해 할 말은 하면서 보다 균형석인 관계를 유지하겠다는 외교정책의 지향점은 크게 잘못됐다고 볼 수 없다. 하지만 노무현 정부가 스스로 제시한 이러한 지향점에 얼마나 충실했는지에 대해서는 의구심을 가지지 않을 수 없다. 북핵문제를 해결하고 한반도 평화체제를 구현하는 큰 흐름을 잡아나가는데 미국과 북한, 중국이 자주 거론되고 우리의 역할은 빈번히 비판의 대상이 되고 있다. 전시작전권을 환수하는 것은 바람직한 것이지만 이를 독립운동하듯 하면서 불필요한 마찰을 빚었고, 오염치료도 제대로 안 된 미군기지를 이전받아 미국에 약한 모습을 보였다. 노근리 학살 문제도 석연치 않은 것이 많은데 미국의 철저한 조사와 반성을 이끌어 내지 못했다. 미국은 북한과 대화를 하면서도 탈북자 문제와 인권문제로 북한의 지반을 무너뜨리는 작업을 계속하고 있는데도, 이 부분을 두고 우리는 미국의 협조와 공조의 대상이 되지 못했다.

미국이 언제까지 우리에게 중요한 존재일지는 아직 아무도 모른다. 미국의 입김이 사그라지면 중국이 그 자리를 차지하게 될 것인가? 우리의 역사는 중국이 강할 때는 중국에 조공을 바치고, 일본이 강할 때는 일본의 직접 통치를 받았고, 미국이 강해지고 나서는 미국의 간섭과 영향을 받았다. 이러한 역사의 악순환 고리를 끊기 위해서는 물론 물적

토대를 강하게 하는 것이 우선이다. 하지만 그것만으론 부족하다. 국제체제의 흐름을 꿰뚫고 주변국의 전략을 완벽하게 이해한 상태에서 우리 나름의 활로와 생존전략을 찾지 않으면 안 된다.

이 책은 우리의 활로에 대한 고민의 일단으로 나온 것이다. 한미관계의 현실이 어떤 것이고, 한국이 꼭 해야 하는데 못 하고 있는 것이 무엇이며, 또 미국이라는 강대국을 상대로 한 것인 만큼 그 한계는 어떤 것인지를 분석한 것이다. KBS 정치외교팀에서 외교안보데스크로 일하는 동안 우리의 외교와 안보정책을 관찰한 것이 주요 자료가 됐다. 아직도 부족한 것이 많지만 비슷한 문제의식을 가진 분들과 인식·정보를 공유하고 싶은 생각이 앞서 책으로 엮었다. KBS 정치외교팀에서 외교·안보·통일 분야를 취재하면서 동고동락한 후배기자들에게 이 기회를 빌어 감사를 표한다. 또, 부족한 원고를 꼼꼼히 읽고 고쳐준 아내와 후배 임세흠기자의 수고에 고마운 마음을 전하고 싶다. 쉬는 날이면 원고 쓴다고 제대로 놀아주지 못했는데도 이해해주고 성원해준 아들과 쌍둥이 딸에게도 고맙다는 말을 전한다.

2007년 11월 25일

안 문 석

contents

1장 한국 · 북한 · 미국의 삼각관계

1. 달라진 미국의 대북정책

부시 행정부의 대외정책이 확연히 달라진 모습을 보이기 시작한 것은 2007년 들어서면서부터이다. 부시 행정부는 2007년 초부터 힘을 바탕으로 한 압박보다는 외교를 앞세운 정책을 추진했다. 변화의 모습은 실은 2006년부터 조금씩 나타났다. 2006년을 맞으면서 부시 미국 대통령은 "전 세계에 확산되고 있는 테러를 막기 위해서는 그 나라 문화와 인어를 배우는 일이 중요하다"고 깅조했다. '테러근절에 협력하면 동지요, 아니면 적'이라는 9 · 11 이후의 강경한 자세와는 다소 달라진 모습이었다. 테러국이나 테러지원국을 제대로 이해하고 근본적인 대응책을 세우는 것이 진정한 테러 근절책임을 어느 정도 인식한 것이다. 그러면서 미국정부 내에서 네오콘의 힘은 서서히 빠지기 시작했다. 2006년 3월 폴 월포위츠 국방부 부장관이 물러났고, 이후 '네오콘의 정보통' 루이스 리비 부통령 비서실장, '네오콘의 두뇌' 더글러스 페이스 국방부 정책차관도 정부를 떠났다. 강경파의 퇴조는 2007년 들어 보다 표면화

됐다. 미국정부 내에서 강경파와 온건파의 논쟁은 여전히 계속되고 있지만, 로버트 조지프 국무부 군축담당 차관 등 네오콘이 추가로 물러나고, 이란, 시리아 등 적대국과도 대화를 시도하려는 모습을 보였다. 이러한 배경 속에서 북핵문제에 대한 2·13 베이징 합의도 나왔다. 부시는 2·13 합의과정을 진두지휘했고 그 결과를 두고도 "북한의 핵폐기를 위한 중요한 진전"이라고 평가했다. 2006년 말까지만 해도 유엔대사였던 존 볼튼이 2·13 합의를 "잘못된 합의"라고 비난할 때도 부시는 "그런 견해에 전혀 동의하지 않는다"고 정면으로 반박했다. 그야말로 상전벽해다.

사실 부시의 북한에 대한 인식은 극도로 부정적인 것이었다. 부시는 취임 직후 2001년 3월 김대중 대통령과의 정상회담에서 김정일 북한 국방위원장에 대해 '의구심(skepticism)'을 갖고 있다고 말하는 것을 시작으로 어떤 때는 '못된 아이(a spoiled child)', 어떤 자리에서는 '독재자(tyrant), '위험한 인물'(dangerous person) 등 다양한 용어로 김정일을 비난해 왔다. 그 가운데 압권은 "김정일을 지긋지긋하게 싫어한다"라는 표현이었다. 영어표현을 그대로 옮기면 I loathe Kim Jong Il이다. loathe는 abhor나 hate, dislike보다도 훨씬 강한 말이다. '그의 수하에 있던 존 볼튼 전 유엔대사는 '포악한 독재자'(tyrannical dictator), 체니 부통령은 '무책임한 지도자'(irresponsible leader)라며 김정일에게 파상공격을 퍼부어 왔다. 북한 정권에 대해서도 '악의 축'(axis of evil, 부시)을 시작으로 '지옥 같은 악몽'(hellish nightmare, 볼튼), '폭정의 전초기지'(outpost of tyranny, 라이스 국무장관), '불량국가'(rogue state), '무법정권'(outlaw regime) 등 무시무시한 용어들로 비난을 거듭해 왔다. 2005년 9월 6자회담을 통해서 9·19 공동성명이 나왔지만 미국은 북한의 달러 위조 생산과 마약·담배 불법 거래 등을 이유로 금융제재를 계속해 결국 성명은 이행되지 못했다.

2006년 중후반까지도 미국의 입장은 강경기조를 유지했다. 2006년 4

월 동북아 협력대화가 당시 미국의 입장을 잘 설명해 준다. 6자회담이 교착상태에 빠진 가운데 도쿄에서 동북아시아 협력대화(NEACD)가 열렸다. 동북아 협력대화는 동북아 각국의 정부관료와 학자들이 모여 동북아의 정치·경제적 협력을 논의하는 자리였다. 비공식회의였지만 6자회담 대표들이 모두 참석해 한국과 일본 언론들의 관심이 지대했다. 당시 김계관 북한 외무성 부상은 크리스토퍼 힐 미 국무부 차관보를 만나기 위해 백방으로 노력했다. 김계관은 우리 측의 천영우 대표에게 힐을 만나게 해 달라고 부탁하기도 했다. 필자는 동북아 협력대화 이후 천영우 외교부 차관보와 두어 차례 점심을 같이할 기회가 있었다. 당시의 분위기를 물었다. "김계관이 쫓기는 모습이었다"는 것이 천영우 차관보의 답이었다. 그러면서 천 차관보는 당시 보고 들었던 광경을 전해 줬다. 천 차관보에 따르면 당시 김계관은 BDA에 묶여 있는 2,500만 달러를 받아내지 못하면 6자회담에 절대 나갈 수 없다고 몇 차례나 강조하면서 절박한 사정을 얘기했다. 천 차관보는 김계관에 대해 "이야기도 잘하고 기본적으로 얘기가 좀 되는 사람"이라고 평가했다. 그런 사람이 BDA자금에 관해서는 쩔쩔매는 모습이었다. 천 차관보는 그래서 김계관이 감히 거역하지 못할 만큼 센 기관이 그 돈의 주인이라는 인상을 받았다. 6자회담을 성사시키는 것이 급선무인지라 천 차관보는 힐과 자리를 만들려고 애를 썼다. 하지만 힐은 미동도 하지 않았다. BDA문제는 재무부가 알아서 하는 것이고, 불법에 대한 조사이기 때문에 어쩔 수 없으니 북한은 BDA문제는 거론하지 말고 무조건 6자회담에 나와야 한다는 것이 미국이 단호한 입장이었다.

이처럼 북한에 대해 강경정책을 펴던 미국이 2006년 말 6자회담 재개를 결정하고 2007년 1월 베를린에서 북한과 양자회담을 가졌다. 부시는 이전까지는 북한과의 양자회담은 허용하지 않았다. 베를린 회담은 2·13 합의로 이어졌고, 북한이 핵문제 해결에 나서는 대신 미국은 북한에 대해 에너지를 지원하고 북미관계 개선을 위한 협상도 진행하기로 했다. 게다가 김계관이 뉴욕까지 방문해 북미수교문제까지 논의할 만큼 짧은 시간에 변해도 너무 변했다. 그 바람에 BDA문제도 해결됐고, 2007년 6월 26일 올리 헤이노넨 IAEA 사무차장을 단장으로 한 IAEA 대표단이 북한을 방문함으로써 핵시설 폐쇄를 위한 작업은 본격화됐다. 미국이 이렇게 완전히 달라진 데에는 콘돌리자 라이스 미 국무장관의 역할이 컸다. 라이스 밑에서 한국과장(2002-2004)을 지냈던 데이비드 스트로브는 라이스가 부시를 상대로 북한과 유연하게 협상해야 한다고 설득했고, 결국 부시가 이를 허락했기 때문에 6자회담이 가능하게 됐다고 설명한다.[1] 물론 라이스를 설득한 것은 크리스토퍼 힐 미 국무부 차관보였을 것이다.

그렇다면 미국의 대외정책은 왜 이렇게 변했을까. 우선 미국은 장기간의 이라크 전쟁으로 인한 정책 피로감으로 진통하고 있다. 반전여론의 부담이 임기 말 부시 행정부를 강하게 압박하고 있다. 그래서 부시 미국 대통령은 잔여 임기 동안 새로운 이슈를 만드는 것보다는 지금까지 야기된 문제들을 깔끔하게 정리해야 한다는 강박관념을 갖고 있다. 부시 정권에서 2005년 12월까지 국가안보회의 아시아 담당 선임보좌관을 지낸 마이클 그린도 미국의 대북정책 변화의 원인은 이라크 수렁에 빠진 조지 W 부시 미국 대통령의 체면을 살리기 위한 것이라고 분석하고 있다.[2] 임기를 마무리하는 시점에서 뭔가 크게 성공한 정책을 갖고 싶은 것이 부시의 욕구이다. 민주당의 예비후보인 배럭 오바마, 힐러리 클린턴 등은 벌써부터 선거운동에 나서 전국을 누비고 다닌다. 공화당 내에서도 루디 줄리아니, 마이크 허커비 등이 대선을 위해서 뛰고 있다.

---

1) 데이비드 스트로브, "부시, 대북정책 왜 갑자기 바꿨나", 조선일보, 2007. 3. 17, A31면.
2) 마이클 그린, "2·13 합의의 중요성", 중앙일보, 2007. 3. 16, 34면.

이라크 상황은 여전히 깊은 수렁을 벗어나지 못하고 있다. 미 의회조사국(CRS)이 조사한 바에 따르면 부시 대통령이 아프가니스탄과 이라크 전쟁에 쓴 예산은 2007년 상반기까지 6,100억 달러(약 561조 원)이었다. 이 가운데 이라크전에 사용된 것은 4,500억 달러. 1991년 걸프전 당시 쓴 돈은 850억 달러에 그쳤다. 한국전 당시의 전비도 현재의 물가가치로 환산해도 3,500억 달러 정도이다. 베트남전에 쓴 예산이 6,500억 달러인 사실에 비추어 보면 아프간·이라크 전쟁 예산이 얼마나 막대한 것인지 쉽게 알 수 있다. 지금도 매달 120억 달러(약 11조 원)가 들어가고 있다. 물론 전사자도 날로 증가하고 있다. 이라크에서 3,500여 명이 사망해 아프간까지 합치면 4,000명 이상이 숨을 거뒀다. 이런 상황에서 부시 대통령은 상황을 반전시켜야겠다는 생각과 함께 실정을 상쇄할 만한 다른 대안을 찾기 위한 임기 말 조급증에 시달리고 있다.

부시의 정실인사에 대한 비판도 그의 지지도를 많이 떨어뜨려 놓았다. 앨버토 곤잘러스 법무장관도 그 대표적인 사례이다. 검사 경력이 전혀 없는 그는 텍사스 주지사 시절부터 부시를 도와왔다는 이유로 법무장관이 됐다. 그렇더라도 일을 깔끔하게 잘했으면 문제가 되지 않았을 텐데, 2006년 말 공화당에 비판적인 연방검사 8명을 무더기로 해임해 워싱턴 정가에 큰 파문을 일으켰다. 백악관 법률보좌관 시절인 2004년 3월 영장없는 도청행위에 대한 법무부의 동의를 얻기 위해 병석에 있던 존 애슈크로프트(John Ashcroft) 당시 법무장관을 방문해 압력을 행사한 사실도 드러나 그에 대한 사퇴압력이 거세졌고, 결국 그는 2007년 8월말 사임했다. 판사를 해보지도 않은 해리엇 마이어스를 백악관 법률고문에서 연방 대법관으로 보내려다 여론의 뭇매를 맞고 물러섰고, 말[馬] 관련 소송 전문 변호사를 연방재난 관리청장으로 임명했다가 허리케인 카트리나에 엉망으로 대처하는 바람에 제풀에 물러나게 만들었다. 부시의 '실패한 인사'는 공화당 내에서 마저 거센 비판을 받고 있다. 이런 부시를 두고 보수적인 논객 로버트 노박은 2007년 3

월 26일 워싱턴포스트 칼럼을 통해서 "지난 50년 동안 자신의 정당에서 이처럼 소외당하는 대통령을 본 적이 없다. 지미 카터나 탄핵소추를 당했던 닉슨도 이 정도는 아니었다(In half a century, I have not seen a president so isolated from his own party in Congress......not Jimmy Carter, not even Richard Nixon as he faced impeachment)."라고 지적했다.

노박은 공화당 사정에 밝고 부시 대통령에게 그동안 우호적이었다. 그는 워싱턴 정가를 시끄럽게 했던 리크게이트에도 깊이 개입돼 있었다. 이라크 주재 차석대사와 나이지리아 대사를 지낸 뒤 퇴직한 조셉 윌슨은 2003년 7월 6일 뉴욕타임스에 기고를 했다. 이라크전은 정당성이 없다는 내용이었다. 윌슨은 이라크 침공에 앞서 2002년 2월 CIA의 요청을 받고 아프리카 니제르를 방문했다. 이라크가 니제르로부터 핵무기 원료인 정제 우라늄을 수입했는지를 확인하기 위해서였다. 조사를 해보았지만 이라크의 우라늄 수입 증거는 없었다. 이런 경험을 바탕으로 그는 이라크의 대량살상무기 개발 가능성을 부인했다. 윌슨의 기고가 나온 지 8일 만에 노박은 시카고타임스에 기고문을 보냈다. 윌슨의 주장을 폄하하는 내용이었다. 이 칼럼에서 노박은 윌슨의 부인 발레리 플레임이 CIA 대량살상무기 담당 요원임을 폭로했다. 부인이 주는 정보를 가지고 정부를 비판하고 있고, 부인 덕분에 이라크 우라늄 수입을 조사한다는 명분으로 공짜 여행까지 했다고 주장했다. 노박에게 이 정보를 준 사람은 리처드 아미티지 당시 국무부 부장관이었다. 아미티지는 2003년 7월 8일 자신의 사무실에서 노박을 만났다. 윌슨의 기고가 나온 지 이틀 후였다. 두 사람은 그 칼럼에 대해 얘기했다. 그 과정에서 아미티지는 윌슨의 부인이 CIA 비확산담당부서에 근무하고 있다고 말했다. CIA 직원의 신분을 누설하는 것은 연방법에 의해 중죄에 해당하는 것이다. 다음날 노박은 칼 로브 백악관 부비서실장에게 확인을 요청했다. 그러자 로브는 "당신도 그걸 들었군요"라며 윌슨 부인이 CIA

요원임을 확인해 줬다. 체니 부통령의 비서실장 루이스 리비는 월슨의 기고 2주 전에 이미 신문기자들을 상대로 월슨의 신뢰성을 깎아내리려는 시도를 시작했고, 그 과장에서 부인의 신분도 노출시켰다. 결국 2004년 초 특별검사 패트릭 피츠제럴드가 임명되고 관련 수사가 시작됐다. 3년 동안 수사를 했지만 리비를 지휘한 체니, 리처드 아미티지, 칼 로브 그 누구도 건드리지 못했다. 루이스 리비만 사법절차 방해와 위증 혐의로 유죄 평결을 받았다. 어쨌든 부시의 정책을 비판하는 외교관을 공격하는 데 앞장설 만큼 노박은 부시 편이었다. 하지만 이제는 달라졌고, 부시를 '닉슨보다도 더 외로운 대통령'으로 비판하고 있다. 그런데 한 가지 더 짚어야 할 것은 리크게이트로 유일하게 유죄평결을 받은 리비마저 2007년 7월 2일 감형(commutation)을 받아 감옥행은 면했다는 것이다. 리비는 1심재판에서 2년 6개월의 징역을 선고받았다. 그러자 그는 연방항소법원에 수감연기를 요청했다. 이에 대해 항소법원은 만장일치로 기각을 결정했다. 부시가 헌법에 보장된 사면권을 이용해 징역형을 면제해 준 것은 항소법원의 기각결정이 난 지 몇 시간 후였다. 징역 2년 6개월, 벌금 25만 달러, 보호관찰 2년의 형 가운데 징역형을 면제해 준 것이다. 부시는 사면 결정을 하면서 법무부와도 상의하지 않았다. 포드나 클린턴도 사면권을 행사한 적이 있지만 법무부와 협의하지도 않은 사례는 처음이었다. 게다가 부시는 "판사가 내린 2년 6개월 징역형은 과했다(severe)"라는 평가를 붙였다. 사법부의 권위 자체를 부정해 버렸다. 그래서 비판은 거셌다. 리크게이트의 특별검사인 패트릭 피츠제럴드는 "사면권 남용"이라고 정면으로 비판했고, 조셉 바이든 상원의원은 "대통령은 자신이 법 위에 있다고 생각한다"고 비난했다. 클린턴 전 대통령도 "부시 행정부 사람들은 자기들이 원하는 것은 뭐든지 할 수 있고, 법은 단지 자잘한 장애물이라고 생각한다는 증거"라고 공격을 퍼부었다. 현직 백악관 관료가 유죄평결을 받은 것은 레이건 정권 당시 있었던 이란-콘트라 사건을 제외하고는 첫 케이스였지만 부시의 제 식구 감싸기 덕분에 리비는 감옥생활을 피해 갔다.

2006년 11월 중간선거에서 민주당에 패배한 것도 대외정책 변화의 주요한 원인으로 작용하고 있다. 의회의 상하원을 장악한 민주당은 이란·시리아·북한 등 적대국과의 양자대화를 꾸준히 주문하고 있다. 다자간의 대화는 대화를 위한 대화에 그칠 뿐 분명한 결실은 얻어내기 어렵고 미국의 대외정책을 효과적으로 이끌어 가는 수단이 될 수 없다는 주장이다. 문제의 양 당사자가 만나서 주고받기를 통해 문제를 해결하고 필요하다면 다자협의체에서 다시 한번 보증을 받는 형태가 옳다는 것이다. 부시 행정부가 이러한 의회의 요구에 마냥 눈을 감기는 어려운 상황이 됐다. 미국의 상원은 주로 법률이나 결의안으로, 하원은 예산으로 행정부를 통제한다. 민주당이 장악한 상원이 수시로 대외정책의 수정을 요구하는 결의안이나 법률을 생산하고, 하원이 정책 수행에 필요한 예산을 제때에 승인해 주지 않는다면 행정부는 그야말로 속수무책이 되기 십상이다. 94년 10월 미국의 클린턴 행정부가 북한과 핵문제 해결을 위한 북미합의를 하고도 바로 그 다음달 중간선거에서 공화당에 패배해 의회권력을 상실하는 바람에 북한에 약속한 중유제공에 큰 차질을 빚은 예는 미국의 행정부와 의회의 관계를 잘 보여준다.

워싱턴의 정가뿐만 아니라 미국의 식자층 사이에서도 미국의 일방주의적 외교정책에 대한 비판이 거칠게 일고 있는 점도 부시 행정부가 대외정책에 뭔가 변화를 주지 않으면 안 되도록 몰아가고 있다. 플레처 스쿨의 대니얼 드레즈너(Daniel Drezner) 교수는 포린 어페어즈(Foreign Affairs)誌에 기고한 논문을 통해 부시 행정부의 일방주의를 비판하면서 "미국은 최근 몇 년간 국제기구의 구조와 운영에 해를 끼쳐 왔고, 이 때문에 국제경쟁의 룰(rule)을 다시 정립하려는 미국의 노력도 국제법상의 여러 제약을 피하려는 시도로 인식되고 있다"고 꼬집었다.[3] 그동안 부시

---

3) 대니얼 드레즈너, "신신세계질서(The New New World Order)", Foreign Affairs, Vol.86, No.2(March / April 2007), 35쪽.

행정부는 미국에 유리한 쪽으로 일방적으로 국제기구를 움직여 왔고, 때문에 이제는 선의로 하는 일도 국제사회가 믿어주지 않는다는 얘기다. 부시의 외교적 실패는 이제 영국 총리 가운데 가장 낮은 평가를 받고 있는 아서 체임벌린(Arthur Neville Chamberlain)에 비유된다. 부시는 집무실에 윈스턴 처칠의 흉상을 두고 그를 닮고 싶어 하지만, 히틀러의 세계 정복 야욕을 간파하지 못하고 독일에 대해 유화정책(appeasement policy)을 펴다 전쟁의 책임을 지고 물러난 체임벌린과 다름없다는 것이 미국 내외의 평가이다. 처칠과 체임벌린은 크게 세 가지가 달랐다. 처칠은 총리가 되기 전부터 외교에 대한 이해와 경험이 풍부했지만 체임벌린은 그렇지 못했다. 육·해·공군 장관과 식민장관을 두루 거친 처칠에 비해 체임벌린은 보건·재무장관을 했지만 외교 분야 경험은 없었다. 처칠이 주변국이나 세계와 대화를 할 줄 알았던 반면에 체임벌린은 국제사회와의 연대에 관심이 없었다. 처칠은 또한 의회를 상대할 때 자신을 낮추면서 노련하게 응대했지만 체임벌린은 그렇게 하질 못했다. 부시는 이 세 가지 점에서 체임벌린을 꼭 닮았다. 주지사를 했을 뿐 외교에 대한 식견이 없고, 대외정책은 일방주의로 흘렀으며, 의회에 대한 경험도 모자라 테러와의 전쟁을 수행하면서 의회를 귀찮은 존재를 여기고 의회를 초월한 대통령의 특권을 요구했다. 영장도 없이 민간인을 도청할 수 있도록 한 것이 대표적인 사례이다. 처칠까지도 도청했던 체임벌린과 너무나도 닮았다. 다만 체임벌린이 2차대전 발발과 초기 전쟁 수행 실패에 대한 책임을 지고 물러난 반면에 부시는 임기가 보장된 대통령이라는 직위 덕분에 임기를 채울 수 있다는 차이가 있을 뿐이다.

중동문제도 미국 대외정책의 변화를 요구해왔다. 이라크전이 내전양상으로 바뀌어 해결기미가 보이지 않는데다 이스라엘과 팔레스타인 분쟁도 크게 진전되지 않고 있고, 레바논의 내전도 계속되고 있다. 중동에서 시아파 대국 이란의 영향력은 더 커지고 있고, 그러면서 이란의 라이벌 사우디아라비아도 미국의 그늘을 벗어나려는 노력을 배가하고 있다. 압둘라국왕은 2007년 3월 28일 사우디 수도 리야드에서 열린 아랍연맹 정상회의 기조연설에서 미군의 이라크 주둔을 "불법적 점령"이라고 공격했다. 게다가 이란은 시아파, 사우디는 수니파로 종파가 다르고 대미성향이 완전히 다름에도 불구하고 양국은 이슬람의 이름으로 단결하는 모습을 보이고 있다. 양국은 2007년 3월 3일 정상회담을 갖고 이슬람 세계를 분열시키려는 시도에 공동대응하기로 했다. 이를 두고 BBC는 "중동에서 미국의 주도권이 쇠락하고 있다"고 보도했다. 사우디의 이러한 변화 뒤에는 빈 술탄 왕자가 있다. 국가안보회의(NSC) 의장을 맡고 있는 그는 주미대사를 22년이나 지낸 미국통이다. 대사시절 백악관을 수시로 출입하면서 중동정책에 누구보다 큰 영향력을 발휘해 왔다. 그래서 그는 '아랍의 키신저'로 불린다. 그처럼 미국을 잘 아는 그가 미국에 반기를 드는 일을 지휘하고 있다. '아랍의 키신저'의 판단으로도 중동에서 미국의 권력은 약해졌고 중동이 자기 목소리를 낼 때가 된 것이다. 이런 바탕 위에서 2002년 사우디가 제안했던 중동평화안도 재추진되고 있다. 1967년 3차 중동전쟁에서 이스라엘이 점령한 가자지구와 동예루살렘, 요르단강 서안, 골란고원을 모두 돌려주면 아랍국가들이 이스라엘의 존재를 인정한다는 것이 사우디가 내놓았던 중동평화안이다. 2007년 3월의 아랍연맹 정상회의에서 이 안을 다시 추진하기로 합의했다. 이라크전 이후 미국의 그림자가 서서히 걷히고 중동 스스로의 길을 가는 모양이 보다 뚜렷해지고 있는 것이다.

게다가 러시아는 중동문제에 대한 관심을 확대하고 있다. 푸틴 러시아 대통령은 2007년 2월 중동을 순방하면서 중동과의 관계개선에 적극 나섰다. 팔레스타인의 한 정파인 하마스와의 친밀한 관계를 이용해 이스라엘-팔레스타인 문제에 대한 중재노력도 한층 강화하고 있다. 2007년 3월 27일 푸틴 대통령이 승인한 『러시아 외교정책 검토보고서』는 "미국중심의 일극체제 신화는 이라크전으로 깨졌다"고 선언했다. 러시아 외교부가 러시아 과학아카데미 등 관련기관의 자문을 받아 작성한 이 보고서는 미국이 이란과 북한에 대해 압박을 가하는 것도 반대하고, 미국이 동유럽과 카프카스산맥 일대에 배치하려는 미사일방어망(MD) 계획에 대해서도 지역의 안정을 해칠 수 있다면서 반대를 공개적으로 표명했다. 미국의 외교정책에 대해서도 "국제적 사안마다 신속한 해결을 위해 무력으로 대처하면서 화를 자초하고 있다"고 비판했다. 이러한 국제정치의 흐름은 미국의 긴장을 불러일으키고 있다.

중국과의 이해관계도 미국의 대외정책을 규정하는 중요한 요소다. 중국은 2025년까지 경제성장에 진력한다는 정책기조를 갖고 있다. 그런 만큼 주변정세의 급격한 변화를 원치 않고 있다. 북한 핵문제에 대한 보다 적극적인 개입과 대북한 압박을 미국이 꾸준히 요구하고 있지만 중국은 변화보다는 현상유지(status quo)를 바라고 있다. 중국의 이러한 정책기조를 미국도 익히 알고 있고 그런 만큼 이를 고려한 대외정책을 수립할 수밖에 없는 상황이다. 뿐만 아니라 중국과 러시아의 간접적인 리더십 하에 이란, 북한, 쿠바, 베네수엘라 등 반미 벨트가 성장하고 있는 것도 미국으로선 부담스러운 현상이다. 이런 다양한 변수들이 작용하면서 미국의 대외정책은 변화하고 있다고 보아야 할 것이다.

이러한 동인들이 미국 대외정책의 실제적인 변화를 불러왔지만 그동안에 부시 행정부 내에서도 이러한 변화를 주장하는 목소리가 존재해 왔다. 그 대표적인 인물이 필립 젤리코(Philip Jellico)이다. 2006년 12월까지 국무부 자문관(차관급)을 하다가 지금은 버지니아 대학교 교수로 돌아갔다. 지금 미국의 대외정책 변화는 그가 그려놓은 큰 그림을 따라가는 양상이다. 2005년 9·19성명 이후 8개월째 6자회담이 답보상태에 있던 2006년 5월 젤리코는 대북정책을 재검토하는 보고서를 만들었다. 북한이 요구하는 것을 들어주고 대신 미국의 국력을 이용해 동북아 질서를 미국 주도로 끌고 가야 한다는 내용이었다. 그 가운데 핵심은 북한이 핵을 포기하면 북한이 원하는 평화협정도 해 줘야 한다는 것이다.

2006년 11월 하노이 APEC 정상회담에서 부시가 "북한이 핵을 포기하면 한국전쟁의 종전선언에 사인할 수 있다"고 발언한 것도 이 보고서 따른 것으로 보인다. 젤리코는 북핵문제를 대량살상무기 확산이라는 좁은 시각으로 본 네오콘과는 다른 인식을 가지고 있다. 북핵문제를 해결하기 위해서는 한반도 문제를 큰 틀에서 풀어야 한다는 생각을 가지고 있다. 젤리코는 라이스 국무장관과 아버지 부시 정권 당시 백악관 국가안전보장회의에서 함께 일했다. 1954년생으로 동갑인 이들은 이후 학문적인 동지로 『독일통일과 유럽의 변환(Germany United and Europe Transformed)』이라는 책을 함께 썼다. 1985년 고르바초프의 등장 이래 독일의 통일과 유럽의 냉전구조 해체과정을 심층 분석했다. 고르바초프의 개혁정책으로 소련과 함께 동유럽의 사회주의는 흔들렸다. 당시 미국 대통령 시니어 부시와 독일 총리 헬무트 콜은 양보할 것은 크게 양보하고, 요구할 것은 크게 요구하면서 이 소용돌이를 적극 이용했다. 그래서 독일 통일과 유럽의 냉전구조를 종식시킬 수 있었다. 이 저서는 이런 내용을 중심으로 하고 있다. 젤리코는 라이스와 부시에게도 똑같은 주문을 했을 것이다. 크게 주고 크게 받아야 한다. BDA문제, 체제안전 보장 같은 북한의 요구, 나아가 평화협정 체결까지 들어주고 핵과 미사일의 포기, 국제사회와의 적극적인 대화를 북한에 요구하라고 했을 것이다. 젤리코 보고서의 내용이 언론에 일부 나는 것을 제외하고는 공개되지 않고 있지만 그런 내용을 담고 있을 것이다.

미국의 대외정책은 전통적으로 국제주의(internationalism)와 고립주의(isolationism)의 대립관계였다. 국제주의는 미국이 되도록 국제사회에 적극 개입해 문제해결을 시도해야 한다는 입장이고, 고립주의는 국제적인 문제는 국내적인 이슈를 해결하고 난 다음의 문제라는 인식이다. 하지만 탈냉전시대에 접어들면서 고립주의는 크게 약화됐다. 세계 유일의 초강대국으로서 국제문제에 관심을 갖고 간여해야 한다는 공감대는 미국 내에서 형성됐다. 하지만 어떤 식으로 국제문제에 관여할 것이냐 하는 점에 대해서는 공화당과 민주당 사이에 차이가 있다. 공화당은 현실주의적 국제주의 경향을 보이면서 군사력과 경제력을 바탕으로 한 국제질서의 리더를 지향해 왔다. 그러면서 공화당의 외교는 강경한 정책이 주된 것이었다. 반면에 민주당은 자유주의적 국제주의를 지향하면서 국제사회의 다자적 대화 레짐의 가치를 중시하고 세계의 인권 신장을 중시하는 경향을 보여 왔다. 그래서 민주당 정권은 외교를 통한 문제해결을 강조해 왔다. 지금의 부시 행정부가 초기 강경책을 위주로 한 정향에서 외교를 강조하고 대화의 틀을 강조하는 모습으로 변화하는 것은 공화당이 전통적인 민주당 모델에 접근하면서 양당의 외교정책 수행 방향이 수렴하고 있음을 보여준다. 이런 미국 대외정책의 변화 양상 속에서 미국의 대한반도 정책도 변화의 모습을 띨 수밖에 없다. 대북 강경책보다는 대화를 강조하고, 고농축 우라늄(HEU) 프로그램의 불확실성을 시인하면서 핵문제의 원만한 해결책을 모색하는 것은 이런 변화를 단적으로 보여주는 사례다.

하지만 이런 변화가 언제까지 계속될지는 모를 일이다. 특히 북한과의 사이에는 변수가 너무 많다. 우선 북한이 핵시설의 신고는 완전하게 할 것인지, IAEA의 사찰관의 활동 범위를 어느 정도로 할 것인지, 북한이 이미 가지고 있는 플루토늄은 어떻게 처리할 것인지, HEU는 어떻게 합의를 할 것인지, 북한이 제조한 핵무기는 어떻게 할 것인지 등등 산 넘어 산이다. 이 모든 과정이 문제없이 진행된다고 하더라도 정전협정을 평화협정으로 대체하는 문제, 북미관계 정상화의 구체적 절차 등에서 다시 문제가 나타날 수도 있다. HEU 문제만 하더라도 그렇다. 2007년 3월 초 뉴욕 북미관계 정상화 실무회담에서 김계관 북한 외무성 부상은 모든 핵프로그램에 대해 해명하겠다고 밝혔다. 그러면서도 김계관은 HEU존재 자체에 대해서는 부인했다. 이에 대해 힐 미 국무차관보는 2007년 3월 9일 PBS와의 인터뷰에서 HEU 프로그램에 대해 강한 압박을 하지 않을 것 같던 종전의 태도와는 좀 다르게 "HEU 프로그램의 전모를 반드시 알아내도록 할 것"이라고 말했다. 이 부분에 대해서 호락호락하지 않을 것임을 다시 분명하게 얘기한 것이다. 이와 관련해 데이비드 스트로브 전 국무부 한국과장은 부시의 대북정책 변화는 그동안의 성책이 잘 먹혀들지 않고 있다는 사실을 자각한 데서 나온 것일 뿐이며, "부시 대통령은 북한 정권에 대한 자신의 견해를 바꾸지 않았고, 북한의 이런저런 협박성 요구를 다 받아줄 의사는 전혀 없는 것으로 보인다"고 밝혔다.[4] 2007년 3월 5일 뉴욕회담에서 북한과 미국은 많은 얘기를 했는데, 그 자리에서 김계관은 힐에게 핵을 가진 채 미국과 수교를 하는 방안을 타진했다. "우리도 인도처럼 대우해 달라"고 요구한 것이다. 인도는 핵무기를 가진 상태로 2006년 12월 18일 미국과 미국－인도 핵 협력 협정을 맺었다. 미국이 인도에 핵기술을 판매할 수 있도록 하는 내용이다. 북한의 요구에 대해 힐은 단호했다. "북한은 절대 인도처럼 될 수 없다"는 게 힐의 대답이었다.[5] BDA 문제만 해도 2,500만 달러에 대해 동결을 해제했지만 미국은 미국은행들이 BDA와 거래하는 것을 금지시켰다. BDA는 사실 폐쇄된 것이다. 북한의 주요 국제거래 통로인 BDA가 문을 닫게 됨으로써 북한의 국제금융거래도 사실상 불가능하게 됐다. 이런 사정으로 볼 때 북한과 미국 사이에는 아직도 건너야 할 강이 여럿 있다. 부시의 깊은 속을 다 알 길은 없다. 북한과의 관계를 진정 개선하겠다는 의지가 확고한 것인지, 아니면 이미 제2의 베트남전화되어 있는 이라크 전쟁에 국력을 집중시키기 위해 북한과의 관계는 다만 긴장을 좀 완화시키면서 큰 문제가 생기지 않도록 관리를 하겠다는 것인지 시간을 좀 두고 보아야 한다.

---

4) 데이비드 스트로브, "부시, 대북정책 왜 갑자기 바꿨나", 조선일보, 2007. 3. 17, A31면.
5) 조선일보, 2007. 3. 28, 4면.

2. 한반도 평화체제와 한국

미국의 대외정책 변화는 우리에게도 큰 의미가 있다. 대북정책이 달라지고 미국의 대북인식이 달라진다면 결국 이러한 변화는 한반도의 평화와 안정으로 연결될 것인가 하는 문제가 우리에게는 중요한 것이다.

2006년 11월 베트남 하노이에서 APEC 정상회담이 열렸다. 11월 18일에는 한미정상회담이 있었다. 이 자리에서 부시는 아주 중요한 얘기를 했다. "김정일과 함께 한국전쟁 종료를 공식 선언할 수 있다"고 한 것이다. 휴전상태를 공식적으로 끝내는 선언을 하고 정전체제를 평화체제로 전환하는 협정에 서명할 수 있다는 얘기였다. 이 소식은 미국발로 전해졌다. 다음날인 19일 토니 스노 백악관 대변인이 정상회담 내용을 설명하면서 말한 것이다. 이 소식이 외신을 통해서 전해진 뒤에야 청와대는 그런 얘기가 있었다고 설명했다. 정전체제를 평화체제로 전환하는 논의를 한다는 얘기는 2005년 9·19 공동성명에도 들어 있다. 9·19 공동성명 제4조는 "6자(저자 주: 6자회담 당사국, 즉 한국과 북한·미국·중국·일본·러시아)는 동북아시아의 항구적인 평화와 안정을 위해 공동 노력할 것을 공약하였다. 직접 관련 당사국들은 적절한 별도 포럼에서 한반도의 영구적 평화체제에 관한 협상을 가질 것이다"라고 선언하고 있다. 물론 비핵화 이행이 제대로 될 때의 얘기다. 하지만 부시의 입으로 김정일과 만나 종전선언을 할 수 있다는 것은 또 차원이 다른 얘기다. 직접 만날 용의도 있고 대화할 의사도 있다는 얘기였다. 문제는 우리다. 한국은 어떤 위치에 있는 것인지 종전선언의 당사자인지 아니면 참관자인지, 그것도 저것도 아닌지 부시의 언명 가운데 우리의 위치는 애매하다. 북한은 줄곧 미국과 평화협정을 체결하겠다는 주장을 펴

오고 있다. 미국과 북한이 전쟁을 했으니 양자 사이의 평화협정으로 전쟁을 끝낼 수 있다는 얘기다. 부시의 태도도 한국을 그다지 염두에 두는 것 같지는 않다. "종전선언을 하겠다"고 한국 대통령에게 통지하는 것 자체가 부시 식이다. 이를 두고 사전에 한국 측과 "핵문제가 해결되면 한국과 미국·북한이 종전선언을 하는 방안은 어떻겠는가" 하고 상의를 했다는 흔적은 없다. 한반도 평화에 관한 한 남한과 북한이 당연히 핵심 당사자다. 그런 만큼 미국 대통령이 한국전쟁의 종언을 고하고 싶었다면 "핵문제가 해결되면 남북한과 미국의 국가원수가 한자리에 모여 종전선언을 하는 게 좋을 것 같다" 정도로 제안하는 형태가 되었어야 할 것이다. 한국 측과 사전 논의도 없이 종전선언 운운하는 것은 한반도 문제를 미국이 결정하겠다는 생각을 여전히 하고 있다는 것을 보여주는 것이다. 지금까지 우리 정부는 평화협정 체결은 2+2체제가 돼야 한다고 강조해 왔다. 그런 점에서 2007년 10월 4일 2차 남북정상회담에서 한반도 평화체제와 관련해 3자 또는 4자 정상들이 만나 한국전쟁의 종식을 선언하는 문제를 협의하기로 한 것은 참으로 중대한 외교적 실책이다. 중국을 빼겠다는 것인지, 미국을 빼겠다는 것인지, 한반도와 주변 정세에 대한 이해가 있는 사람들이 만든 합의인지 알 수 없다. 남북한이 주역이 되고 미국과 중국이 함께 서명하는 형태이어야 한다는 것은 우리 정부가 꾸준히 주장해오던 바이다. 미국도 여기에 동의해왔다. 그럼에도 3자를 거론했다는 것은 그야말로 그 논의의 바탕이 없고, 생뚱맞을 뿐만 아니라 불필요하게 주변국의 오해만을 사는 패착이다.

어쨌든 2006년 11월 부시가 종전선언을 언급한 것도 그 동안의 기조를 무시하는 것이고, 자칫하면 한국은 평화협정의 제3자로 남게 될 수도 있음을 시사하는 것이었다. 이런 상황에서 우리 정부는 미국에 한마디 하지 않았다. 그저 핵문제가 해결되면 현재의 한반도 휴전체제를 평화체제로 전환하자는 뜻을 부시대통령이 밝힌 것이라는 설명을 했을 뿐이다. 북한이 미국만을 바라보고 미국은 핵문제를 해결에 진력하고 있는 상황에서 양측의 관계가 진전되는 것은 바람직한 일이다. 하지만 그것이 한국을 큰 논의에서 제외시키는 쪽으로 진행돼서는 안 된다. 미국은 늘 말한다. 한반도 문제는 한국이 가장 잘 알고 한국과 항상 협의를 한다고. 하지만 진정 그런 것 같지는 않다. 중요한 결정은 미국이 알아서 하고, 그 결정과정에 한국이 고려대상이 되지 않는 경우는 비일비재하다.

북한과 미국관계의 진전에 따라 관심은 북미수교 협상과 함께 평화협정·평화체제가 될 수밖에 없다. 평화체제는 평화협정과 맞물려 있다. '전쟁을 종식하고 평화상태를 선언하는 당사국 간의 협정'이 말 그대로 평화협정이다. 부시가 말하는 종전선언이라는 것도 당사국이 한자리에 모여 전쟁종식을 공식 선언하고, 이를 내용으로 하는 협정에 사인을 하자는 얘기일 것이다. 평화협정 이후는 어떻게 하면 협정을 실현하고 그야말로 분쟁 없는 '평화체제'를 구축할 것이냐 하는 것이 과제다. 항구적인 평화정착을 위한 평화관리기구를 설치해야 하고, 상호안전보장을 위한 체제도 구성해야 한다. 더 어려운 것은 군비통제다. 비평화 상태에서는 군비경쟁을 하게 마련이다. 군비통제(Arms Control)는 군비경쟁에 대한 상대적인 개념이다. 군사력의 건설·배치·운용·사용을 확인·제한·금지 또는 축소하고, 합의사항 위반에 대해 제재를 가함으로써 전쟁위험을 감소시켜 안보를 유지하려는 것이다. 군비통제는 군비축소(Arms Reduction), 군비제한(Arms Limitation), 군비해제(Disarmament), 신뢰구축(Confidence Building Measures: CBM) 등을 모두 포함하는 활동을 말한다. 제 아무리 협정의 형태로 전쟁종식을 선언했다 하더라도 자국 군의 규모를 줄이거나 무기를 줄이거나 이에 대한 통제시스템에 변화를 주는 것은 첨예한 이해가 달린 만큼 민감할 수밖에 없다. 그러니 군비통제를 두고는 엄청난 갈등과 밀고 당기기가 있을 수밖에 없다. 물론 남북 간에 해결해야 할 문제다. 그런 만큼 남북한은 평화협정 단계부터 미국이나 중국과는 비중이 다른 가장 핵심적인 당사자가 될 수밖에 없다.

사실 평화체제 구축 문제를 고민하기도 전에, 북한이 평화협정 논의 단계에서 어떤 태도를 취할 것인지가 중요한 문제다. 이후 논의 진전을 위해서 관심사가 아닐 수 없다. 북한은 지금까지 협정 당사자와 관련해 여러 가지 주장을 해 왔다. 1953년 7월 27일 정전협정을 맺은 이후 1970년대 초반까지 북한은 남북한이 주체가 돼 평화협정을 체결해야 한다고 주장했다. 그러다가 1974년 3월 최고인민회의 제5기 3차회의에서 대미 평화협정 체결을 제의한 이후로는 북미 간 평화협정을 주장했다. 1996년 2월에는 외무성 대변인이 담화를 발표해 정전상태를 평화적으로 유지하기 위한 북미 간 잠정협정 체결을 제안했다. 그러던 북한이 2005년 7월 22일 외무성 담화를 통해 남북한과 미국 3자 간의 평화협정을 제기했다. 남북-북미-남북미 형태로 변화되는 모습을 보여 온 것이다. 그러면서도 때로는 북미 평화협정을 주장한다. 주유엔대표부 차석대사를 지내고 지금은 북한 군축평화연구소 대리소장으로 있는 한성렬이 2007년 7월 4일 런던의 국제관계연구소인 왕립국제문제연구소 (Royal Institute of International Affairs, 일명 Chatham House)에서 강연을 했는데, 한성렬은 그 자리에서 한반도 평화체제 문제와 관련해 북미가 평화협정의 당사자가 돼야 한다고 주장했다. 이것이 북미만의 평화협정을 말하는 것인지, 아니면 남한도 포함하면서 북미도 참여하는 평화협정이 돼야 한다는 것인지는 확실치가 않다. 2007년 7월 13일에는 북한 인민군 판문점대표부 대표 이찬복 상장(한국군 중장에 해당)은 북미 간 군사회담을 제의했다. "조선반도의 평화와 안전보장과 관련한 문제를 토의하기 위해 쌍방이 합의하는 장소에서 아무 때나 유엔대표도 같이 참가하는 조·미 군부 사이의 회담을 진행할 것을 제의"한 것이다. 물론 북한이 미국에 군사회담을 제안하는 것이 처음은 아니었다. 1986년 6월 오진우 인민무력부장이 남북한과 미국의 3자 군사당국자 간 회담을 제의했고, 1998년 10월에는 남북과 미국이 참가하는 새로운 군사공동기구인 '군사안전보장위원회'를 설치하자고 제안한 적이 있다. 하지만 평화체제 논의가 한국과 미국에서 나오고 있는 상황에서 북한이 미국에 한국을 제외한 군사회담을 제의한 것은 미국과 핵군축회담을 해야겠다는 의도 외에도 평화협정에서 한국을 제외하고 싶다는 의도도 깔려 있다고 볼 수 있다.

남북미가 평화협정의 당사자가 되는 것은 우리에게 불리할 것이 없다. 중국도 한국전쟁의 정전협정 서명당사자 지위를 내세워 평화협정의 당사국이 되려 하고 있다. 그런 경우도 우리에게 크게 나쁠 것은 없다. 하지만 6자회담의 연속선상에서 평화협정이 논의된다면 일본과 러시아가 문제될 수 있다. 미국과 중국은 전쟁의 당사자이기 때문에 평화협정에 참여하는 것은 이해할 수 있지만 일본과 러시아까지 한반도의 평화체제 확립단계에 깊숙이 개입하는 것은 바람직하지 않다. 한국과 중국이 2005년의 9·19 공동성명에 "직접 관련 당사국들은 적절한 별도 포럼에서 한반도의 영구적 평화체제에 관한 협상을 할 것이다"라는 항목을 집어넣은 것은 그런 뜻을 내포하고 있다. '직접 관련 당사국'이라고 할 때 일본과 러시아는 제외되는 것이고, 그런 점에서 평화협정은 6자회담이 아닌 '별도 포럼'에서 논의를 해야 한다는 의미다. 다만 북미가 중심이 되고 한국과 중국이 따라가는 형국은 한반도 문제에 대한 주도권을 빼앗기는 구도가 된다. 남북한의 문제는 어디까지나 남북한이 중심이 되고 국제적 보장 차원에서 미국과 중국이 참여하는 형태가 되어야 할 것이다.

부시가 종전선언 용의까지 밝힌 것을 보면 미국은 평화협정의 분위기가 만들어지면 평화협정의 당사자가 되겠다는 생각과 함께 적극적인 중재자(mediator)로 나서겠다는 의지를 충분히 갖고 있는 것으로 보인다. 미국은 그동안 중동·북아일랜드·보스니아 등에서 진행된 평화협상에서 강력한 국제적인 영향력을 바탕으로 주도권을 행사해 왔다. 민주당·공화당을 막론하고 냉전 이후 미국은 국제사회의 유일한 슈퍼파워로서 세계 곳곳의 조그만 일까지 간섭하려 하고 있다. 이런 국제환경과 한반도 주변의 세력은 충분히 이용할 필요가 있다. 서독의 콜 총리가 조지 H. W. 부시(Senior Bush)의 적극적인 지원과 그를 통한 고르바초프 소련 대통령 설득을 바탕으로 통일을 이뤘듯이 미국의 동력은 이용할 필요가 있고, 그런 환경을 만들기 위해 노력해야 할 것이다. 하지만 전제는 우리가 중심을 잃지 않고 상황을 주도하는 구도는 항상 유지해야 한다는 것이다.

우리 역사는 지금까지 이런 역할을 못해 왔음을 우리에게 가르친다. 중국이 강할 때는 중국에, 일본이 강할 때는 일본, 미국이 강할 때는 미국에 휘둘려 온 것이 우리역사이다. 오죽하면 한스 모겐소(Hans Morgenthau)가 현대 국제정치학의 고전 『Politics Among Nations』에 한국의 슬픈 운명을 기록해 놓았을까. 모겐소는 이렇게 쓰고 있다. "한국의 역사, 곧 운명은 2천 년이 넘도록 한국을 지배하는 어느 우월한 나라 혹은 한국에 대한 지배권을 두고서 경쟁을 하는 두 나라 간의 세력균형에 의해 결정되어 왔다."[6] 현실주의 국제정치학의 대가 모겐소는 세력균형의 관계 속에서 한국의 운명이 결정된 것으로 보았다. 우리는 주변 강대국의 경쟁관계가 팽팽한 세력균형을 유지하고 있을 때는 독립국의 지위를 유지할 수 있었다. 일본의 한국에 대한 지배욕은 전통적으로 중국에 의해 견제돼 왔다. 1894－1895년 중일전쟁으로 그 균형은 일본 쪽으로 기울었다. 이후 잠시 러시아가 중국의 견제 역할을 대신했다. 하지만 1904－1905년 러일전쟁으로 러시아의 견제력이 소진되자 우리는 일본의 지배를 받게 됐다. 2차대전 이후에는 소련과 미국의 대결 과정에서 분단이 됐고, 미국과 소련의 경쟁관계 속에서 남한과 북한이 각각 독립국의 위치를 유지해 왔다.

그렇다면 지금은 어떤가. 크게 보면 미국과 중국의 경쟁관계 속에 남북한이 각각 독립성을 유지하고 있다. 하지만 미국의 힘은 중국과 완

---

6) 한스 J. 모겐소 저. 이호재 역, 『현대국제정치론(Politics Among Nations)』, 241쪽.

전한 균형을 이루기에는 여전히 너무 크다. 그런 만큼 한반도는 미국의 태도에 따라 일희일비하고 있다. 미국이 강경정책으로 북한을 압박하면 한반도의 기류가 바싹 얼어버린다. 그러다 미국이 '외교' 중시 입장으로 선회하면 해빙기류가 돈다. 이런 모습자체가 한반도의 미국 중심성을 보여주는 것이라고 할 수 있다. 김영삼 정권도 나름의 역사의식은 있었다. 그래서 그토록 독자적인 대북채널과 미국을 통하지 않는 남북 간의 직접대화를 강력하게 추진했다. 미국 주도의 북핵협상에 대해서도 심하게 반발했다. 미국이 북한 핵시설에 대한 특별사찰을 미루려 할 때 김영삼 정부는 강력 반대했다. 또, 북미합의에 남북대화를 어떤 식으로 진전시킬 것인지 구체적으로 넣어야 한다고 강하게 밀어붙였다. 이런 막무가내식 고집 외교 때문에 북미협상은 난항을 겪었다. 당시 협상에 참여했던 미 국무부 한국과장 데이비드 브라운은 "역사적으로 주변국이 한국의 운명을 결정해 왔다는 사실이 김영삼 정부를 그렇게 고집스럽게 한 것 같다"고 말했다. 2004년 초 필자는 논문에 필요한 인터뷰를 하기 위해, 퇴직해서 LA에 살고 있는 브라운을 찾아간 적이 있다. 그는 어느 정도 한국의 역사에 대한 인식이 있는 사람이었다. 브라운은 김영삼 대통령의 고집 때문에 93－94년간의 북미협상이 엄청 어렵기는 했지만 한편으로 한국의 역사를 생각하면 김영삼 대통령의 입장이 이해되는 측면도 있다고 말했다. 추후 평화체제 논의가 본격화되면 우리의 태도는 어느 때보다 중요하다. 미국중심의 국제체제가 한국을 제3자로 밀어내버리는 순간 한국은 다시 남의 손에 운명을 맡기는 상황이 된다. 언제가 될지 아직은 모르지만 평화협정 논의 단계가 되면 우리의 좌표에 대한 분명한 점검과 그에 따른 보다 명확하고 체계적인 대미국·대북한·대중국 전략이 분명히 나와야 할 것이다.

3. HEU와 미국의 전략

2차 북핵위기의 시작은 HEU(High-Enriched Uranium) 문제 때문이었다. 천연 우라늄 속의 우라늄 235의 농도는 0.7% 정도다. 농축기술을 통해 이 농도를 3%까지만 높이면 발전연료로 쓸 수 있고, 93%까지 높이면 핵무기 원료가 된다. 94년 북미합의로 플루토늄 재처리 시설이 동결되자 북한은 90년대 말부터 우라늄 고농축 프로그램을 진행해 왔다는 것이 미국의 주장이었다. 부시 행정부가 출범하면서 이 문제를 집중 문제 삼았다. 제임스 켈리 국무부 차관보는 이를 확인하기 위해서 2002년 10월 3일 북한을 방문했다. 경색국면에 켈리를 맞은 북한은 관계개선의 계기가 될 것으로 보고 그의 방문에 상당한 기대를 했다. 켈리 일행이 미 군용기로 한국에서 직접 북한으로 들어가는 것도 허용했다. 하지만 켈리는 고농축 프로그램 진행사실을 인정하라고 압박했다. 회담 첫날 켈리의 태도를 관찰한 북한은 밤사이 숙의 끝에 강수를 두기로 결정했다. 다음날 강석주 외무성 부상은 '우리는 고농축 우라늄보다 더한 것도 가질 수 있다'는 식으로 맞받아쳤다. 강석주의 말이 바로 2차 핵위기의 시작이었다. 강석주 발언 자체가 정확히 공개되지는 않았지만 주중 북한대사 최진수가 그 내용을 전했다. 그는 "우리는 미국에게 농축 우라늄에 의한 핵무기보다 더한 무기를 만들 수 있게 돼 있다. 이게 이야기 됐습니다"라고 말했다. 미국정부는 이 발언을 북한이 우라늄 고농축 프로그램을 전면 인정한 것으로 보았다. 이후 미국의 대북정책은 강경해졌고, 북미관계는 더욱 어려워졌다.

그로부터 4년여가 지나 우여곡절 끝에 어느 정도 해빙무드가 조성됐다. 미국은 이제 HEU에 대해서도 태도를 바꿨다. 크리스토퍼 힐 국무부 차관보는 2007년 2월 22일 브루킹스 연구소에서 열린 토론회에서 "HEU

프로그램은 북한이 실제 구입한 것으로 알고 있는 것보다 더 많은 장비가 필요하고, 북한이 이미 확보했는지 여부를 확신할 수 없는 상당한 기술을 요구한다"고 말했다. 북한의 HEU 프로그램 수준이 낮은 수준임을 말한 것이다. 조지프 디트러니 미 국방정보국 북한담당관도 2월 27일 상원 군사위원회 청문회에서 "북한이 생산할 수 있는 규모의 우라늄 프로그램에 사용할 수 있는 물질을 획득했다는 데에는 강한 확신이 있지만 이러한 프로그램이 존재한다는 데에는 중간수준의 확신(mid-confidence)만 갖고 있다"고 말했다. 데이비드 올브라이트 과학국제안보연구소(ISIS) 소장도 "북한이 우라늄 시설을 갖고 있다는 미국의 정보는 이라크 침공 전 이라크가 핵프로그램을 개발하고 있다고 미국이 주장했던 것과 비슷하다"며 북한에 대한 미국 정보에 결함이 있는 것으로 보인다고 밝혔다. 2007년 5월 초 여야 의원들이 미국을 방문해 백악관 국가안보회의와 국무부의 고위당국자를 만났다. 한나라당 박진·황진하, 열린우리당 정의용·김명자 의원 등이 면담에 참석했다. 이 자리에서 국무부의 고위당국자는 북미관계개선을 위해 북한이 해결해야 할 조건으로 세 가지를 제시했다. 첫째는 영변 핵시설 가동 중지, 둘째는 HEU에 대한 분명한 설명, 셋째는 이미 추출한 플루토늄을 미국에 인도하는 것이었다. 플루토늄을 미국에 인도하라는 내용은 처음 얘기한 것이다. 94년 북미합의에는 경수로 건설기간 중에는 사용 후 핵연료봉 재처리를 하지 않고 안전하게 북한 내에 보관하고 있다가 궁극적으로는 제3국에 이전하도록 돼 있다. 하지만 지금은 북한이 이를 모두 재처리해서 50㎏의 플루토늄을 보유하고 있는 것으로 한미당국은 파악하고 있다. 이를 미국에 인도하라는 것이다. 보다 관심이 가는 부분은 미국이 두 번째 선결과제로 거론한 'HEU에 대한 분명한 설명'이다. 이는 'HEU 폐기'보다는 강도가 훨씬 떨어진 워딩이고, 'mid-confidence'보다도 약한 수준이다. 북한이 HEU에 대해 이해할 수 있게 해명을 하면 크게 문제 삼지 않겠다는 의미로 해석된다. 물론 미국정부 내의 온건파의 얘기다. 이런 목소리가 한국에 그대로 전해질 만큼 온건파의 입지가 넓어진 것은 분명하다.

실제로 북한의 HEU 프로그램과 관련해 지금까지 밝혀진 것은 거의 없다. 다만 두 가지가 얘기되고 있다. 하나는 북한이 파키스탄의 칸 박사로부터 원심분리기 20기를 들여갔다는 것, 다른 하나는 원심분리기에 사용할 수 있는 알루미늄관을 수입하기 위한 송장(invoice) 몇 부를 미국이 가지고 있을 것이라는 것이다. 하지만 전자는 칸 박사의 말이 무샤라프 파키스탄 대통령의 입을 통해서 전해진 것이고, 후자에 대해서 미국은 증거를 제시한 적이 없다. 그러니 무엇 하나 확실한 것은 없다. 네오콘이 득세하고, 북한 정권의 교체에 눈을 고정시켰을 때에는 관련 정보를 크게 보고 북한을 몰아붙이는 데 사용해 왔지만 이제는 그 효용가치가 떨어져 과거에 했던 말들을 수습하기에 바쁜 양상이 됐다. 그러다가 또 강경파의 목소리가 강해지면 HEU만은 철저하게 검증하겠다고 나오기도 한다. 미국의 대북정책은 일단은 해빙국면이면서도 다시 변화의 가능성이 있음은 HEU 문제만 관찰해도 잘 알 수 있다.

문제는 HEU 문제가 이런 지경이 되도록 우리 정부는 뭘 했느냐 하는 것이다. 정보가 신빙성이 없고 그런 정보를 바탕으로 강경책을 말하고 있으면 분명히 의문을 제기해야 한다. 필자는 2004년 10월 미국 대통령 선거 이후의 한미관계에 대한 다큐멘터리를 만들면서 워싱턴에서 많은 사람들을 만났다. 셀리그 해리슨 국제정책연구원 연구위원이나 조나단 폴락 해군전쟁대학 교수 등 내로라하는 한반도 전문가들이 HEU 프로그램에 의문을 제기했다. 2002년 11월에 작성된 CIA 보고서도 북한이 고농축에 필요한 원심분리기를 건설하고 있다는 정보가 있지만 그에 대한 분명한 증거는 확보하지 못했다고 밝히고 있었다. 하지만 우리 정부는 말이 없었다. 당시 만난 한승주 주미대사는 미국이 확실한 증거를 제시했느냐는 질문에 그런 것에 대해서는 말할 수 없다고 대답했다. 김대중 정부에 이어 노무현 정부에서도 통일부 장관을 지냈던 정세현 장관은 2002년 10월 미국이 HEU 문제를 제기했지만 확증은 없고 북한이 그런 것을 하고 있다고 볼 수밖에 없다는 식으로 말했다고 밝혔다. 미국이 HEU 문제를 제기할 당시 주미대사였던 양성철 교수는 미국이 HEU정보를 과장했다고 말했다. 그는 특히 제임스 켈리가 현직에 있을 때에는 북한이 '고농축 우라늄 프로그램'을 갖고 있다고 해 놓고는 지금은 '우라늄 프로그램'을 갖고 있다고 한다고 비난했다. 그러면서 양 전 대사는 2002년 10월 방북했던 켈리 일행 8명이 HEU에 대해 '주권문제다. 왜 관여하느냐'는 식으로 말한 강석주의 발언을 'HEU 프로그램을 시인한 것'으로 받아들이기로 합의했고, 그것이 2차 핵위기로 이어졌다고 진단했다. 필자가 워싱턴에서 취재한 바로는 켈리 일행이 평양에서 그런 합의를 한 흔적은 발견되지 않고 켈리는 강석주의 발언을 국무부에 전했다. 이를 놓고 국무부에서는 강경파와 온건파 사이에 심각한 논쟁이 벌어졌다. 그게 열흘 정도 계속됐다. 그러다가 분위기는 'HEU를 인정한 것으로 보기는 어렵지 않겠느냐' 하는 쪽으로 흘렀다. 그러자 강경파는 '강석주가 HEU를 인정했다'는 내용으로 언론에 흘렸다. 이 흘린 정보를 USA 투데이의 외교전문기자 버버라 슬레이빈이 받아서 썼다. 셀리그 해리슨은 당시 정보를 흘린 장본인으로 국무부 군축담당 차관 존 볼튼을 지목했다. 당시만 해도 볼튼은 체니-럼스펠드-월포위츠 라인에 등을 기대고 국무부에서 강경목소리를 거침없이 외치던 국무부 네오콘의 대표였다. 슬레이빈 기자에게 "북한이 HEU 프로그램을 인정했다"는 얘기를 누구에게 들었느냐고 물었다. 물론 말을 안 했다. 다만 국무부에는 강·온파가 늘 대립하고 있고 각자 자기에게 유리한 쪽으로 흘리는 경우가 있다고 귀띔해줬다.

미국이 HEU를 우선 문제 삼기로 방북 전에 이미 기획을 한 것은 맞는 것 같다. 아시안 월스트리트 저널의 논설실장인 대니 기팅스가 취재한 바에 의하면 2002년 10월 초 켈리의 방북을 앞두고 국무부는 김정일에게 조지 W 부시 대통령의 친서를 전달하고 켈리 주최로 연회도 베풀 계획을 세우고 있었다.[7] 유화적인 접근을 시도한 것이다. 당시 대북협상 담당 특사는 따로 있었다. 잭 프리처드였다. 그는 클린턴 정부 당시부터 활동하던 대북 온건파였다. NSC와 국무부의 비확산 담당자들은 그에 대해 거부감을 갖고 있었다. 네오콘은 물론이다. 폴 월포위츠 국방부 부장관, 리처드 아미티지 국무부 부장관, 스티븐 해들리 NSC 부보좌관, 스쿠터 리비 부통령 보좌관, 그리고 켈리 차관보 등이 모인 한 회의에서 프리처드는 미국대표단장 후보명단에서 제외됐다. 이들은 서로 "당신이 가라"고 미루다가 켈리로 결정했다. 강경파들은 북한의 비밀 핵개발 프로그램을 최우선 의제로 강하게 밀어붙였다. 결국 켈리는 북한에 들어가자 마자 HEU문제를 제기하는 임무를 맡게 됐다. 미 행정부 내 사전조율회의에는 럼스펠드 국방장관도 참석했는데, 이 회의에서 매파들이 켈리의 방북 시 발언요지를 다시 써야 한다고 주장해 북한의 우라늄 고농축 프로그램을 최우선 의제로 조정했다. 이러한 결정은 물론 럼스펠드나 월포위츠, 볼튼 같은 외부로 드러난 네오콘들이 주도했다. 하지만 실제로 그 이면에서 이론을 만들어 내는 사람들은 따로 있었다. 볼튼의 보좌관 마크 그룹브리지, NSC 비확산 담당 국장 존 루드(로버트 조지프 선임국장의 직속 부하), 체니 사무실의 사만사 리비치, 국방부의 조디 그린이 바로 그들이었다. 신보수주의 이론으로 무장한 이들 중견 관료들은 HEU문제를 본격적을 제기해 초기단계에서 북한의 핵개발 의지를 좌절시켜야 한다고 주장하면서 보스들을 설득했다. 조디 그린은 HEU 문제가 공식화된 이후인 2002년 12월, 북한에 대한 '체제전환 접근법'을 주장하는 보고서를 작성해 콘돌리자 라이스 국가안보 보좌관에게 제출하기도 했다. 지금의 북한 체제가 계속된다면 북한은 결코 핵을 포기하지 않을 것이라고 보고 다양한 방법으로 북한 체제의 완전한 전환을 추구해야 한다는 내용이었다. 존 루드는 같은 시

---

7) Wall Street Journal Asia, October 29, 2002, p.A11.

기 '봉쇄 접근법'을 주문하는 보고서를 냈다. 북한을 약화시키고 핵을 단념하게 하기 위해서는 북한을 정치·경제적으로 철저히 봉쇄하는 방안이 최선이라는 주장이었다.

미국이 북한의 HEU에 대한 문제 제기를 논의할 즈음 미 정보당국은 미국이 파키스탄에 제공한 C130 수송기가 노동미사일을 북한에서 파키스탄으로 공수한 사실을 알아냈다. 또, 미국은 이 수송기가 우라늄 농축 관련 시설을 갖춘 파키스탄의 '칸 연구소'(파키스탄 핵개발의 핵심 인물인 압둘 카디르 칸 박사가 책임자로 있는 핵무기 개발 기관)에서 출발했고, 북한이 이 수송기가 북한 측에 수송한 물품의 대가로 노동미사일 외에도 이 연구소와 관련된 은행계좌로 7500만 달러를 보낸 사실도 밝혀냈다. 페르베즈 무샤라프 파키스탄 대통령은 2006년 9월 발간한 자서전에서 칸 박사가 북한에 20여 개의 원심분리기는 제공했다고 밝혔는데, 북한 측에 수송한 물품은 주로 이 원심분리기를 의미한 것으로 보인다. 핵무기 개발을 위한 우라늄 고농축을 위해서는 원심분리기가 수천 개 필요하지만 미국은 20여 개의 원심분리기에도 매우 민감했다. 국무부 동아태국의 대북 유화론자들은 그런 가운데도 켈리의 방북을 성사시켜 북미대화를 시도했지만, 강경파는 북한의 이러한 행위를 1994년 '제네바 핵합의' 위반으로 보고 핵개발 의혹 확인을 당시 가장 우선적인 과제로 간주했다.

어쨌든 문제는 그토록 어설픈 정보를 가지고 미국이 북한을 압박할 때 우리 정부는 뭘 했는지 여전히 의문을 버릴 수가 없다. 장관, 주미대사로 당시 우리 정부의 핵심적인 포스트에 있었던 사람들이 미국정보의 불확실성에 의문을 제기하지 않았단 말인가. 물론 우리 정부도 미국에 HEU관련 증거를 요청했다고 한다. 당시 김대중 대통령의 외교안보통일 특보였던 임동원은 "북한식 어법에 대한 통역이나 해석상의 오해가 있을 수 있으니 강석주와의 대화록을 달라고 했으나 거절당했다"고 밝혔다. 임동원은 특히 1998년 미국이 의혹을 제기했다가 결국은 아무것도 아닌 것으로 드러난 금창리 핵의혹 시설 사건을 들먹이며 미국 측에 섣부르게 문제를 삼으면 안 된다고 얘기했지만 소용이 없었다. 임동원은 금창리 사건 당시 국가정보원장을 맡고 있었기 때문에 내막을 잘 알고 있었다. 1998년 미국은 탈북자들의 첩보와 위성사진 정보를 종합해 북한이 평안북도 대관군 금창리에 대규모 지하 핵시설을 만들고 있는 것 아니냐는 의혹을 제기했다. 미국과 북한은 1년 가까이 밀고 당기는 실랑이를 벌인 끝에 현장조사를 하기로 했다. 미국은 조사의 대가로 식량 50만 톤을 제공했다. 결과는 지하동굴일 뿐 아무것도 없었다.[8] 일본 측에서도 다케우치 유키오 외무성 사무차관이 미국정부의 고위관리에게 강석주와 켈리의 대화록을 달라고 요청했지만 역시 거절당했다.[9]

미국은 이에 대해 동맹을 믿지 못하느냐는 반응을 보였다고 한다. 하지만 이는 동맹과는 무관한 일이다. 아니 동맹이니까 정보사항에 대해 정확하게 말해 줬어야 한다. 하지만 미국은 정보를 주지 않으면서 동맹을 들먹였고, 우리 정부 고위 관료들은 당시 미국에 대고는 별 얘기를 못 하다가 이제 미국이 대북한 태도를 좀 누그러뜨리니까 "당시 HEU정보가 불명확했다"고 얘기한다. 미국이 북한을 압박하면 한반도에는 곧바로 긴장이 오고, 이는 우리의 생존권이 위협받는 지경으로 발전할 수도 있다. 그러니 "분명한 증거가 있는 상황이 아니면 압박은 안 된다" 이렇게 강하게 나갔어야 했다. 하지만 우리 정부는 이렇다 하게 큰소리 한번 못해 보고 미국의 입장에 동조해 왔다. 동맹국 운운하면서 미국은 스스로에게 유리하게만 상황을 끌고 갔다. 동맹의 가장 기본은 위협을 공유하는 것이다. 미국이나 한국이나 북한을 위협으로 간주한다면 동맹으로서의 조건은 갖췄다고 하겠다. 하지만 그것만으로 동맹이 유지되는 것은 아니다. 주요사안에 대해 규범단계까지 발전할 만큼 협

---

8) 오마이뉴스, 2007. 3. 12.
9) 후나바시 요이치 저. 오영환·박소영·예영준 역, 『김정일 최후의 도박』, 198쪽.

의가 제도화되어 있어야 하고 정보를 공유해야 한다. 미국은 자의적으로 한반도에 대한 정보를 판단하고 이를 공유하는데도 인색하고, 한국은 뭐라고 말 한마디 제대로 못 하고 상황에 끌려가다가 나중에 불만만을 얘기하는 관계라면 누가 이를 보고 공고한 동맹이라고 말할 수 있겠는가.

2장 6자회담과 북·중·미 관계

1. 2006년 10월의 6자회담 재개

2006년 10월의 마지막 날. 하루 종일 그다지 큰일이 없었다. 다만 외교안보라인의 대폭 교체가 예정되어 있어서 누가 장관이 될 것인지가 관심이었다. 국정원장에 김만복, 통일부 장관에 이재정, 국방부 장관에 김장수, 외교부 장관에 송민순이 거의 확정적이라는 얘기가 나왔다. 청와대 통일외교안보 정책실장은 쉽게 정하지 못했다. 이수혁 주독일대사와 문정인 연세대 교수가 경합한다는 얘기가 돌다가 뒤늦게 백종천 세종연구소장이 유력해졌다. 이종석 통일부 장관이 세게 민다는 설과 함께. 이날은 또 통일부에 대한 국정감사가 있었다. 마침 이날 민노당 대표단이 방북길에 올랐는데, 국정원이 방북을 반대했는데도 통일부가 허가했다고 말들이 많았다. 저녁 8시가 돼 갈 때쯤 취재를 마치고 돌아온 기자들과 얘기를 나누고 있었다. 김만복 차장이 국정원장이 확실한 것이냐, 문정인 교수는 이번에도 안 되는 것이냐, 그 이유는 무엇이라더라, 뭐 이런 얘기들을 하고 있었다. 8시가 가까워지면서 SBS뉴스에 뭐가 나오는지 체크를 해봐야 한다는 생각으로 대화를 하면서도 텔레비전을 쳐다봤다. 그런데 8시 5분 전, SBS가 긴급하게 자막으로 뉴스속보를 냈다. '북한, 6자회담 복귀'였다. 통일부 출입하는 기자가 옆에 있어서 확인해 보라고 얘기하고, 외교부 출입기자를 찾았다. 이동 중이어서 쉽게 확인이 안 됐다. 곧 MBC도 따라서 자막속보를 냈다. KBS2 TV 8시뉴스 편집팀에서 난리가 났다. 빨리 확인해서 전화로 리포트를 해 달라는 것이었다. 좀 더 확인해 보니 확실치는 않지만 그런 것 같다는 정도로 확인이 됐다. 나는 그 정도의 정보를 가지고 전화를 들었다. '북한이 6자회담 복귀를 결정한 것으로 보인다. 중국 측에서 공식발표를 할 예정이다. 복귀하면 1년 정도 만에 6자회담이 다시 열리는 것이다' 그런 정도로 전화를 들고 설명했다. 전화를 내려놓자 마자 9시 뉴스 준비를 해야 했다. 당연히 톱기사였다. 후배기자가 9시뉴스 맨 첫 리포트로 '북한 6자회담복귀'라는 제목으로 스트레이트성 리포트를 하고 나는 두 번째 분석 리포트 '북한 갑자기 복귀, 왜?'라는 제목으로 리포트를 준비했다. 생각할 여유가 없었다. 편집을 하려면 30분 안에 원고를 끝내야 했다. '미국과 국제사회의 압력을 견디기 어려울 것으로 예상해 복귀를 결정한 것 같다. 반대로 핵보유국을 주장하며 당당하게 자신들의 요구사항을 관철시키려 할 가능성도 있다. 그것도 아니면 일단 6자회담에 나와서 미국과 국제사회의 추후 움직임을 살피겠다는 생각으로 시간벌기 차원에서 복귀를 결정했을 수도 있다' 이런 식으로 북한의 속내를 짐작해 보는 리포트를 했다. 9시뉴스를 급하게 처리하고, 11시뉴스에 대비해야 했다. 외교부에 현장중계차를 내보냈다. 사람이 모자랐다. 하루 휴가를 받은 후배기자까지 불렀다. 이 후배는 야간 대학원에 다녔는데, 수업 중에 전화를 받고 교수님께 사정을 말한 뒤 급하게 나와 외교부 기자실로 향했다. 이럴 때마다 미안하기 그지없었지만 그래도 험한 직업을 스스로 선택하고 나선 친구들인지라 다들 이해하고 따라 줬다. 다음날 아침 리포트까지 정리를 해 주고 나니 또 밤 12시가 다 돼서 회사를 나섰다.

이날은 언론에서 쓰는 말로 완전히 '물먹은 날'이었다. 남보다 늦거나 남이 알고 있는데 모르는 경우를 말한다. 기자생활 하다 보면 물먹는 것이 늘 걱정거리이고 이것 때문에 받는 스트레스와 긴장이 이만저만이 아니다. 밥을 먹어도 편히 못 먹고, 사우나를 한번 가도 편하게 있지를 못한다. 우리는 물을 먹었지만 SBS는 이날 우리를 완전히 물먹였다. SBS의 베이징 특파원은 이날 오전 11시 반쯤 민노당 방북단을 취재하기 위해 공항에 갔다. 여기서 방북단이 타고 갈 고려항공 여객기가 평양에서 베이징으로 들어왔는데, 이 비행기로 김계관 북한 외무성 부상이 중국으로 들어왔다는 사실을 알았다. 이후 베이징의 취재원에게 확인하고 국내의 외교부에도 확인절차를 거쳐 크리스토퍼 힐 미 국무부 차관보도 베이징에 들어왔다는 사실을 알았다. 여기서 더 취재를 해 중국 외교부에서 '6자회담 재개'에 대한 공식발표가 곧 있을 것이라는 사실까지 포착해 결국 8시뉴스에 보도한 것이다. 우리는 완전히 당한 것이다. 그때까지 아무것도 모르고 있었으니.

물론 SBS가 잘한 일이다. 하지만 한편으로는 국내 외교안보 라인이 너무 조용했다. 그래서 기자들은 낌새를 알아채지 못했다. 그도 그럴 것이 우리 측은 베이징에 가질 않았다. 김계관과 힐, 우다웨이 3자가 베이징에서 "6자회담 다시 합시다" 할 때 천영우 우리 측 6자회담 대표는 서울에 있었다. 한반도 평화와 직결된 문제를 논의하는 자리에 한국은 빠지고 중국과 북한, 미국이 얼굴을 맞대고 '이렇게 합시다' '저건 어떻습니까' 중대논의를 한 것이다. 당연히 한국은 뭐했느냐는 얘기가 나왔다. 다음날 외교부는 '우리도 알고 있었고, 소외되지 않았다'고 설명하느라 애를 썼다. 유명환 외교부 1차관은 11월 1일 국회 통일외교통상위원회의 외교부 국정감사에 출석해 베이징 3자회담에서 우리 정부가 소외됐다는 질책에 대해 나름의 얘기를 했다. "미국과 협의를 많이 했다" "회담의 포맷도 중요하지만 미북 간 직접적 대화가 절실한 시점이고, 4자회담 형식보다는 3자회담 형식이 더 효과적일 수 있다고 생각하고 있었다. 내용이 중요한 것이다"라고 항변했다. 그러면서 유 차관은 "지난주 중국으로부터 북미중 3자회담이 제안됐고, 미국이 주말쯤 이에 전격 응함으로써 10월 31일 6자회담 재개 논의를 위한 회담을 비밀리에 열기로 결정됐다"며 정부가 사전에 3국의 움직임을 알고 있었다고 강조했다. 하지만 그 이상은 얘기가 없었다. 이런 상황을 정확히 언제 우리 정부가 알게 됐는지, 당일 회담 진행 상황을 얼마나 전해 들었는지에 대해서는 분명히 말하지 않았다. 한 당국자는 '10월 31일 3자가 모였다는 사실을 당일 점심때 미국 측으로부터 들었다'고 말했다. 이미 북·미·중이 본격적인 협상에 돌입한 뒤에야 우리 측에 이 사실이 전해졌다는 얘기였다. 이종석 통일부 장관은 외교라인 말고 다른 통로를 통해 31일 3국 회담 소식을 들었다고 말했다. 통일부의 한 당국자도 31일 오후에야 알았다고 했다. 미리미리 우리 정부에 통보가 되고 우리가 나름의 의사를 전달하는 그런 구조가 아니었음은 분명하다.

미국은 베이징 3자회담에서 결실을 내기 위해 기존의 방침을 바꿨다. 종래 미국은 6자회담의 틀이 아니면 북한과 양자회담을 하지 않겠다는 입장을 지켜왔다. 하지만 10월 31일 베이징에서 이 틀을 깼다. 북한과 양자회담을 한 것이다. 워싱턴포스트가 이를 자세히 보도했는데, "힐 차관보는 중국 및 북한 대표와 7시간 동안 회동했으며, 때때로 카운터파트인 김계관 부상과 일대일 회담을 가졌다"고 11월 1일자에서 전했다. 힐은 북한의 6자회담 복귀를 끈질기게 독촉했고, 김계관은 방코델타아시아(BDA)에 묶여 있는 북한 돈 2,500만 달러의 동결을 해제할 것을 요구했다. 이 두 가지 요구 사이에서 접점을 찾지 못해 북한의 대포동 2호 시험발사, 핵실험 사태까지 갔었다. 그런데 이날은 3국이 6자회담을 여는 데 동의했다. 그래서 미국이 모종의 양보를 하지 않았겠느냐 하는 얘기들이 바로 다음날부터 나왔다. 북한이 6자회담에 나오면 미국이

BDA의 북한계좌 가운데 합법적인 것은 풀어줄 수 있다는 언질 정도는 주지 않았겠느냐는 것이었다. 유명환 차관도 국회답변과정에서 "제가 생각하기로는 6자회담이 재개되면 재무성에서 그동안 수사를 해 온 것을 근거로 해서 BDA문제를 과연 돈 세탁 우려 혐의가 있는 은행으로 확정을 지을 것이냐 아니냐의 결론을 낼 때다. 벌써 일년이 지났기 때문에. 그래서 확정결론이 나면 그 다음에 BDA 은행을 어떻게 처리한다든가 거기 있는 2천4백만 불(저자 주: 당시까지만 해도 BDA의 북한계좌에 들어 있는 돈이 2,400만 달러인 것으로 알려져 있었다)에 해당하는 금액을 돌려준다든가 계속 억류한다든가는 중국 정부의 판단으로 돌아간다.[10) 중국정부가 그것을 해결할 수 있는 권한을 갖게 되기 때문에 해결의 실마리가 풀리는 것으로 알고 있다" 이렇게 말했다. 회담에 복귀하면 합법계좌를 동결에서 해제해 주겠다는 의미로 읽혔다. 유명환 차관도 그런 의미로 얘기했다. 마침 북한 외무성 대변인도 그날(11월 1일) "6자회담 틀 내에서 금융제재를 논의, 종결하기로 한 전제에서 6자회담에 나가기로 했다"고 말했다. 유명환 차관의 발언과 북한 외무성 대변인의 발언을 중심으로 언론들이 기사를 쓰자 외교부는 진화에 나섰다. 회담이 재개되면 불법·합법을 구분해 합법계좌를 풀어줄 것처럼 말한 것은 유명환 차관 개인의 견해이고 실제로 미국이 그런 의사를 표한 것인지는 확인되지 않는다는 게 천영우 6자회담 대표의 얘기였다. 금융제재 때문에 일년을 버텨 왔던 북한이 왜 6자회담에 나갔는지 석

---

10) 미국의 BDA에 대한 금융제재가 시작된 것은 2005년 9월이지만 BDA에 동결된 북한자금이 공식적으로 언급된 것은 2006년 4월 11일이다. 6자회담 미국 측 수석대표인 크리스토퍼 힐 국무부 동아태 차관보가 "북한은 BDA와 핵문제를 강하게 연계시키고 있다. 그들이 미래를 위해 중요한 한반도 비핵화와 북한경제, 국제사회의 지원보다 BDA의 2,400만 달러를 왜 그토록 중시하는지 모르겠다"고 말하면서 2,400만 달러라는 액수가 공식화됐다. 하지만 2007년 2·13합의 이후 열린 3월 19일 6자회담 직전에 그 액수는 2,500만 달러로 바뀌었다. 2007년 3월 18일, 미국이 곧 동결을 해제할 것이라는 얘기가 나오면서 그 액수도 2,500만 달러로 확인됐다. 미국은 실제로 다음날인 3월 19일 오전 2,500만 달러에 대해서 동결을 해제했다.

연치 않았지만 정부의 설명은 시원치가 않았다. 북미 간의 깊은 대화 내용을 전혀 파악하지 못하고 있는 것인지, 알고도 얘기를 못 하는 것인지 '왕따'라는 비난 속에서도 외교부는 그저 버텼다. 자세한 내용은 고사하고 북미중회담 외에 북미 간의 양자회담이 있었다는 사실조차도 빨리빨리, 속 시원히 얘기를 못 해 줬다. 워싱턴 포스트의 보도가 나오면서 미국이 확실히 양자회담을 했음을 알 수 있었다.

2006년 10월 31일 북중미 3국회담의 전말은 이랬다. 중국 외교부가 10월 25일 주중 미국대사관을 통해 3자회동을 제안했다. 미 국무부는 논의 끝에 이를 수용했다. 콘돌리자 라이스 국무장관은 힐 차관보에게 베이징행을 지시했다. 힐은 라이스의 동북아 순방을 수행한 뒤 남태평양 피지에 잠시 들렀다가 호주에 머물고 있었다. 10월 30일 힐은 베이징으로 들어갔다. 김계관보다 하루 먼저 들어가 기다린 것이다. 중국은 비슷한 시기 북한에도 회담을 제안했다. 김계관은 힐보다 하루 늦은 31일 오전 고려항공을 타고 베이징으로 날아가 곧바로 오전 11시 3국회담에 들어갔고 점심도 같이하면서 회담을 계속했다. 결국 7시간 만에 6자회담 재개에 합의했고, 중국은 오후 6시가 조금 넘어 한국과 일본, 러시아에 사실을 통보한 뒤 오후 7시에 중국외교부 홈페이지를 통해 공식 발표했다. 이렇게 숨 가쁜 상황에서 중국이든 미국이든 우리에게 일일이 보고해 줄 리는 만무하다. 주중 한국대사관과 주미 한국대사관을 통해서 중국 외교부에, 그리고 미국 국무부에 열심히 전화를 했을 것이다.

2. 부시 행정부와 노무현 정부의 인식 차 그리고 한국의 소외

노무현 정부 들어 한반도 문제를 둘러싼 상황은 북·중·미 중심으로 움직였다. 정권이 출범한 지 얼마 안 돼 2003년 4월 23일 베이징에서 열린 3국회담부터 한국을 제외한 북중미 회담이었다. 2002년 10월 미국이 HEU문제를 공식화한 이후 급랭한 북미관계 속에서 6자회담으로 가는 중요한 회담이었다. 여기서 북한은 핵포기 계획을 말하고 불가침조약과 경수로 제공을 요구했고, 이 회담은 2003년 8월 제1차 6자회담으로 이어졌다. 4월의 이 3국회담을 이끌어 낸 것은 중국이었다. 첸치천 부총리의 작품이었다. 첸치천은 3월 8일 백두산 기슭의 삼지연에 있는 영빈관으로 김정일을 찾아갔다. 왕이 외교부 부부장과 푸잉 외교부 아주국장이 동행했다. 이 자리에서 첸치천은 북핵위기에 대한 우려를 표명하고 북한과 미국 사이에서 중개역할을 하겠다고 말했다. 그러면서 북중미 3자회담을 제안했다. 김정일은 북미양자회담이 될 수 있도록 해 줘야 한다고 강조했다. 중국이 3자회담 중 북미회담이 성사될 수 있도록 최선을 다한다는 조건으로 북한은 3자회담에 참가하기로 했다. 이 과정에 한국이 끼어들 여지는 없었다. 3국회담이 성사되자 우리가 참가하는 것보다는 북미 간에 대화의 기회가 생기는 것이 더 큰 의미가 있는 것이라고 해명하기에 바쁠 뿐이었다. 북핵문제의 다자구도 해결을 추구해 왔던 부시는 3국회담에 반대했다. 자칫 북미 양자구도로 흐를 가능성을 우려했고, 한국과 일본을 빼고 북핵회담을 한다는 것에 대해 탐탁지 않게 생각했다. 파월의 적극적인 설득으로 결국 3국회담을 승인하면서도 부시는 고이즈미에게 미안하게 생각했다고 한다. 한반도의 핵문제를 논의하는 문제건만 한국보다는 일본을 더 의식했다는 얘기다.

2003년 8월 27일에 열린 1차 6자회담도 북미 간의 뉴욕 직통채널을 통해 성사됐다. 북한의 6자회담 수용 사실은 8월 1일 러시아 언론을 통해 처음 나왔다. 당시 미국과 중국이 한목소리로 북한을 압박했다. 7월 30일에는 부시가 후진타오와 전화회담을 갖고 북한이 핵을 포기하도록 설득해 줄 것을 요청했다. 이 소식을 접한 북한은 다음날인 31일 6자회담에 나가겠다는 의사를 '러시아'에 통보했다. 미국과 중국의 공조를 견제하겠다는 의도였다. 러시아 정부에 전달된 북한의 의사가 8월 1일 러시아 언론에 먼저 전해진 것이다. 러시아 언론을 보고 이를 확인하는 국내언론에 대해 정부인사들은 처음에는 '모르는 사실'이라고 말했다. 한반도 상황에 부정적인 일도 아닌데 알고 있었다면 그렇게 부인하지는 않았을 것이다. 정부관계자들이 불리하지 않은 기사를 확인해 줄 때 쓰는 화법 '좀 두고 봅시다'라든지 '아직은 좀 명확치 않은 부분이 있는데……' 이런 식의 말을 했을 것이다. 하지만 당시는 모르는 사실이라고 잘라 말했다. 게다가 외교부는 북한의 6자회담 수용을 발표하면서 6자회담 기간 중에 북미 간 양자회담도 하기로 했다는 사실은 밝히지 않았다가 북·미가 당일 밤 이를 공개하자 뒤늦게 이를 시인했다. 당시 이수혁 외교부 차관보는 '북한이 아직 6자회담 수용 입장만 밝혔고 구체적인 내용은 향후 협의과정에서 밝힐 것'이라고 말했다. 그런데 사실은 북한과 미국이 이미 '6자회담 틀 내의 양자회담'으로 절충을 해 놓은 것이었다. 하지만 이 차관보는 이를 말하지 않았다. 물론 북미 간의 합의사항인지라 들었어도 먼저 말하지 못하는 상황이었을 수 있다. 하지만 그런 상황 자체가 한반도 문제가 북미 또는 북미중 중심으로 돌아가고, 우리는 늘 뒷전이라는 인식을 갖게 했다.

6개월 후 2004년 2월 25일 다시 열리게 된 2차 6자회담도 북미중이 협의해 재개를 결정했다. 북한은 2월 3일 6자회담 재개를 발표하면서 미국, 중국과 수차례 협의를 갖고 6자회담을 2월 25일 중국에서 열기로 합의했다고 조선중앙방송과 평양방송을 통해 밝혔다. 오랜만에 다시 열리는 6자회담은 북중미 3자 아니면 북미 양자가 정하는 게 관례가 돼 버렸다. 2005년 7월 26일 4차 6자회담도 힐과 김계관이 베이징에서 직접 만나 합의한 것이었다. 이런 일련의 과정들은 93-94년 1차 핵위기를 그대로 연상시킨다. 당시 미국은 정보를 안 줬다. 김영삼 정부가 매우 강경하게 나오면서 북한에 대한 IAEA의 특별사찰과 남북대화를 강하게 주장했기 때문에 미국은 부담스러웠다. 그래서 미국은 김영삼 정부를 그다지 안중에 두지 않았다. 그들 나름의 스케줄로 북한과 대화했고, 김일성이 사망하는 사태를 맞으면서도 대화는 진행됐다. 이런 상황에서 한국은 소외되지 않을 수 없었다. 그래서 워싱턴의 한국대사관 직원들은 미국의 움직임을 파악하기 위해 애를 태웠다. 93-94년 북미협상 당시 워싱턴에서 근무했던 한 외교관은 "당시 북미회담과 관련해서 한마디라도 더 듣기 위해 미국 쪽에 완전히 목매다시피 했다"면서 "지금은 미국이 어차피 이행단계에서는 한국의 경제지원, 일본의 지원에 기대야 하기 때문에 한국의 의견을 많이 존중한다"고 말했다. 물론 과거보다는 우리의 입지가 달라져 있다. 하지만 필자가 관찰한 바로는 여전히 우리는 북한과 미국이 그리는 지도를 따라가는 형국이다. 우리가 지도를 그리고 나머지를 인솔하는 모습은 결코 아니다.

깊이 따지고 보면 노무현 정권과 부시 정권의 근본적인 차이에서 이러한 소외는 시작된다고 볼 수 있다. 국가 간의 관계는 어느 정도 공유하는 가치(shared value)가 있어야 진정한 협의가 가능하다. 하지만 북한문제에 관한 한 부시 행정부와 노무현 정권은 가치를 공유한다고 보기 어렵다. 미국은 기본적으로 북한을 봉쇄해서 핵을 포기하게 하려 해 왔다. 그 속내를 더 깊이 보면 김정일 정권을 무너뜨려 체제의 변화시키고 싶어 한다. 6자회담을 하고 북한과 대화를 하기도 하지만 이라크가 정리돼 있고, 이란이 말썽을 부리지 않는다면 어떤 식으로 나올지 누구도 모른다. 하지만 우리는 그럴 수가 없다. 김대중 정권의 햇볕 정책을 이어받은 노무현 정권도 북한에 대한 포용을 정책의 기본 방향으로 하고 있다. 김대중 정부와 클린턴 정부가 깊은 협의를 진행하고 그런 가운데 남북정상회담도 가능했던 이유는 양측 정부 사이에 추구하는 바가 같았기 때문이다. 부시 정부와 노무현 정권은 그런 바탕이 없는데다가 '미국대통령과 사진 찍기 위해서 미국에 가지는 않겠다'던 노무현 새천년 민주당 대통령 후보의 발언을 기억하고 있는 미국은 노무현 정부에 대한 의구심을 쉽게 버리지 못했다. 이런 상황에서 한국과 미국의 철저한 공조를 기대하는 것은 어려운 일이다. 게다가 북한은 애초부터 우리 정부를 대화상대로 인정하지 않고 있다. 미국과 대화해서 체제의 안전을 보장받고 경수로 공사를 재개하고 경제지원까지 받겠다는 것이다. 북한이 볼 때 한국은 미국이 시키면 시키는 대로 하는 존재일 뿐이다. 그러니 늘 한국 빼고 미국, 중국과 중요한 결정을 하고 싶어 한다. 미국도 한국의 입장을 생각해서 함께하고 싶지만 북한이 싫어하는 상황에서 목숨 걸고 '한국과 함께'를 고집할 이유는 없다. 6자회담만을 고집하던 태도를 버린 상황에서 미국은 북한과 중요한 애기를 일대일로 하는 것이 오히려 편할 수도 있다. 이런 현상은 회담이 진행될수록 더욱 분명해질 것이다. 중국의 입장은 어떤가. 중국 역시 북핵문제라는 것이 미국과 북한의 담판에 의해 해결될 수 있는 것임을 잘 알고 있다. 따라서 북미양국의 입장을 존중하면서 회담의 방향을 잡아가고 그 속에서 자신들의 입지와 역할을 확대해 나가려 할 것이다. 중국의 안중에도 우리가 들어갈 여유는 없는 것이다.

3장 희대의 오보 사건

1. 가짜 강석주와 한국 언론

2006년 9월 25일, 외교안보 데스크라는 자리를 맡은 지 5개월이 조금 넘은 때였다. 전날도 일요일 근무를 마치고 밤 11시쯤 집에 들어와 피곤한 몸을 누인 지 두어 시간이 지났을 때였다. 그러니까 새벽 한 시쯤 됐다. 핸드폰이 울렸다. 그날 보도본부 당직국장을 맡고 있던 선배였다. "북한의 강석주가 핵무기 5-6개를 가지고 있다"고 말했단다. 연합뉴스가 기사를 여러 꼭지로 나눠서 데서특밀했는데 우리도 이 뉴스에 두 꼭지 정도는 해야 하는 것 아니냐는 얘기였다. 북한이 이미 2005년 2월 10일 핵보유를 선언했고, 북한이 핵무기 몇 개는 가지고 있을 것이라는 얘기는 많이 나왔기 때문에 일단 한 꼭지로 가는 게 좋겠다고 하고 후배를 회사로 내보냈다. 기사의 소스가 뭔지, 정말 그대로 받아서 키워야 되는 기사인지는 더 확인해 볼 필요가 있었다. 기사의 내용인 즉슨 강석주 북한 외무성 제1부상이 2005년 7월 평양에서 열린 북한의 재외공관장회의에서 이런저런 국내외 정세를 설명하면서 북한이 이미 5-6개의 핵무기를 가졌고, 외교에 관한 주도권이 모두 군부로 넘어갔기 때문에 문제를 평화적으로 해결하기 위한 외무성의 영향력은 없어졌다고 고백했다는 내용이었다. 기사의 출처는 미국 노틸러스 연구소의 홈페이지. 로버트 칼린이라는 북한 전문가가 올린 것인데, 그는 강석주의 연설을 한글로 받아 적은 메모를 프라하에 있는 지인으로부터 우편으로 받았다면서, 그 편지를 바탕으로 썼다는 에세이를 노틸러스 홈페이지에 게재한 것이다. 노틸러스 연구소(Nautilus Institute for Security and Sustainable Development)는 미국 샌프란시스코에 있는 국제안보연구소로 특히 북한문제에 관심 많아 관련 연구활동을 활발하게 하고 있다. 핵문제에 특별히 관심을 갖고 있는 피터 헤이즈가 창립했다. 그는 지금까지 북한을 7번이나 방문할 만큼 북한 핵문제에 지대한 관심을 갖고 있다. 북한이 2005년 초 핵무기 보유선언을 하고, 2006년 7월 5일 대포동2호 시험발사까지 한 상황에서 북한이 과연 핵무기를 몇 개나 갖고 있는지는 우리뿐만 아니라 세계가 관심을 갖고 있는 사항이었던 만큼 사실로 확인된다면 큰 기사였다. 또 당시 상황은 북한이 과연 핵실험을 할 것인지, 한다면 언제쯤 할 것인지, 이런 문제들이 우리뿐만 아니라 미국, 일본, 중국에게도 초미의 관심사가 돼 있어서 강석주의 진솔한 얘기가 그대로 전해진 것이라면 그 중요성은 매우 큰 것이었다.

새벽 5시 10분 다시 당직국장한테 다시 전화가 왔다. 그 기사는 사실이 아닌 것으로 확인됐다는 것이었다. 하지만 문제가 있었다. 5시 라디오뉴스에 이미 그 기사가 나갔단다. 얼른 정정기사를 써서 내보내는 수밖에 도리가 없었다. 물론 간단한 라디오 기사라도 잘못 방송돼서는 안 되는 것이지만 그나마 텔레비전 뉴스가 시작되는 6시 이전에 확인이 돼서 그 이상의 사태로 확산되지는 않았다. 문제는 신문들이었다. 기사의 오보가 확인되는 시점에 신문들은 모두 독자들에게 배달이 돼 있었다. 동아일보와 경향신문은 각각 "강석주 '北 외교는 추락하는 토끼'", "北 강석주 '핵무기 5~6개 보유'"란 제하의 기사를 1면에 실었고, 동아일보는 3면을 털어 칼린이 강석주의 연설문이라고 한 것의 내용 전문을 실었다. 조선일보, 중앙일보, 한겨레 등도 전문은 아니지만 연설 내용을 압축해 비중 있게 보도했다. 오보를 가지고 키우기 경쟁을 한 셈이 됐다. 새벽 5시 10분 전화를 받은 뒤 잠을 잘 수가 없어 곧바로 회사로 나갔다. 씁쓸한 기분으로 자초지종을 알아봤다. 연합뉴스가 첫 기사를 내보낸 것은 전날 밤 11시 16분. '핵무기 5-6개 보유'라는 첫 기사에 이어 '북한의 의도', '강석주 누구인가' 등 엄청난 기사를 쏟아 놓았다. '당직국장 참 많이 놀랐겠다' 싶었다.

최초 기사를 쓴 연합뉴스의 기자는 2006년 9월 15일 워싱턴의 브루킹스 연구소세미나에서 로버트 칼린이 주목할 만한 발언을 했다는 얘기를 누군가로부터 들었다. 당시 워싱턴에서는 한미 정상회담(9월 13일-9월 15일)이 진행 중이어서 워싱턴 특파원들은 이 세미나에 크게 신경을 못 썼다. 연합뉴스 기자는 정부관료와 북한·미국 문제 전문가들을 상대로 취재에 들어갔고, 노틸러스 연구소 홈페이지에 가면 발표내용을 볼 수 있다는 사실을 알았다. 홈페이지에서 이를 확인한 이 기자는 기사를 차근차근 준비해 뒀다가 9월 25일 관련 기사를 한꺼번에 내보냈다. 신문들이 기사거리를 필요로 하는 일요일 밤이었다.

노틸러스 홈페이지에 실린 에세이는 강석주의 발언을 소개하는 것으로 돼 있고, 그럴 듯하게 쓰여 있었다. 칼린은 북한 전문가인 만큼 북한과 주변국 상황에 대해 소상히 흐름을 알고 있었고, 그런 식견을 바탕으로 글을 썼으니 믿을 만할 수밖에. 칼린은 오랫동안 북한을 연구해 온 전문 분석가다. 1971년 하버드 대학에서 동아시아연구로 석사학위를 받은 뒤 CIA에 들어가 18년 동안 줄곧 동북아시아와 북한을 관찰해 왔다. 이후 국무부 정보조사국(INR)로 옮겨 2002년 동북아 담당관 자리를 그만둘 때까지 또 13년을 같은 일을 해 왔고, 지금은 스탠포드 대학의 국제안보협력연구소(CISAC, Center for International Security and Cooperation)에서 객원연구원으로 있다. 이런 경력의 연구자가 강석주를 가장해 북한식 연설문을 만드는 것은 어려운 일이 아니었을 것이다. 하지만 9월 15일 브루킹스 세미나에 참석한 우리나라 학자가 있었다. 그 세미나에서 칼린이 가상의 상황이라고 말한 뒤 발표를 했고 그 학자가 이를 들었다. 이 학자를 통해 칼린의 글이 '소설'임이 확인됐고 연합뉴스 기사는 취소됐다. 칼린에게 한 번만 확인하면 금방 드러나는 것이었는데 그 작업을 하지 않았다. 누구나 너무나 기본적인 사항을 잊을 때가 있다. 웃기는 것은 원래는 완전히 강석주의 연설인 것처럼 돼 있던 칼린의 에세이를 그냥 실었다가 문제가 되니까 노틸러스 연구소가 부랴부랴 에세이를 뜯어 고쳤다는 것이다. 우리시간으로 25일 당일 낮 12시 반쯤이었다. 미국 현지시간으로 일요일 저녁 8시 반쯤. 일요일은 웬만하면 일을 안 하는 미국 사람들도 놀라긴 놀란 모양이었다. 그만큼 한국 언론이 난리였으니 어리둥절하면서도 얼른 수습해야겠다는 생각을 한 것이다. 노틸러스 연구소가 고친 부분은 에세이의 서문인데, 원래는 이렇게 돼 있었다.

Robert Carlin, former Chief of the Northeast Asia Division in INR at the State Department, presented this speech given by DPRK First Vice Foreign Minister Kang Sok Ju to a meeting of North Korean diplomats held in Pyongyang over the summer. This speech states, "On the nuclear question, the guidance is quite clear and you will stick to it, no matter how often you are pestered. Whether or not we will test is not for us to know. I can tell you this — the situation in Pyongyang is where we never wanted it to be. We have no standing at all, no weight, no credibility any longer to influence the decision."

미 국무부 정보조사국(INR, Bureau of Intelligence and Research) 동북아 담당관이었던 로버트 칼린이, 강석주 북한 외무성 제1부상이 지난여름 평양에서 열린 북한 재외공관장회의에서 했던 연설을 여기에 썼다. 강석주는 이 연설에서 "핵문제에 대해 지침은 분명합니다. 여러분은 여기에 따라야 하는데 핵실험 여부는 우리 외무성은 알지 못한다는 것입니다. 평양의 현재 상황은 외무성이 원했던 것이 아닙니다. 외무성은 입지와 신뢰가 약해져 핵문제에 대한 결정에 영향을 줄 수가 없습니다."

이 서문은 이렇게 바뀌었다.

Robert Carlin, former Chief of the Northeast Asia Division in INR at the State Department, presented this **hypothetical** speech **emulating** DPRK First Vice Foreign Minister Kang Sok Ju to a meeting of North Korean diplomats. **This was not a real speech by the DPRK official, but an article Carlin wrote assuming the perspective of the Vice Foreign Minister. Carlin writes**, "On the nuclear question, the guidance is quite clear and you will stick to it, no matter how often you are pestered. Whether or not we will test is not for us to know. I can tell you this — the situation Pyongyang is where we never wanted it to be. We have no standing at all, no weight, no credibility any longer to influence the decision."

미 국무부 정보조사국(INR, Bureau of Intelligence and Research) 동북아 담당관이었던 로버트 칼린이 강석주 북한 외무성 제1부상이 지난여름 평양에서 열린 북한 재외공관장회의에서 했던 연설을 흉내 낸 가상의 글을 여기에 썼다. 이 글은 실제가 아니고 강석주의 생각을 추정해 칼린이 쓴 것이다. 칼린은(강석주를 가장해) 이렇게 쓰고 있다. 핵문제에 대해 지침은 분명합니다. 여러분은 여기에 따라야 하는데 핵실험 여부는 우리 외무성은 알지 못한다는 것입니다. 평양의 현재 상황은 외무성이 원했던 것이 아닙니다. 외무성은 입지와 신뢰가 약해져 핵문제에 대한 결정에 영향을 줄 수가 없습니다."

뒤늦게 가상의 글임을 분명히 했고, 인용부호 안에 있는 말이 강석주의 말이 아니라 칼린이 쓴 것임을 확실히 했다. 이 희대의 오보를 보면서 우울하지 않을 수 없었다. 미국의 전직 국무부 관리 그것도 고위직도 아닌 과장급 정도를 지냈던 인물이 한국의 언론을 농락했다는 생각 때문이었다. 물론 본인은 그럴 의도가 없었다. 세미나에서 가상이라고 얘기까지 했으니까. 하지만 한국의 언론은 무참히 당했다. 우리의 외교를 관찰하다 보면 이런 느낌을 자주 갖게 된다. 워싱턴에는 한반도문제로 밥벌이를 하는 사람이 수두룩하다. 국무부에서 퇴직한 사람, 싱크탱크의 학자, 대학의 교수 등등. 물론 그 가운데는 진지한 시각으로 한반도를 관찰하고 북한을 연구하는 사람도 있다. 존스 홉킨스 대학에 있는 돈 오버도퍼 교수나 국제정책연구원에 있는 셀리그 해리슨 같은 사람들은 한국의 어떤 전문가 못지않게 진지한 자세로 쓰고 말한다. 필자는 워싱턴에서 두 사람을 모두 인터뷰한 경험이 있다. 둘 다 80을 바라보는 노인들이지만 연구하고 글을 쓰는 데는 정열적이었다. 오버도퍼 교수는 작은 연구실에 매일 지하철을 타고 출근하고 있었고, 해리슨 연구위원은 누가 뭐래도 지금도 구식 타자기로 줄기차게 글을 쓰고 있었다. 하지만 깊이 없이 정권이나 언론에서 받아먹을 만한 말을 하거나 글을 쓰는 사람도 있다. 북한문제를 풀어 가는 데 우리 정부가 미국정부에 의지하는 것만큼이나 우리언론도 미국 정보에 의지하는 바가 크다. 미국언론이 말하면 크게 보이고 그대로 받아서 기사화하는 경우가 많다.

북한문제와 관련해서 큰 문제에 닥치면 그런 경향은 더 심해진다. 미국의 위성을 이용한 과학정보에 대한 열등감은 '미국기사 받아쓰기'를 더욱 부추긴다. 북한의 미사일 발사, 핵실험 등 초미의 관심사가 우리의 전면에 등장했을 때 실제로 이런 현상은 더욱 두드러졌다. 북한이 미사일을 발사한다 안 한다 말이 많던 2006년 5월과 6월 외신들은 관련 기사를 많이도 써냈다. 6월 중순에 이르러 15일에는 로이터 통신이 미국 정부관리의 말을 인용해 "북한이 이번 주 안에 대포동2호를 발사할 수도 있다"고 보도했다. 이런 기사를 그냥 넘어가기란 참으로 어려운 것이 우리 현실이다. 그냥 무시할라치면 '미국이 어떤 특별한 정보를 가지고 있을지 모른다'는 생각을 떨쳐버릴 수가 없다. 이날 KBS와 MBC 저녁 9시뉴스는 당연히 톱뉴스로 북한의 미사일 발사 가능성을 보도했다. 물론 우리 정부의 반응을 취재하고 당국자들의 말을 인용했다. 하지만 이런 기사가 톱뉴스를 장식하기까지의 프로세스를 따져보면, 로이터의 보도와 거기에 인용된 미국정부관리의 말 때문에 기사가치는 이미 높아져 있었던 것이고, 그래서 정부를 취재해서 우리 정부 당국자의 코멘트를 중심으로 기사를 쓰고, 리포트를 하게 된 것이다. 다음날은 또 일본의 아사히 신문이 "대포동2호 이미 연료주입 끝냈을 가능성도 있다"고 보도했다. 이날도 KBS 9시뉴스와 SBS 8시뉴스가 톱으로 관련 뉴스를 전했다. 북한의 핵실험은 한국지질과학연구원이 먼저 지진파를 감지해 국내 언론들이 외신보다 먼저 보도했다. 하지만 2차 실험 가능성은 무시로 외신을 타고 들어왔고, 우리의 방송과 신문은 그때마다 그냥 넘어가지 못했다. 그럴 수가 없는 구조에 우리는 지금도 살고 있다.

2. 춤추는 외신, 더불어 춤추는 한국 언론

1814년 9월 나폴레옹의 패전으로 유럽은 전후 질서 재편을 위해 오스트리아 빈에 모였다. 90개 왕국과 53개 공국의 이해가 첨예하게 부딪히면서 회의다운 회의는 열리지 못했다. 하지만 오스트리아 외무장관 메테르니히는 연일 성대한 파티를 개최했다. 외교관들은 날마다 와인을 마시고 춤을 췄다. 오스트리아 장군 폰 리뉴는 이를 보고 "회의는 춤춘다. 그러나 진행되지 않는다"고 말했다. 그의 말은 장군의 눈으로 외교의 비생산성을 비꼰 명언이 됐다. 춤을 추는 것은 다자회의만이 아니다. 한반도 문제에 관한 한 세계의 언론이 그야말로 춤을 춘다. 북한문제는 그만큼 세계적으로 민감한 사안이 돼 있기도 하다. 핵실험을 두고는 더욱 심했다. 북한핵과 미사일에 대해서는 특히 일본이 민감한 만큼 일본 언론은 늘 앞서 갔다. 그만큼 오보도 많았다. 우리언론도 장단을 맞췄다. 2006년 10월 9일 북한이 핵실험을 한 이후 곧바로 나온 얘기가 2차 실험 가능성이었다. 세계의 핵보유국들이 그랬듯이 한차례 실험으로는 완전한 기술력을 입증할 수 없기 때문에 한두 차례 실험을 더 할 것이라는 예상들이 국내외에서 나왔다. 가능성을 예측하는 기사가 지속적으로 나오더니 실험 이틀 후인 11일 오전에는 급기야 핵실험을 했다는 기사가 떴다. 오전 8시 23분 일본 민영방송인 니혼TV가 "북한이 오늘 오전 7시 40분쯤 2번째 지하핵실험을 실시했다"고 보도했다. 우선 자막을 띄우고 긴급속보에 들어갔다. 8시 32분 NHK도 북한에서 진동이 감지됐다는 정보가 있어 일본 정부가 2차 핵실험인지 여부를 확인 중에 있다고 전했다. 로이터 통신, 블룸버그 통신도 일본 언론을 따라 2차 핵실험을 보도했다. 우리 방송들도 일본 언론을 받아서 자막으로 속보를 냈다. 나는 외교부와 청와대에 나가 있는 기자들을 통해 즉각 확인에 들어갔다. 그사이에 국내 방송들은 긴급속보에 들어갔다. 물론 KBS도 예외는 아니었다. 방송들은 우선은 외신을 인용해 2차 핵실험설을 경쟁적으로 내보냈다. 외교부와 청와대 출입기자가 8시 47분 동시에 내부 보도정보망으로 보고를 띄웠다. 외교부의 핵심당국자들은 "확인된 바 없다. 금방 따라서 기사 쓸 일 아닌 것 같다"고 말했다. 청와대의 윤태영 대변인도 "현재까지 지진파 감지된 게 없다"는 답을 내놨다. 한국지질연구원도 지진파가 감지되지 않았다고 밝혔다. 편집팀에서는 외교부, 청와대, 국방부 출입기자를 차례로 연결해야겠으니 준비를 해 달라고 긴급하게 연락을 해 왔다. 나는 안 된다고 잘랐다. 확인이 되지도 않는 정보를 가지고 외신에 났다고 해서 이렇게 판을 벌이는 것 자체가 말이 안 되고, 여러 곳을 연결해 봐야 똑같은 얘기, 즉 "확인 안 된다"는 얘긴데 다 연결할 필요 없고, 굳이 하겠다면 청와대 한군데만 연결하면 된다고 말했다. 그래서 방송은 그 수준에서 마무리가 됐다.

하지만 당시의 방송은 엄밀히 따지면 오보였다. "NHK가 보도하는데 2차 핵실험을 했다고 합니다"라고 보도했으니 단순히 인용한 것일 뿐 오보는 아니라고 말할 수도 있을 것이다. 사실은 이런 믿음을 바탕으로 외신을 인용한 오보는 빈발한다. 하지만 시청자 입장에서 보면 NHK의 보도를 국내방송들이 확인해 준 것이었다. 2차 핵실험을 국내방송이 보도함으로써 그 뉴스는 더 이상 NHK에서 나온 것이 아니라 KBS나 MBC에서 나온 것이 된 것이다. 사람들이 말할 때 "KBS에 나오는데 북한이 2차 핵실험을 했다고 그러더라"라고 말하지, "KBS가 NHK를 인용해서 보도하는데 북한이 2차 핵실험을 했다고 그러더라" 이렇게 말하지는 않는다. 그런 의미에서 외신에 의지해 오보의 책임을 피하려는 것은 손바닥으로 하늘을 가리는 격이다.

이런 현상을 두고 언론의 심한 경쟁 탓으로만 돌리기에는 우리를 둘러싼 국제환경이 너무도 엄중하다. 미국은 왜 북한을 적으로 삼으려 하는 것인지, 일본은 또 왜 북한 관련 취재에 열심인지 그 현실을 깊이 보면 슬픈 대한민국의 아픈 모습에 가슴이 아리다. 부시 행정부의 대북정책은 큰 틀에서 보면 두 가지 흐름을 가지고 있다. 북한을 민주화시켜서 인민을 자유와 평화의 세계에 살게 해야 한다는 기독교 복음주의에 바탕을 둔 정책방향이 하나이고, 이 과정에서 형성되는 북한과의 적대적 관계는 미사일 방어 계획의 진행을 용이하게 할 뿐만 아니라 군산복합체를 살찌울 수 있다는 것이 또 다른 하나다. 다행히 부시 미국 대통령은 임기가 얼마 남지 않았음을 인식한 이후로 외교를 통한 북핵문제 해결로 무게중심을 옮겨놓았다. 그나마 다행스러운 일이다. 하지만 네오콘은 여전히 살아 있다. 존 볼튼 유엔대사, 로버트 조지프 국무차관이 떠났지만 체니 부통령이 버티고 있다. 2·13 베이징 합의는 북미 양국이 철저한 신뢰를 바탕으로 하나씩 행동으로 옮겨 갈 때 이행 가능한 것이다. 그만큼 언제 깨질지 모르는 얇은 유리병과도 같은 것이다. 미국이 초지일관 외교우선의 자세를 가지고 북한도 핵폐기의 의지를 끝까지 견지하길 바랄 뿐이다.

그런가 하면 일본을 바라보면 '저 친구들이 뭘 생각하고 있는 거야' 하는 생각을 자주하게 된다. 2007년 3월 초 김계관 북한 외무성 부상이 미국을 방문했다. 미국은 그에게 국무부 경호팀을 붙여 철저히 경호했다. 일본 언론은 끝까지 취재했다. 미국 측이 김계관을 샌프란시스코 공항에서 몰래 빼돌려 고속도로로 향했는데 일본 언론은 오토바이를 동원해 추격했다. 미국 경호팀은 바리케이드를 쳐서 오토바이를 막았다. 이런 식이다. 회의가 열리면 일본 언론은 북한 대표단을 추격하기 위해 오토바이부대를 고용한다. '퀵서비스' 업체와 계약을 맺어 북한 대표단이 언제 어디서 무얼 하는지 쉴 새 없이 취재한다. 그런데는 돈을 아끼지 않는다. 우리언론이 따라갈 수가 없다. 북한 김정일 국방위원장이 중국을 방문하면 가장 먼저 김정일 화면을 촬영하는 것도 보통은 후지TV나 TV아사히 같은 일본 언론이다. 김정일 열차가 지나갈 만한 기차역에 카메라를 대기시켜 놓았다가 촬영하기도 한다. 2006년 1월 10일 김정일은 중국의 남부를 돌아보는 일정에 들어갔다. 선양과 상하이를 거쳐 광저우에 갔을 때 그의 모습은 공개됐다. 방중 사흘 만이었다. 광저우 바이톈어호텔에 들어가고 나가는 모습이 일본 NTV에 포착된 것이다. 먼 거리에서 찍혀 모습은 희미하지만 우리나라뿐만 아니라 세계의 언론들이 그 화면을 받아썼다.

일본의 방송과 신문은 그렇게 죽기 아니면 까무러치기식으로 북한을 취재한다. 이런 열정은 엉뚱한 유탄도 만들어 낸다. 김정일 방중 일정이 소상히 소개되고 화면까지 공개되자 중국정부는 누군가 정보를 흘린 것으로 보고 조사에 착수했다. 리빈 전 주한 중국대사가 한동안 소식불통이다가 2007년 2월 산둥성 웨이하이 부시장직에서 해임됐는데, 그의 해임이 정보유출 혐의 때문이라는 얘기다. 중국정부가 공식적으로 확인해주지는 않고 있지만, 김정일 방중 이후 얼마 있지 않아 연락두절 상태가 됐다는 점, 김정일 방중 당시 그가 외교부 북핵전담대사였다는 점, 그가 누구보다 한국이나 일본 특파원들과 교류가 잦았다는 점 등으로 미루어 보면 그런 혐의를 받고 해임됐을 가능성은 농후하다. 2001년부터 2005년까지 서울 주재 중국대사를 지낸 리빈은 한국말도 잘하고 폭탄주도 잘할 뿐만 아니라 한국에 대한 이해도 깊어 여러 사람들이 좋아했다. 중국으로 돌아가 외교부 북핵문제 전담대사를 하다가 2006년 웨이하이 부시장을 맡았는데, 그 자리에서 해임된 것이다. 언론으로 인해 피해를 보는 사람은 참으로 많다. 대부분은 잘못한 사람이 그 대가를 받는 경우다. 하지만 이렇게 애꿎게 유탄을 맞는 사람도 또한 많다. 어쨌든 일본 언론은 그런 유탄까지 발생시킬 만큼 북한을 유난히 열심히 취재하고 보도한다.

여기에는 역시 몇 가지 요인이 작용하는 것으로 보인다. 첫 번째로는 북한 얘기가 일본에서 그만큼 상품성이 있다는 것이다. 잘사는 일본에 최대 위협요소가 북한이라고 생각하는 일본인들은 북한 뉴스에 지대한 관심을 갖고 있다. 필자는 외교안보데스크로 일하는 동안 일본에 있는 선배기자로부터 여러 차례 전화를 받았다. 김정일이 중국에 간다던데 가긴 가는 것이냐. 왜 가는 것이냐. 우리 정부가 파악하기로는 방중 가능성이 얼마나 되느냐. 주로 북한 내부 사정과 남북관계, 북중관계에 대해 묻는 경우가 많았다. 그때마다 아는 대로 답을 해 줬다. 그 선배가 그렇게 한국까지 전화를 해서 이것저것 묻는 이유는 일본 사람들을 만날 때 정보가 필요하기 때문이었다. 일본 사람들이 그만큼 북한

문제에 관심이 많다는 것이다. 밥 먹는 자리건, 술자리건 한국 사람을 만나면 한국에 대한 화제보다는 북한 얘기를 먼저 꺼내고 시종일관 북한에 대해 궁금한 것을 묻는다는 것이다. 일본인을 납치한 것이 드러나면서 북한에 대한 일본인들의 감정은 매우 적대적이 됐다. 그러한 일반 일본인들의 정서를 일본 언론들은 알고 있다. 일본 언론들이 그토록 북한에 관심을 많이 두는 두 번째 이유는 일본 보수 언론의 보수적인 북한관 때문일 것이다. 북한을 되도록 '비정상적이고 신비한 존재'로 부각시켜 북한에 대한 부정적인 인식을 확대 재생산하려는 일본 언론의 전략이 북한뉴스의 중시 현상으로 나타나고 있는 것이다. 세 번째는 일본정부의 방조가 언론의 북한에 대한 관심을 부추기고 있다고 보아야 할 것이다. 일본정부로서는 북한에 대한 강경분위기가 나쁠 것이 없다. 긴장감을 조성하면서 국내정치의 안정을 외칠 수 있고, 동북아에서 군사적 역할을 확대하는데도 '위험한 북한'은 큰 명분으로 작용할 수 있다.

미국, 일본의 이 같은 움직임 속에서 북한의 위험을 강조하는 미국, 일본 언론의 보도는 쏟아져 나올 수밖에 없다. 여기에 북한은 때로는 국제사회를 위협하기 위해서, 때로는 자위적인 수단 강화를 위해서, 때로는 협상력 강화를 위해서, 때로는 체제 내부의 결속을 강화하기 위해서 도발적 행동을 감행한다. 그러니 결과적으로 미국, 일본 언론의 보도는 오보도 많지만 곧 사실로 밝혀지는 경우도 많다. 국제사회에서의 북한에 대한 부정적인 인식이 부정적인 기사를 양산해 내고, 그런 기사들이 다시 북한의 도발을 자극하는 악순환의 고리도 보인다. 북한을 둘러싸고 묘하게 얽힌 동북아의 슬픈 현실 속에 한국 언론의 고민이 있다.

4장 미국의 남북관계 전략과 한미관계

1. 미국의 개성공단·금강산 관광 중단 요구

2006년 10월 10일, 북한이 핵실험을 한 다음날 버시바우 주한 미국 대사가 외교부 기자실로 연락을 했다. 기자들 몇 명을 만나고 싶다는 것이었다. 외교부 출입하는 후배가 이런 연락을 해 왔다. 몇 가지 설명을 하겠다는 얘기였다. 우리는 카메라기자도 같이 가야 한다고 주장했다. 취재원의 얼굴과 목소리가 나가야 기사의 신뢰도를 높일 수 있는 만큼 우리는 정식으로 얼굴을 찍고 목소리를 녹음할 수 없다면 의미가 없다고 얘기했다. 하지만 버시바우는 그게 부담스러웠는지 카메라는 안 된다고 답했고, 그래서 주요방송은 가지 않고 연합뉴스 등 몇몇 언론사만 면담에 응했다. 이 자리에서 버시바우가 하고 싶은 이야기는 개성공단과 금강산이었다. 핵실험까지 했는데 이 사업을 계속해야 하는 것이냐 하는 의문을 제기하고 싶어 했다. 버시바우는 "현 상황에서 모든 국가가 북한 정권에 혜택을 주는 모든 지원 프로그램을 재검토해야 할 것으로 생각한다"고 했다. 당장 중단해야 한다는 얘기를 극히 외교적으로 표현한 것이다. 버시바우의 이런 행보는 다음날도 이어졌다. 11일 국회에서 강재섭 한나라당 대표를 만났다. 금강산 관광 및 개성공단 사업에 대한 견해를 묻는 질문에 버시바우는 "한국, 중국 등의 금융자산 유입은 중단하는 것이 중요하다고 생각한다"고 말했다. 전날의 발언보다 한발 더 나아가 보다 구체적으로 돈의 흐름을 막아야 한다고 주장한 것이다. 미국의 생각은 분명했다. 개성공단으로 들어가는 북한 주민에 대한 임금과 금강산 관광에 대한 대가로 지불되는 달러가 모두 김정일의 손아귀에 들어가 미사일과 핵개발에 쓰인다는 인식을 미국은 갖고 있다. 그러니 핵실험을 계기로 이를 중단하는 것이 옳다는 것이었다.

핵실험 이후 유엔의 대북 제재 결의안이 논의될 때 우리 정부는 개성공단과 금강산 관련 부분이 포함될 것을 심히 염려했다. 그래서 2006년 10월 15일 유엔 결의안이 통과됐을 때 한편으로는 안도했다. 유엔안보리 결의안이 자금과 금융자산의 차단도 포함하고 있지만, 이는 북한의 대량살상무기(WMD) 프로그램에 관련된 것만을 언급하고 있었기 때문이었다. 결국 개성공단과 금강산관광은 직접 규제할 수 없는 것이어서 정부, 특히 통일부는 결의안 통과라는 사실에도 불구하고 일면으로는 다행이라는 생각을 하고 있었다. 하지만 유엔의 이러한 결의에도 불구하고 미국은 개성공단, 금강산 관광 중단에 대해서 미련을 버리지 못했다. 라이스 국무장관은 10월 16일 동북아 순방에 앞서 국무부에서 기자회견을 가졌다. 거기에서 라이스는 개성공단과 금강산 관광사업에 대한 질문에 "한국이 북한과의 활동 전반에 관해 어떤 결정을 내릴지 볼 것"이라고 답했다. 또, "그 활동의 많은 부분이 북한이 하는 일(핵개발 등)과 관계가 있지 않나 하는 의구심을 갖고 있다"고 말하면서 여전히 두 사업의 중단 주장을 유연하게 표현하고 있었다.

그러다가 갑자기 미국은 개성공단은 괜찮고 금강산 관광사업이 더 큰 문제라는 시각을 나타냈다. 핵실험에 대한 대응책을 논의하기 위해 한국에 온 크리스토퍼 힐 미 국무부 차관보는 2006년 10월 17일 천영우 외교부 한반도 평화교섭본부장을 만났다. 알렉산드르 알렉세예프 러시아 외교차관도 함께 만났다. 3자협의를 마치고 나온 힐은 갑자기 "개성공단 사업은 북한의 경제개혁 측면에서 이해하지만 그 외 다른 사업은 잘 이해하지 못하겠다"고 말했다. 그는 또 "하나는 장기적으로 북한의 인력을 개발하고 다른 하나는 북한의 권부에 돈을 가져다준다"면서 금강산 관광사업에 대한 부정적 시각을 적나라하게 표현했다. 힐의 말을 액면 그대로 받는다면 개성공단은 우리의 기업이 북한에 투자를 하고 북한과 함께 사업을 하는 것이기 때문에 북한의 경제체제를 바꾸는 데 기여할 수 있지만 금강산 관광은 그런 것도 없이 단순한 관광의 대가로 현금을 갖다 주는 것이니 더 큰 문제라는 것이었다. 하지만 사실은 그게 아닌 것으로 이해됐다. 북한에 현금이 흘러 들어가는 것은 안 된다는 인식을 갖고 있는 미국으로선 금강산 관광으로 인한 현금의 유입이 개성공단 사업보다 훨씬 크다는 데 주목한 것이다. 금강산 관광으로 인한 북한의 수입은 지금까지 관광에 대한 대가 등으로 이미 받은 돈이 5억 달러 정도 되고, 매년 1,500만 달러가량의 달러가 북한으로 들어간다. 반면에 개성공단과 관련해서는 토지 임차료 등으로 인한 수입이 1,200만 달러, 근로자 임금이 매년 700만 달러 정도 된다. 규모에 있어 비교가 안 된다. 개성공단, 금강산 모두 중단을 요구하다가 한국의 반대가 심한 것을 알게 된 미국으로선 우선 덩치가 큰 금강산 관광에 대해 문제를 제기해 이를 먼저 중단시키겠다는 의도가 있는 것으로 보였다. 하지만 이것도 한국정부와 여론의 반대에 부딪혀 미국은 결국 '한국정부가 알아서 할 것'이라는 선으로 물러설 수밖에 없었다. 이처럼 핵실험 이후 한창 논란이 됐던 개성공단과 금강산 관광문제는 10월과 함께 사그라지는 분위기였다. 그런 가운데도 레프코위츠 북한인권특사는 끝까지 미련을 버리지 못하고 11월 중순이 될 때까지 개성공단 사업의 중단을 외쳤다. 레프코위츠는 사실 미사일 발사 이전부터 개성공단에 대해서는 끊임없이 문제를 제기해 온 인물이다. 그의 주장은 개성공단의 북한 근로자가 월 58달러의 임금을 받는 것은 인권유린이라는 것이었다. 하지만 이런 주장의 근저에는 개성공단 사업 자체에 대한 부정적인 인식이 깔려 있었다. 그는 임금이 적으니 올려 줘야 한다고 주장하지 않는다. 다만 문제가 있다고 비난할 뿐이다. 그러다가 핵실험 이후에는 돈이 들어가는 것이니 막아야 한다는 주장을 폈다. 개성공단 사업으로 인한 북한 측의 이익금이 대량살상무기 개발에 이용될 수 있다는 얘기였다. 그는 11월 11일 일본 교도통신과의 인터뷰에서 개성공단 사업의 유보, 즉 중단을 직접적으로 요구했다. 이익금이 북한 지도부의 '돈줄'이 되고 있을 가능성이 있다는 이유를 댔다. 10월 31일 북한의 김계관 외무성 부상은 베이징에서 힐, 우다웨이 중국 외교부 부부장과 만나 6자회담에 나가겠다고 했다. 핵문제를 비롯해 모든 문제를 6자회담에서 논의하자는 쪽으로 어느 정도 해빙무드가 조성된 것이다. 그런데도 레프코위츠는 개성공단 공격을 계속한 것이다.

이러한 미국의 태도에 대해 우리 정부는 개성공단과 금강산만은 어떤 일이 있어도 계속해야 한다고 맞섰다. 필자가 개인적으로 만난 정부의 당국자들은 "말을 안 해서 그렇지 미국의 압력은 엄청났다"고 털어놨다. 그것도 6자회담 재개가 결정된 이후에 그런 솔직한 심정을 토로했다. 그전에는 그야말로 벙어리 냉가슴 앓듯 미국의 거센 요구에 대해 별 얘기를 못 했다. 이종석 통일부 장관도 6자회담 재개가 결정되고, 본인의 사퇴가 결정된 이후에야 개성공단, 금강산을 둘러싼 한미 간의 알력관계를 얘기했다. 2006년 10월 25일 이 장관은 전격적으로 사퇴의사를 밝혔다. "대북포용정책을 놓고 정쟁이 격화되는 것을 막기 위해서"라고 사퇴 배경을 설명했다. 핵실험 이후 포용정책의 성과들이 무차별적으로 도마 위에 오르는 상황에서 자신이 그 자리에 있으면 공격의 강도는 더욱 강해질 것이라고 생각한 것이다. 이후 며칠이 지나 11월 1일 이 장관은 기자들과 편하게 얘기하는 자리를 가졌다. 이재정씨가 후임 통일부 장관으로 사실상 내정된 상태여서 마음이 홀가분했던지 그는 평소 하지 못하던 말을 했다. 물론 시시콜콜 구체적인 얘기까지 하지는 않았다. 다만 '지난 4년간 정부에 있으면서 미국이 어떤 나라인지 정말 잘 알게 됐다'고 했다. 길지 않은 말이지만 억센 가시가 들어 있었다. 자주적 성향의 북한 연구자인 이종석 장관이 4년을 정부에서 일하면서 느꼈던 약소국 정부로서의 한계를 장황하지 않는 말로 깊숙이 표현한 것이다.

2. 미국의 PSI 집념

미국의 PSI(Proliferation Security Initiative, 대량살상무기 확산방지 구상)에 대한 집착은 그야말로 대단했다. PSI를 만든 것도 미국이었디. 대량살상무기(WMD)의 국제적 확산을 막기 위해 2003년 6월 국제적 협력체제로 발족시킨 것이다. 핵과 대량살상무기의 확산을 방지하기 위한 정보공유는 물론, 필요한 경우에는 가입국의 합동작전으로 위험물질의 수송을 막을 수도 있도록 했다. 미국을 비롯해 호주와 독일, 일본, 스페인 등이 참여하고 있다. 미국은 우리에 대해서도 끈질기게 참여를 요구했다. 김대중 정부 때부터 미국의 요구는 지속적이었다. 하지만 북한의 심한 반발을 고려해 참여를 보류해 왔다. 북한이 미국의 대북정책에 대해 다양한 분석을 하고 있는데 크게 보면 미국이 실제로 공격을 하겠느냐 하는 것과 미국이 북한의 붕괴를 위해서 어떤 전략을 사용하겠느냐 하는 것이다. 현실적으로 공격 가능성이 적다면 북한의 붕괴를 위해서 어떤 전략을 쓸 것인가 하는 부분에 신경을 쓸 수밖에 없는데, 북한은 미국의 탈북자 정책과 PSI를 북한붕괴전략의 핵심으로 보고 있다. 탈북자에 대한 지원방안 등을 마련함으로써 탈북을 조장해 북한 내부의 동요를 부추기고, 외부적으로는 PSI를 통해 북한의 대외거래를 철저히 감시·통제함으로써 북한을 서서히 골병들게 한다는 것이다.

김대중 정부 당시에도 미국은 여러 차례 PSI 참여를 요구했다. 하지만 PSI에 참여하는 것은 무력충돌로 가는 길이라는 김대중 대통령의 강한 신념에 따라 참여하지 않았다. 하지만 핵실험 이후 미국은 참여요구를 훨씬 강화시켰다. 2006년 10월 19일 한국을 방문한 라이스는 반기문 장관, 노무현 대통령을 만나 PSI 참여를 적극 주장했다. 도널드 럼스펠드 국방장관도 10월 21일 워싱턴에서 열린 한미연례안보협의회(SCM)에서 한국의 PSI 참여를 강력히 요청했다. 럼스펠드 장관은 "북한 핵 프로그램을 고려할 때 PSI의 중요성은 더 부각되고 핵확산 방지가 중요하다"며 "한국은 대단히 중요한 국가로 PSI에 동참하기를 희망한다"고 말했다. 연례안보협의회에 끝난 뒤 한국 기자들과 만난 리처드 롤리스 국방부 부차관보도 "한국이 반드시 PSI활동에 참여해야 한다"고 거듭 강조했다. 파상공세라고 할 만했다. 미국의 끈질긴 요구에 노무현 정부는 2005년 말부터 PSI에 부분적으로 참여는 해 왔다. 즉 PSI 참여국들이 훈련을 할 때 참관을 하기 시작한 것이다. 하지만 미국은 정식으로 참여해야 한다고 압박을 계속했다.

한반도 정책을 다루는 미국 쪽의 여러 인물 가운데 롤리스 부차관보도 참으로 흥미를 끄는 사람이다. 미국이 한국의 핵개발 사실을 알게 된 것은 75년 2월이었다. 서울에서 활동하던 CIA요원이 한국의 핵개발 관련 비밀 자료를 입수함으로써 계획의 전모를 알게 됐다. 그 문서를 입수한 사람이 바로 리처드 롤리스였다. 72년에 CIA에 들어갔으니까 요원이 된 지 불과 2년 정도밖에 안 된 애송이였다. 이를 인연으로 그는 한국통이 됐다. 1981년부터 1987년까지 주한 미 대사관에 근무했고, 한국 여성과 결혼도 했다. 럼스펠드가 국방부장관이 되자 그는 아시아태평양 담당 부차관보가 됐다. 롤리스가 한국의 핵개발 비밀 자료를 빼낼 당시에도 럼스펠드는 국방부장관이었다. 포드 대통령 아래에서 국방부 장관을 하고 있었다. 2002년에 두 번째 국방장관이 되면서 롤리스를 불러들인 것이다. 부시 정권하에서 롤리스는 한미, 미일 간의 군사적 현안을 주물렀다. 전시작전권 전환, 용산미군기지 반환, 주일미군기지 재편 협상 모두 그의 손으로 처리했다. 한국 협상단과는 폭탄주도 마다하지 않을 만큼 한국 것을 잘 아는 사람이기도 하다. 경인TV컨소시엄 내부의 분란으로 미국 스파이 공방이 벌어졌을 때에도 그의 이름이 등장했다. 컨소시엄의 대표이면서 CBS(컨소시엄의 5%지분 소유) 측과 가까운 신현덕이 2006년 10월 31일 국회 문화관광위원회 국정감사장에 나와 컨소시엄의 대주주인 영안모자 백성학 회장이 국가정보를 미국에 유출한 의혹이 있다고 말했다. 백 씨가 국내정세를 담은 문건을 미국 측에 전했다는 것이었다. 그 '미국 측'이 바로 리처드 롤리스였다. 롤리스는 US아시아라는 컨설팅회사를 갖고 있는데, US아시아 한국지사장 배영준이 백 씨의 측근이다. 이런 커넥션을 두고 신현덕은 백 씨를 미국의 스파이로 공격했다. 이런 저런 경로로 한국문제에 깊이 개입하면서 5년이상 한미관계를 좌지우지하던 롤리스는 2006년 10월 국방부에 아시아태평양 안보담당실(Office of Asian and Pacific Security Affairs)이 신설되면서 이 사무실의 총책, 즉 미 국방부의 아태담당 부차관(Assistant Under Secretary) 직책을 2007년 7월까지 맡았다. 그는 부차관을 그만둔 뒤에도 다시 국방장관 특별보좌관으로 기용돼 한미동맹과 미국의 동아시아전략에 핵심역할을 계속했다. 롤리스는 한미관계에 관한한 누구보다 많은 일을 했지만 그가 관심 갖던 여러 가지 한미

관계 현안가운데 PSI만큼은 그가 원하는 대로 되질 않았다.

미국이 이렇게 PSI에 집착하는 이유는 핵공격에 대한 우려 때문이다. 미국도 북한과의 전쟁을 상정하는 단계는 아니다. 미국이 두려워하는 것은 북한의 핵물질과 기술이 알 카에다와 같은 테러조직에 이전되는 것이다. 테러조직이 핵무기를 만들게 되면 미국은 언제든지 공격받을 수 있다. 그래서 미국은 북한의 핵무기나 핵물질이 테러단체로 이전되는 것을 최후의 금지선으로 설정해 놓고 있다. 북한과의 협상을 꾸준히 진행하겠지만 최악의 경우 북한의 핵무기를 용인하고, 대신 핵관련 물질의 이전만은 막겠다는 전략도 미국은 갖고 있다. 핵물질의 이전을 방지하기 위해서는 북한을 드나드는 선박에 대해 철저한 검색이 필요한데 그것이 PSI를 통해 실현될 수 있다고 미국은 믿고 있다. 79개나 되는 나라를 PSI에 가입시킨 이유도 여기에 있다. 하지만 그것이 말처럼 쉽지는 않다. 우선 기술적으로 어렵다. 가입국들이 핵의심 물질을 실은 선박에 대해 검색을 한다는 것인데 그런 선박을 찾아낸다는 것이 어렵고, 그렇다고 해서 북한 선박을 무조건 검색한다는 것도 쉽지 않다. 북한이 거부할 경우 충돌 가능성도 얼마든지 있다. 법적인 문제는 더욱더 심각하다. 유엔해양법은 모든 국가의 자유로운 공해 항행권을 보장하고 있다. 누구나 공해상에서는 검색받지 않고 자유롭게 항해할 수 있는 것이다. 다만 무국적 선박, 해적행위, 노예무역, 국기 허위 게양, 불법 라디오 방송 이 다섯 가지 행위만 하지 않으면 된다. 공해상에서도 검색을 할 수 있도록 하기 위해 미국은 애를 쓰고 있다. WMD 통제를 위해서 각국이 필요한 조치를 취할 수 있도록 한 유엔안보리 결의 1540호가 2004년 채택됐는데, 미국은 이로 인해 PSI에 대한 국제법적 근거가 마련됐다고 주장하기도 한다. 하지만 이는 어디까지나 각국이 자기 영해 안에서 필요한 조치를 하도록 하는 것이다. 중국이 특히 미국의 주장에 강하게 반대 주장을 계속하고 있다. 국제관계의 구석구석에서 미국의 유일한 상대는 중국임이 관찰된다. 북한 핵실험에 따라 북한을 제재할 목적으로 만들어진 유엔안보리 결의 1718호도 북한의 WMD 이전을 막기 위한 해상검색을 할 수 있도록 했다. 하지만 '각 회원국들에게 해상검색을 요청한다(call upon)'고 되어 있어 강제성이 없고, 이 역시도 영해상에서만 검색을 할 수 있다는 것이지 공해상 검색권을 부여한다는 대목은 어디에서도 찾아볼 수 없다.

미국은 그래서 PSI라는 화두를 머릿속에서 놓지 못한다. 미 국무부에서 PSI 문제를 전담하던 로버트 조지프 차관은 핵실험 이후 두 차례 한국을 찾아왔다. 한 번은 10월 19일 라이스 장관을 수행해 한국에 왔고, 11월 6일 니컬러스 번스 정무차관과 함께 방문했다. 라이스가 반기문 장관, 노무현 대통령을 만나서 해야 할 이야기 가운데 가장 중요한 것이 PSI참여이었기 때문에 조지프 차관이 동행했다. 11월 방한 당시에도 그가 온다 안 온다 말이 많았지만 결국은 번스 차관과 함께 왔다. 우리 외교부는 조지프가 PSI 참여에 대해 말하지 않았다고 밝혔다. 하지만 그의 주요업무가 PSI였던 만큼 그 말이 쉽게 믿어지지는 않았다.

조지프는 군축 및 국제안보담당 차관자리를 존 볼튼으로부터 물려받았다. 그의 전임자와 함께 조지프는 미국정부 내의 대표적인 네오콘이었다. 그는 라이스 밑에서 백악관 국가안전보장회의(NSC) 핵확산방지 담당 선임국장으로 일하면서 PSI를 입안, 실행했고 PSI에 관한 한 열정과 집착이 대단해 '미스터 PSI'로 불렸다. 'PSI야말로 대량살상무기의 확산을 억지, 와해할 수 있는 가장 훌륭한 메커니즘이며, 이를 위해 외교와 군사, 경제, 정보, 법률을 창조적으로 결합한 시스템'이라는 신념을 갖고 있었다. 그의 이름은 부시 행정부 초기 대북정책을 원점에서 재검토할 때부터 등장한다. 부시가 집권하자마자 대북정책은 두 사람에게 맡겨졌다. 하나는 국무부의 허바드 부차관보, 다른 하나가 조지프 NSC 핵확산방지 담당 선임국장이었다. 허바드는 '북미 제네바합의는 미흡하나마 동결에 따른 여러 효과도 있었으니 북한에 대해서는 포용정책을 계속해야 한다'고 주장했다. 하지만 조지프는 제네바합의는 아무런 효용이 없고 북한에 대해서는 더 이상 포용정책을 펴서는 안 된다고 맞섰다. 당시에는 그나마 국무부 동아태국의 주장이 먹혀 제네바합의는 겨우 살아남았다. 조지프는 특히 부시1기 때 백악관에서 북한과 이란에 대한 강경 접근법도 구체화한 장본인이다. 부시의 2003년 연두교서에 '이라크가 핵물질을 수입하고 있다'는 잘못된 대목을 집어넣은 사람도 바로 조지프였다. 2003년 5월 14일 한미정상회담 당시 사전협의 과정에서 조지프는 북한핵문제와 관련해 '모든 옵션이 테이블 위에 있다'는 표현을 공동성명에 넣으려 했다. 군사행동도 할 수 있다는 의미였다. 우리 측은 물론 반대했다. 서주석 청와대 국가안전보장회의 전략기획실장이 미국으로 날아가 절대불가를 외쳤다. 그래서 한미 양측은 "한반도 평화와 안정에 대한 위협 증대 시 추가조치가 필요하다는 데 유의하고, 쌍방은 평화적 해결이 가능하다는 확신을 표명했다"는 정도로 문구를 조정했다. 이런 전력 때문에 2005년 3월 조지프가 차관으로 임명될 당시 "해임돼야 할 사람이 국무부 군축 책임자가 됐다"는 힐난도 받았다. 2007년 1월 미국과 북한이 베를린에서 양자협상을 하고 온건파가 대북 유화국면을 주도해 가자 조지프는 2007년 2월 국무부 차관직을 떠났다. 사임의 변은 "미국이 악의 축이라고 불렀던 정권을 떠받들며 돕고 있다"는 협상파에 대한 비난이었다. 여하튼 미국은 이렇게 장관급에서는 공식 성명을 통해, 차관급과 실무급에서는 실질적인 압력을 통해 PSI 참여를 지속적으로 종용했다.

외교부 관료들 가운데는 정식참여는 유보하더라도 한반도 바깥에서 훈련할 때 물자지원 정도는 해야 하는 것 아니냐는 의견을 가진 사람들이 많았다. 하지만 통일부는 달랐다. 특히 이종석 장관의 인식은 PSI에 대한 참여폭을 확대하는 것은 북한을 자극하는 것이고, 자칫하면 북한과의 무력충돌의 가능성도 있다는 것이었다. 이 문제를 두고도 통일부와 외교부가 의견대립을 보인 것이다. 핵실험 이후 미국의 요구가 강해지면서 정부 내에서 여러 차례 논의가 있었다. 외교부와 통일부는 그때마다 각자의 주장을 내세웠다. 여야 간의 논쟁도 뜨거웠다. 여당은 참여하면 안 된다, 야당은 참여해야 한다, 그러면서 논란은 커졌다. 하지만 정부는 결국 11월 13일 정식 참여를 유보하기로 결정, 발표했다. 미국의 요구는 강했지만 이것을 들어주면 북한과의 관계가 어디로 튈지 모르고, 6자회담 전망은 더욱 어두워진다는 판단을 정부로서는 하지 않을 수 없었다.

3. HEU와 남북관계

2002년 10월 미국의 HEU(고농축 우라늄)에 대한 문제제기는 두고두고 말이 많다. 우선은 부시 행정부의 네오콘들이 중심이 돼서 HEU를 문제 삼기 시작한 것은 분명해 보인다. 그 이유에 대해서는 부시 행정부가 클린턴이 이뤄놓은 북미 제네바합의에 대해서 근본적으로 신뢰를 주지 않았고 그래서 이를 폐기하기 위해서 문제를 제기했다는 분석이 있다. 또 북한의 정권을 근본적으로 교체하려는 네오콘 입장에서 북한을 위험한 존재로 부각시키지 않을 수 없었고, 그래서 찾아낸 것이 HEU라는 것이다. 네오콘들의 기본적인 사고가 이란, 이라크, 북한 같은 '불량국가'는 정권을 바꿔야 한다는 것인 만큼 충분히 그럴만하다. DJ정부에서 통일외교안보를 쥐락펴락했던 임동원의 분석은 좀 다르다. 2002년 10월 당시 남북협력이 급속히 진전되고 있었는데 이를 그대로 두고 보지 못한 네오콘이 정보조작을 통해 HEU문제를 제기했다는 것이다. 실제로 2002년 4월 임동원은 김정일을 만났고, 이후 남북관계는 급물살을 탔다. 9월 들어서는 북한 선수단과 응원단이 부산 아시안게임에 대거 참가했고, 남북한 철도·도로 연결 착공식이 열렸고, 북한이 신의주를 특별행정구역으로 지정해 발표했다.

2002년 9월에는 유난히 한꺼번에 해빙무드가 조성됐는데 고이즈미 일본총리가 평양에 들어간 것도 9월 17일이었다. 북한과 일본은 정상회담을 통해 북일 국교정상화 회담을 그 다음달부터 재개하기로 합의했다. 더욱이 고이즈미는 부시 행정부가 만류했음에도 불구하고 평양을 방문해 정상회담을 했다. 한국과 일본이 이처럼 독자적인 길을 가자 미국은 여기에 제동을 걸 필요를 느낀 미국이 정보조작을 통해 HEU의혹을 증폭시켰을 가능성은 얼마든지 있다. 남북, 북일 관계가 호전되는 상황에서 한반도에 위기상황을 조성하기 위해 HEU를 생각해 냈을 가능성이 있다는 것이다. 실제로 미국은 북한이 HEU프로그램을 인정했다고 말하고, 북한이 제네바합의를 어겼기 때문에 중유공급을 중단한다고 발표했다. 하지만 북한은 HEU 프로그램을 인정하지 않았다. 미국이 원하면 위기는 그렇게도 쉽게 만들어질 수 있다. 양성철 전 주미대사는 2002년 10월 켈리의 방북자체가 처음부터 북한의 HEU의혹을 터뜨리기 위해 의도된 것이라고 말했다. 켈리의 방북 이후 강석주의 말을 과장 해석한 정도가 아니라 제네바합의를 깨고, 한반도 위기상황을 만들기 위해 일부러 켈리를 방북시켰다는 것이다.[11]

미국이 실제로 초기부터 남북관계의 호전을 막기 위해 의도적으로 HEU 문제를 고안해 냈는지 아직은 분명하게 말할 수 없다. 정부문서가 공개되고, 관련 증언이 더 보충되어야 분명해질 것이다. 다만 HEU 프로그램에 대한 분명한 증거는 나오지 않고 있다. 끝까지 분명한 증거가 나오지 않는다면 미국이 정보판단을 잘못했거나 정보조작을 한 것이다. 미국정부가 정보판단을 잘못한 것인지, 아니면 한쪽으로 몰고 가기 위해 없는 정보를 조작하고 과장했는지, 이것이 밝혀지는 데는 시간이 많이 걸리지 않을 것이다. 이라크의 대량살상무기 정보가 과장됐음

---

11) 오마이뉴스, 2007. 3. 12.

도 오래지 않아 드러났다. 거짓을 진실로 얘기하는 것은 너무 많은 사람과 문건들을 조작해야 한다. 하지만 그 와중에 튀는 사람이 있게 마련이고 뭔가 어설픈 문건도 만들어지게 마련이다. 거짓을 참으로 만드는 것은 신도 못하는 일이다.

5장 통일부와 외교부의 갈등

1. 탕자쉬안 메시지 해독

이종석 장관이 장관직을 던진 후 기자들에게 편한 자리에서 한 얘기는 미국에 대한 것 외에 하나가 더 있었다. 외교부에 대한 것이었다. '외교부가 뭔가 좀 잘못 생각한다'면서 '외교부의 의견대로 남북관계를 단절시켜 놓으면 6자회담이 열려도 우리의 영향력은 없는 것'이라고 비판했다. 핵실험 이후 포용정책이 정쟁에 휩싸여 지나치게 비판받는 사태에 대한 우려 때문에 사퇴한다고 했지만 사실은 이런 내부적인 갈등이 더 견디기 어려운 것이었는지 모른다. 실제로 핵실험 이후 대응책을 놓고 남북관계를 중시하는 통일부와 미국과의 관계를 관리하는 데 신경을 써온 외교부의 갈등은 컸다. 통일부와 외교부의 충돌은 '사사건건'이라고 할 만큼 잦았다. 2006년 10월 북한이 6자회담에 못 나오겠다고 계속 버티자 중국이 발 벗고 나섰다. 10월 18일 탕자쉬안 국무위원이 평양으로 날아갔다. 중국은 행정기관 총수인 총리 아래 부총리 몇 명을 두고 있다. 여기에 국무위원도 몇 명을 두고 있는데 이들도 부총리급이다.

각자 전문분야가 있으면서 장관인 부장이 나서기 어려운 일을 맡아서 한다. 탕자쉬안은 지난 몇 년간 중국외교의 실질적인 수장 역할을 해 왔다. 양제츠 현 외교부장 전에 리자오싱 외교부장이 있었지만 그보다 한 단계 위에 앉아서 큰일을 도맡아 처리했다. 리자오싱 직전에 5년 동안 (1998-2003)이나 외교부장을 했기 때문에 중국외교는 그동안 그의 머리에서 구상되고 집행돼 왔다고 보는 것이 옳을 것이다.

탕자쉬안이 평양으로 간 이유는 우선 '2차 핵실험은 안 된다'는 중국의 메시지를 전하기 위해서였다. 10월 15일 유엔안보리는 대북 제재 결의안을 통과시켰다. 북한이 핵관련 활동을 하면 불법활동에 대해 유엔헌장 7조에 따라 군사적인 제재까지도 할 수 있도록 했다. 3개월 전 미사일 시험발사 이후 통과된 결의안은 유엔헌장 7장의 원용을 배제했었다. 물론 미국과 일본은 군사적 제재도 할 수 있도록 하려 했다. 하지만 우리와 중국, 러시아가 반대해 7장 원용 부분은 삭제됐다. 하지만 이후 다시 핵실험을 했기 때문에 유엔안보리는 자연스럽게 보다 강경한 결의안을 통과시킨 것이다. 북한은 유엔헌장 7장을 원용한 결의안에 거세게 반발했다. 북한 외무성은 10월 17일 성명을 통해 핵실험은 합법이고 유엔결의안은 미국 각본에 의한 것이며 북한의 자주권을 침해할 때는 무자비한 타격을 가하겠다고 협박했다. 또, "미국 동향을 주시하며 해당조치를 취해나갈 것"이라고 밝혀 여차하면 두 번째 핵실험을 강행할 뜻을 분명히 했다. 그즈음 함경북도 길주군 풍계리 인근 지역에서 2차 핵실험 징후가 포착됐다. 40-50명 정도의 사람들이 핵실험 가능성이 있는 지역을 오가는 모습이 보였고 관측시설로 보이는 건물이 지어지고 있는 것도 관찰됐다. 이런 상황에서 중국은 김정일과 직접 담판을 지어야겠다고 판단했다. 그래서 탕자쉬안을 보냈다. 2005년 7월 9일 북한과 미국이 13개월 만에 6자회담 재개에 합의하고도 정작 날짜를 잡지 못하고 있을 때도, 탕자쉬안이 해결사 역할을 했다. 평양에 들어가 김정일을 만났다. 7월 13일 김정일을 만난 탕자쉬안은 북한이 핵을 포기하면 미국으로부터 얻을 수 있는 것을 자세히 설명했다. 그러면서 북한의 6자회담 복귀를 종용했다. 그래서 2005년 7월 26일 4차 6자회담이 시작될 수 있었다.

탕자쉬안은 2006년 10월 19일 1년 3개월 만에 김정일 국방위원장을 다시 만났다. 북한은 이를 당일 오후에 보도했다. 북한의 관영통신인 조선중앙통신이 먼저 보도했고, 이후 북한의 라디오와 TV에도 두 사람의 면담사실이 나왔다. 역시 북한의 관영방송인 조선중앙TV는 두 사람이 만나는 사진도 공개했다. 북한은 김정일 동정을 자주 보도하지만 이렇게 즉각 알리지는 않는다. 동영상은 웬만하면 내보내지 않는다. 목소리도 안 나온다. 다만 공장이나 발전소 같은 곳을 시찰하는 모습은 동영상으로 보여주기도 한다. 물론 오늘 있었던 일을 바로 동영상을 보여주는 법은 없고 한참 지나서 동영상을 공개한다. 이 경우도 물론 목소리는 안 나온다. 김정일이 탕자쉬안을 만난 10월 19일에는 아주 이례적인 일이 일어난 것이다. 김정일이 탕자쉬안을 만난 것을 그날 바로 공개한 것은 김정일 관련 보도로는 참으로 이례적인 일이었다. 북한은 그렇게 탕자쉬안과의 만남을 외부에 즉각 알리면서 국제사회에 대화 제스처를 보인 것이다. 김정일-탕자쉬안 면담은 다음날에도 계속됐다. 똑같은 내용에 똑같은 사진이었다. "우리가 이렇게 중국 손님을 잘 대접하고 있고, 우리는 언제든지 누구와도 얘기할 자세가 되어 있소"라는 김정일의 메시지였다.

김정일을 만난 자리에서 탕자쉬안은 2차 핵실험은 절대 안 된다고 강조했다. 하지만 이에 대한 김정일의 반응이 어떤 것이었는지가 중요한 문제였다. 중국이야 당연히 2차 핵실험 중단을 요구해야 하는 상황이었다. 동북아의 안정적 관리가 당면과제인 중국으로서는 북한을 달래서 더 이상 핵실험을 못 하게 해야 할 형편이었다. 북한이 일을 저지르면 이에 대한 해결책을 두고 미국과 마찰을 겪는 것도 중국으로선 부담이 아닐 수 없었다. 또 북한이 도발적 행위를 할 때마다 미국은 중국에 북한을 단속해 주도록 요구하고 추후 도발의 재발 방지까지도 중국이 맡아주기를 원하고 또 그렇게 요구한다. 중국으로선 미국과 경제적 협력관계를 지속해야 하는 입장이어서 미국의 입장을 무시할 수도 없고, 그렇다고 해서 여전히 '혈맹'인 북한에게 중국의 요구사항을 강요할 수도 없는 형편이었다. 하여간 탕자쉬안은 이러한 중국의 사정에 대한 깊은 이해를 바탕으로 김정일을 진지하게 설득했다. 하지만 북한의 대답은 무엇이었는지 정확하게 알려지지 않았다. 사실 김정일은 묵묵부답이었을 수도 있고, "알겠다"고 간단하게 응답했을 수도 있고, 아니면 "검토해 보겠다"고 말했을 수도 있는 것이었다. 그러나 탕자쉬안이나 그를 수행했던 다이빙궈 외교부 상무 부부장이 입을 열지 않는 한 김정일의 정확한 언급내용은 확인할 수 없었다. 이런 상황에서 중국은 주중 한국대사관에 김정일이 했다는 말의 흐름을 얘기해 줬다.

하지만 이것이 한국에 전달되면서 이를 둘러싼 부처 간의 해석은 확연히 달라졌다. 김정일이 "추가 핵실험을 하지 않겠다"는 내용의 말을 했다는 소식이 전해진 것은 20일 저녁 8시쯤. 연합뉴스 정치면에 이런 내용이 떴다. 우리 외교부에 확인을 해봤다. 그런 비슷한 얘기를 했는데 단서가 붙어 있다는 얘기였다. 단서가 붙어 있다면 큰 의미는 없다는 것이 외교부의 판단이었다. '어떤 조건을 들어주면 핵실험을 않겠다는 것이니 무슨 대단한 의미가 있겠느냐'는 해석이었다. 통일부는 완전히 달랐다. "추가 핵실험을 하지 않겠다. 추후 미국의 태도를 보겠다" 이런 내용으로 김정일이 답했다는 것이 통일부의 얘기였다. 일단 추가 핵실험은 안 하는 것으로 하고 그 뒤에 단서를 달아놓은 것으로 보았다. 김정일 발언의 정확한 내용이 전해지지 않은 상황에서 외교부와 통일부의 설명, 그것도 중국이 전해 준 것에 대한 설명을 듣고 있자니 답답할 뿐이었다. 하지만 방송인 만큼 급하면 급한 대로 판단을 해서 뉴스는 또 해야 했다. 외교부와 통일부의 해석을 파악한 게 저녁 8시 20분이었다. 외교부 해석을 따르자면 기사가치는 없었다. 예를 들어

"미국이 적대적인 조치를 하지 않겠다고 약속하면 추가 핵실험을 하지 않겠다"고 김정일이 말했다면 그것은 북한이 늘 하는 얘기들과 다를 바가 없었다. 하지만 통일부의 판단을 따른다면 그것은 큰 기사였다. 다시 말해 김정일이 "일단 추가 핵실험 안 하겠다. 대신 앞으로 미국은 적대적 조치를 하지 말아야 한다"라고 했다면, 그것은 북한이 크게 태도를 바꿨다는 얘기가 되는 것이었다. 그것이 연구기관이나 개인이 아니고 정부부처인 통일부의 판단인 만큼 9시뉴스 첫머리에서 다루기로 하고 급하게 제작에 들어갔다. 첫 꼭지는 통일부 출입기자가 통일부의 해석을 중심으로 구성했다. 두 번째 꼭지는 필자가 맡았다. '북한이 탕자쉬안-김정일 회담을 이례적으로 신속 보도한 점으로 보아 북한 내부에서 대외관계에 관한 태도변화가 있는 것으로 보인다. 10만여 명씩을 동원한 핵실험 성공 축하 대회도 대대적으로 하는 것으로 보아 한편으로는 변화에 대비한 체제단속도 철저히 하고 있는 것 같다'는 내용으로 분석 리포트를 했다. 또 번갯불에 콩 구워 먹듯 허겁지겁 제작해서 겨우 제시간에 맞췄다.

뉴스를 하긴 했지만 석연치 않았다. 과연 김정일이 뭐라고 말했는지 궁금하기 짝이 없었다. 외교부를 출입하는 후배기자는 이 일 때문에 다음날이 토요일인데도 출근을 해야 했다. KBS에서 외교부를 담당하던 김덕원 기자가 외교부의 여러 당국자들과 통화를 했는데, 전날 했던 얘기와 별 다를 바가 없었다. 김정일은 "미국이 더 이상 괴롭히지 않으면 추가 실험을 하지 않겠다" 정도로 얘기를 했다는 것이었다. 23일 월요일에도 요로에 확인을 해봤다. 통일부는 여전히 "추가 핵실험을 안 하겠다"고 했다는 데 방점을 두고 있었다. 외교부는 단서에 둔 무게를 포기하지 않았다. 청와대의 기류는 통일부와 비슷했다. 그러면서 청와대 386참모들은 외교부를 비판했다. 외교부는 미국의 입장을 의식하면서 생각하고, 발언하고, 행동한다는 것이 청와대 386들의 시각이었다. 미국을 지나치게 중시하고 미국에 경도돼 있는 외교부의 모습은 이런 미

묘한 문제에 닥쳤을 때 드러났다. 이런 외교부의 행동양식은 일본 외무성과 꼭 닮았다. 일본의 외무성도 무엇이든 미국에 물어보고, 늘 대미 추종 외교를 지향한다고 비판받고 있다. 당시 미국은 제재 일변도로 움직이고 있었다. 라이스 국무장관은 다시 핵실험을 하면 강력한 추가조치가 있을 것이라고 경고했고, 북한을 제외한 5자회담도 추진했다. 라이스가 10월 17일 동북아 순방길에 올랐는데 순방일정 가운데 미국과 중국, 일본, 러시아, 한국의 5개국 회담도 넣고 싶어 했다. 북한에 대한 포위망을 본격화하자는 것이었다. 여기에 반기를 든 것은 중국이었다. 북한을 너무 몰아붙여서는 곤란하다는 이유를 들었다. 주변국이 모두 나서서 퇴로를 차단한 채 몰아세우면 다시 위험한 상황이 올 수도 있다고 판단한 것이다. 그래서 5자회담은 무산됐다. 2003년 초 한·미·중을 중심으로 첫 6자회담을 모색할 당시 제임스 포스터 당시 미 국무부 한국과장은 미국 측과 한·일·중·러의 워싱턴 주재 외교관들의 정례 오찬 모임을 기획했다. 이것도 중국의 반대로 안 됐다. 북한을 고립시키려는 모습은 6자회담에 도움이 안 된다는 것이 중국의 생각이었다. 중국의 단호한 태도에 비해 우리는 어정쩡했다. 핵실험 이후 미국의 관료들의 발언들을 쭉 관찰한 필자로서는 '혹시 이러다가 북한이 6자회담에 나온다고 하더라도 미국이 거절할 수도 있겠다'는 생각까지 들었다. '6자회담 필요 없고 일단 핵포기를 선언해' 이렇게 주장할 가능성도 있어 보였다. 그만큼 미국의 태도는 완강했다. 라이스 장관은 10월 23일 탕자쉬안 방북과 관련해 "북한으로부터 6자회담 복귀 같은 제안을 받은 게 없다"고 말해 그의 방북결과를 폄하했다. 탕자쉬안이 19일 중국에 온 뒤 "방북이 헛되지 않았다"고 말했는데도 라이스의 귀에는 그런 말은 들리지 않았다. 존 볼튼 유엔 주재 미국 대사도 북한의 입장에는 새로운 것이 없다며 탕자쉬안과 김정일 면담의 가치를 평가절하했다. 볼튼은 또 김정일이 6자회담에 나올 것이라는 보도에 대해 '미국이 문제인 것처럼 책임을 돌리는 것'이라며 북한 입장은 달라진 것이 없다고 말했다. 김정일이 추가 핵실험을 하지 않겠다며 붙인 단서 '미국이 괴롭히지 않으면'에 무게를 두고 있기 때문이었다. 이런 미국의 인식을 알고 있는 외교부는 북한의 태도변화에 기대를 거는 모습을 보일 수 없었다. 하지만 결국은 통일부의 해석이 맞았다. 북한은 김정일−탕자쒸안 면담 일주일 후쯤 북·중·미 3국 회담에 응하겠다고 중국에 통보했고, 10월 31일 북중미 3국회담에서 6자회담 복귀를 결정했다.

2. 미사일 발사 '한다' vs '안 한다'

2006년 5월 4일 북한의 평양역 인근에서 미사일 발사체를 운반하는 차량이 정찰위성에 포착됐다. 이후로 우리 정부와 미국, 일본 등 한반도 주변국은 북한의 미사일 시험발사 여부를 파악하는 데 정보력을 집중했다. 5월 19일 일본의 교도통신이 "함경북도 화대군 미사일시험장 주변에서 차량의 움직임이 활발하며 길주군 길주역에서도 장비가 내려져 시험장 근처로 운반되고 있다"고 보도하면서 관련국들은 한층 긴박하게 움직였다. 같은 날 아소 다로 일본 외상이 "일련의 움직임을 꽤 오래전부터 알고 있었다"고 말하면서 더욱더 관심을 끌기 시작했다. 다음날 미 국무부의 숀 매코맥 대변인도 "북한이 실제로 장거리 미사일을 발사한다면 북한도 서명한 9·19 공동성명의 문구와 정신을 위배하는 것"이 되고 "국제사회에 정말 우려스러운 일이 될 것"이라고 말했다. 1998년 8월 31일 대포동1호 시험발사를 통해서 알 수 있었던 것처럼 북한 미사일에 관한 한 일본이 가장 민감한 반응을 보여 왔다. 이

미 실전 배치된 노동 미사일만 해도 일본을 사정권 안에 두고 있는 상황에서 대포동1호가 일본열도를 넘어서 태평양에 떨어졌을 때 일본인들은 북한의 위협 앞에 그야말로 패닉상태가 되고 말았다. 미국의 경우는 미사일을 핵무기와 관련지어 핵을 실어 나를 수 있는 운반체로서의 미사일 능력에 더 주목해 왔다. 한 국가의 핵능력을 평가할 때 정밀한 핵무기 제조능력과 함께 이를 정확히 목표지점을 향해 발사해 명중시킬 수 있는 운반능력이 중요한 요소로 평가된다. 국제적인 핵 비확산에 관심을 기울이고 있는 미국은 북한이 과연 핵무기를 정확히 발사해 목표물을 명중시킬 수 있는 능력을 갖고 있느냐 하는 점에 초점을 맞추면서 북한미사일에 관심을 가져왔다.

2006년 6월이 되면서 북한 미사일 시험발사설은 조금 더 자주, 조금 더 구체적으로 거론됐다. 6월 13일 로이터통신이 미국 관리들의 말을 인용해 "다음 주쯤 발사 가능성이 있다"고 보도했다. 16일에는 역시 로이터가 "이번 주말쯤 발사할 수도 있다"고 전했고, 교도통신은 "미사일 일부를 이미 발사대에 설치했다"고 보도했다. 다음날 17일 아사히 신문은 "연료주입을 끝냈을 가능성이 있다"고 보도했고, 미 국무부가 미사일발사에 대비해 "우리 스스로를 보호하기 위한 필요한 예비조치들을 취할 것"이라고 밝히면서 17, 18일에 걸친 6월 셋째 주말은 미사일 발사의 최대고비가 됐다. 18일에는 미국과 일본이 대포동2호를 시험발사할 경우 유엔안전보장이사회를 열어서 대처하기로 했다는 보도까지 나왔다. 주말을 넘긴 뒤 잠시 미사일 시험발사에 대한 회의론도 나왔다. 미사일 시험발사가 한국과 중국으로부터 지속적인 지원을 받아야 하는 북한의 이익에 부합하지 않는다는 이유였다. 그러던 것이 7월 들어 다시 '위기 임박'으로 바뀌었고 7월 5일 결국 북한은 대포동2호를 포함해서 7발의 미사일을 시험발사했다.

교도통신과 일본정부가 미사일 시험발사를 경고하던 5월 19일 우리 정부당국은 "지속적으로 면밀히 주시하고 있다. 그러나 아직은 발사 징후가 신뢰할 만한 수준에 이른 것은 아니다"라고 말해 일본, 미국 측과는 민감도에 있어 차이를 보였다. 외부에 표출된 입장은 '발사 징후 신뢰할 만한 수준 아니다'였지만 속을 들여다보면 한국정부 내에서 부처별 인식 차는 참으로 컸다. 통일부와 국가정보원은 미사일 시험발사 가능성을 낮게 보고 있었다. 반면에 외교통상부는 발사 가능성을 높게 보았다.

통일부는 5월 4일 미사일 발사 징후가 포착된 이후 북한이 미사일을 실제 발사할 가능성에 대해서는 '아주 낮은 것'으로 보았다. 6월 14, 15일 즈음에 와서 통일부와 외교부 시각차는 보다 분명해졌다. 당시 통일부는 "북한이 여러 가지 득실을 따질 것이고, 그렇게 본다면 실제로 발사할 가능성은 낮다"고 분석하고 있었다. 6월 17일을 발사 가능성이 높은 날로 미국은 보았다. 우리 측에도 이날을 주목할 필요가 있다고 전했다. 청와대를 비롯해 국방부, 국가정보원, 외교부, 통일부 모두 초긴장 상태로 북한의 동태를 살폈다. 하지만 그날은 무사히 지나갔다. 그러자 바로 다음날부터 통일부 당국자들은 발사를 예고하는 분명한 움직임이 없다고 강조했다. 연료주입이 끝났는지 위성사진을 통해서 확인할 수 없는 것이고, 주입이 완료됐다고 해도 실제로 발사를 하려면 주변을 정리해야 하는데 그런 징후가 없다는 것이었다. 이런 입장은 20일까지 마찬가지였다. 6월 20일 통일부의 한 당국자는 북한이 전략적인 모호성을 유지하기 위해 미사일을 발사하지 않을 가능성이 높다고 분석했다. 북한의 여러 가지 대외전략 가운데 하나가 모호성을 유지하는 것인데 대포동2호와 관련해서도 발사할 듯한 움직임 정도만 보여주고 마무리하면서 성능이라든가 발사 가능성 등에 대해 계속적으로 전략적 모호성을 유지할 가능성이 높다는 것이었다. 통일부가 발사 가능성을 낮게 본 또 하나의 이유는 중국의 역할에 대한 기대 때문이었다. 7월 5일 미사일 시험발사 당일 통일부의 한 당국자는 시험발사 자체가 의외라는 반응을 보였다. 중국이 북한의 미사일 발사를 막기 위해 다각도로 노력했고 그것이 효력을 발휘할 것으로 기대를 하고 있었기 때문이었다. 통일부는 5월 4일 발사체 운반차량이 위성사진에 포착된 이후 5월 중순과 말 두 차례에 걸쳐 북한에 미사일을 발사하지 말 것을 경고했다. 그러면서도 통일부는 경고를 했다는 사실을 공개하지 않았다. 북한에 경고는 하면서도 이것이 공개되고 이슈화되면서 미사일문제 자체가 한국 내에서 또는 국제적으로 크게 부각되는 것 자체를 경계했기 때문이다.

국가정보원은 6월 12일 기자들에게 현안을 설명하면서 미사일 문제도 자연스럽게 거론했다. 함북 화대군에서 미사일 운반 트럭과 크레인·지원차량 등이 목격됐는데, 미사일이 조립되거나 발사대에 장착 혹은 연료를 주입하는 등의 발사 징후는 아직까지 포착되지 않았다고 밝혔다. 그러면서 북한의 이런 모습을 '대외과시용'이나 '협상용'이라고 평가했다. 북한문제를 담당하는 국정원의 관계자도 6월 15일 광주에서 6·15 기념 축전행사를 취재하고 있던 기자들을 만난 자리에서 "발사하지 않을 것으로 본다"고 말했다. 이 관계자는 그 다음날에도 "외교부와는 달리 국정원은 발사 가능성이 낮은 것으로 본다"고 얘기했다. 국가정보원은 외신들이 '연료주입 완료 가능성'을 보도하던 6월 20일에도 미사일에 연료주입이 아직 완료되지 않은 것으로 국회에 보고했다. 국정원은 이날 국회정보위원회에 "현재 발사대 주변에서 관측되는 40개 연료통으로는 등유 15톤 등 65톤의 추진제를 충족시키지 못한다는 점에서 연료주입이 다 됐다고 보기는 어렵다"고 밝혔다. 국가정보원은 그러면서 1999년에도 북한이 장거리 미사일을 발사대에 50여 일 동안 장착해 놓았지만 발사하지는 않았다는 사실을 처음 공개했다. 당시 북한이 미사일을 발사하려는 움직임이 있다는 보도는 나왔지만 미사일을 실제로 장착했었고, 그것이 50여 일 동안이나 계속됐었다는 사실을 정부당국이 말한 것은 처음이었다. 1998년 8월 북한이 대포동 1호를 발사한 이후 미국과 북한은 미사일 협상에 나섰는데, 이듬해 9월 7일에서 12일까지 베를린에서 북미고위급 회담을 열고 북한이 미사일 발사를 유예하는 대신 미국은 대북 경제제재를 일부 해제하기로 합의했다. 국정원이 북한의 미사일 장착 시기를 분명히 밝히지는 않았지만 북미 협상이 진행되던 1999년 7, 8월쯤이었던 것으로 보인다. 북한은 당시 협상에 영향을 주기 위해서 이런 시위를 벌였을 것이다. 국정원은 이런 사실을 공개하면서 북한이 실제로 미사일을 발사할 가능성보다는 대미 시위를 하고 있음을 시사하고 있었다. "99년에도 장착했다가 풀었다. 이번에도 시위하다가 풀지 않겠나" 이런 분석을 99년 미사일 장착 사실 공개를 통해서 하고 있었다.

통일부, 국가정보원에 비해 외교부는 북한의 발사움직임에 대해 훨씬 민감했다. 외신들이 발사 임박설을 보도하던 6월 14일 통일부와는 달리 외교부의 분위기는 '발사할 수도 있다'는 쪽이었다. 6월 14일 외교부의 한 당국자는 "발사준비에 일주일 정도면 되는 단계에 와 있다"고 말했다. 이 당국자는 "북한이 5월 초부터 시험발사 준비를 해와 지금은 마지막 단계인 발사대 장착과 고체 연료 주입을 남겨 놓은 상태로 보인다. 이 과정은 일주일이면 가능하다"고 말했다. 미사일이 발사대에 장착되거나 연료가 주입되지는 않았지만 이런 것들을 포함해 모든 발사 준비를 하는 데 일주일이면 된다는 얘기였다. 6월 16일 외교부의 관련 국장은 "며칠이면 발사 가능하지 않겠느냐"고 다시 발사 가능성을 강조했다. 당초 발사일로 알려졌던 17일 외교부 관계자는 "미국이 이지스함을 동해상에서 북한 쪽으로 근접 배치해 요격에 나설 가능성도 배제할 수 없을 것"이라고 관측하기까지 했다. 장관은 공개적으로 대북조치를 거론했다. 6월 26일 반기문 외교통상부 장관은 국회 외교통상위원회에서 답변을 하면서 "북한의 미사일 발사에 대비한 분명한 대북조치를 검토하고 있으며, 이 문제에 대해 관련 국가 및 국제사회와 긴밀히 협의하고 있다"고 밝혔다. 미사일 발사 전이었지만 발사를 전제로 한 대북조치까지 검토하고 있다는 말이었다. 미사일 위기가 시작된 이후 통일부가 북한에 미사일 발사에 대해 경고를 했다는 사실도 외교부장관의 입을 통해 공개됐다. 6월 4일 반기문 외교부 장관은 해외순방에서 돌아오는 길에 공항에서 "미사일 발사하는 경우에 미칠 수 있는 여러 가지 부정적인 영향에 대해서 북한에 충분히 경고했다"고 밝혔다. 외교부는 이를 공개함으로써 북한에 대해 '공개경고'로 미사일 발사를 중지하도록 압박을 가하는 입장을 취했다. 외교부장관의 경고 사실 공개는 외교부를 출입하는 부지런한 후배기자의 작은 특종이었다. 6월 4일은 일요일이었다. 반기문 장관은 미국을 갔다가 이날 들어왔다. 기자들은 집에서 쉬고 있었다. 하지만 KBS에서 외교부를 담당하던 김민철 기자는 공항에 나갔다. 민감한 시기인 만큼 미국에 가서 뭘 협의했는지, 북한의 미사일 발사 가능성은 있는 것인지 물었다. 거기에 반 장관은 "미사일 발사하는 경우에 미칠 수 있는 여러 가지 부정적인 영향에 대해서 우리가 충분히 경고를 북한에도 한 이런 상황이기 때문에 상황을 지켜보면서 대처를 해 나가야죠"라고 답했다. 북한에 직접 경고를 했다는 사실을 처음 밝힌 것이다. 3일 후 반 장관은 정례브리핑에서 미국도 함께 미사일 발사를 우려하고 관련 대응책을 미국과 긴밀히 협의하고 있다고 밝혔다. 점점 더 위기가 고조돼 가는 분위기여서 반기문 장관의 워딩을 중심으로 우리 정부의 분위기와 한미의 대응을 중심으로 리포트물을 제작해 9시뉴스에 방송했다. 물론 북한에 경고했다는 반기문 장관의 인터뷰도 그대로 썼다. 다른 언론사들은 깜짝 놀라 우리 외교부 출입기자들에게 전화를 하고 한때 법석을 떨었다. 북한에 경고를 한 사실은 그렇게 반 장관의 입과 방송을 통해서 공개됐다. 청와대는 미사일 발사 가능성과 관련해서는 그다지 분명한 입장을 보이지 않았다. 한창 위기가 고조돼 있던 6월 18일에도 송민순 청와대 통일외교안보 정책실장은 "잘 모르겠다. 두고보자"라며 특별한 판단을 하지 않은 채 말을 아꼈다. 그러다가 6월 20일 미사일 문제에 대해 로우키(low-key, 신중하게 자제하는 태도)로 대응하기로 입장을 정했다. 6월 23일에도 송민순 실장은 북한의 미사일 발사 가능성을 묻는 기자들에게

"언급하지 않겠다"고 답했다. 하지만 통일부의 입장은 바뀌었다. 6월 23일 국회에 출석한 이종석 장관은 "북한이 단순히 과장과 위협차원에서 움직임을 보였다면 실제로 발사하지 않을 수도 있겠지만 북한이 보인 일련의 사전움직임은 미사일 발사를 전제로 한 것"이라고 밝혔다. 여전히 발사 가능성과 그러지 않을 가능성을 모두 말하고 있지만 이전보다는 발사 가능성 쪽에 무게가 두어진 발언이었다. 장관 외 통일부 당국자들도 발사 가능성을 점점 높게 봤다. 미사일 발사설 이후 초기에는 미국이 이를 이용해 북한을 몰아붙이는 모습이었다. 하지만 이후 미국 내에서조차 미사일 위기를 불러온 것은 미국 외교정책의 실패라는 비판의 목소리가 높아졌다. 그러면서 통일부의 당국자들은 '북한이 미사일 위기를 장기화하거나 실제로 발사함으로써 미국정부 내부의 분열을 초래하고 그러면서 대미관계를 보다 유리하게 끌고 가려 할 가능성이 있다'는 분석과 함께 북한의 미사일 발사 가능성을 점점 높게 보았다. 국가정보원도 7월이 다가오면서 미사일 발사 가능성을 점점 높게 보았다. 국정원은 6월 29일 국회 정보위원회 보고에서 "단순한 허풍은 아닌 것 같고 어느 시점에 발사하려는 것인지는 판단하기 어렵다"면서 이전보다는 '가능성 있다'는 쪽으로 중심을 옮겨갔다.

발사 움직임과 관련해 결정적인 시점은 미사일이 발사대에 장착된 6월 16일과 연료탱크에 호스가 연결된 6월 20일이었다. 하지만 이 결정적인 시점에도 정부부처들의 판단은 여전히 엇갈렸다. 6월 20일까지도 통일부 당국자들은 발사 가능성을 낮게 봤다. 반면에 외교부는 초반부터 계속 발사 가능성에 무게를 두고 관찰을 계속했다. 그러던 것이 통일부는 6월 23일쯤부터, 국정원은 6월 29일쯤부터 가능성이 있는 쪽으로 분석을 하기 시작했다. 이는 외교부, 국방부 등과의 잦은 협의를 통해 양측의 입장이 조정되는 모습이라고 할 수 있다. 이런 모습은 케네디 행정부의 쿠바 미사일 위기를 연상시켰다. 존 F. 케네디는 초기에는 공중으로 침입해 쿠바에 배치된 소련 미사일을 제거할 계획이었다. 하지만 국방장관 맥나마라가 대학살을 염려하며 완강히 반대했고, 존 F. 케네디의 동생 로버트 케네디도 "쿠바를 공격하면 형은 일본의 도조와 같은 침략자가 된다"며 공격불가론을 폈다. 미 공군도 "미사일에만 제한된 부분적인 공습의 성공은 보장할 수 없다"고 주장하면서 케네디는 쿠바를 봉쇄하는 쪽으로 기울게 됐다. 애초의 케네디의 생각이 여러 기관, 여러 인물들의 논쟁을 통해 바뀌어 가는 모습을 쿠바 미사일 사태는 교과서적으로 보여줬다. 북한 미사일 발사에 대한 예측도 이와 비슷한 양상을 보였다.

3. 유엔제재와 인공위성 논쟁

　북한의 미사일 발사 가능성이 높아지면서 미국이나 일본을 중심으로 미사일 발사 이후 유엔제재 필요성에 대한 언급이 나오기 시작했다. 또 미사일 발사를 막고, 발사 이후 제재를 논의하기 위해서는 한·미·일·중·러의 5자회담을 조속히 개최해야 한다는 의견도 미국 쪽에서 제기됐다. 6월 23일쯤 미사일 발사의 가능성이 높아간다는 쪽으로 입장이 바뀐 가운데서도 통일부는 실제 미사일을 발사한다고 하더라도 유엔이 제재에 나서야 한다는 의견에 대해서는 부정적이었다. 이종석 장관은 미사일 발사 일주일 전인 6월 28일 국가경영전략연구원 강연에서 유엔 제재 가능성에 대해 "중국이 북한의 자주권을 인정하면서 반대할 것"이라는 간접화법을 통해 제재에 부정적인 입장을 밝혔다. 이 장관은 그 자리에서 북한을 제외한 5자회담의 개최에 대해서도 "중국이 반대하고 있다"면서 역시 부정적인 입장을 피력했다. 중국을 끌어들이고 있었지만 실제로 유엔제재와 5자회담에 대한 부정적인 시각은 이 장관 자신의 시각으로 읽혔다. 현직 장관으로 "유엔 제재 반대한다" "5자회담도 안 된다"라고 주장할 수 없으니 중국이 반대할 것이라며 중국을 빗대 자신의 의사를 표현하고 있었다. 청와대도 이미 6월 19일 부정적인 입장을 피력했다. 청와대의 당국자는 기자들을 상대로 한 브리핑에서 98년 대포동1호 발사 당시의 예를 들면서 유엔안보리가 제재까지는 논의하지 않을 것이라고 말했다. 98년 북한이 대포동1호를 발사했을 당시에는 유엔안보리 의장이 언론성명을 통해 북한에 경고를 하는 선에서 유엔의 조치는 마무리됐다. 유엔안보리가 국제사회에 대한 도발에 대응하는 조치로 결의안(resolution)이 가장 강하고, 그 다음이 의장성명(statement), 다음으로 언론성명(press statement)이다. 언론성명은 그야말로 구두 경고를 언론에 한번 발표하는 정도에 지나지 않는 것이다. 이에 비해 외교부는 국제사회의 강력한 제재 움직임을 예상하고 있었다. 유엔안보리가 제재에 나설 것이고, 미국과 일본도 독자적인 제재를 강화할 것으로 보고 있었다. 통일부와 외교부의 이러한 차이는 발사 가능성에 대한 예측과 직접적으로 연결된 것이었다. 통일부는 발사 가능성을 낮게 보니 유엔제재는 생각할 필요가 없다는 것이고, 외교부는 발사 가능성이 높은 것으로 보고 유엔제재에 대해서도 긍정적인 방향으로 생각하고 있었다.

미사일 정국에서 또 하나의 논점은 북한이 발사하려는 것이 과연 미사일이냐 인공위성이냐 하는 것이었다. 어찌 보면 극히 기술적인 것이지만, 어느 쪽인지 확실치 않으면서 예측과 분석이 난무하는 판에서는 다분히 이념적인 문제였다. 미사일 발사 여부가 초미의 관심사였던 6월 19일 청와대 송민순 통일외교안보 정책실장은 북한이 발사를 준비하고 있는 것이 미사일인지 인공위성인지 분명하지 않다고 말했다. 미사일은 1, 2, 3단계 로켓 가운데 3단계 로켓의 연료를 고체로, 인공위성은 액체로 하는 데 지금 북한이 준비 중인 발사체는 액체를 쓰고 있다는 얘기도 덧붙였다. 내·외신들이 모두 '미사일'로 표현하고 있는 상황에서 인 공위성일 수도 있음을 말한 것이다. 송민순 실장은 6월 26일 '청와대 브 리핑' 기고에서도 "발사체의 성격이 무엇이든 간에 북한이 이러한 방식 으로 긴장을 고조시키는 것은 잘못된 것이라는 점에는 이론의 여지가 없다"고 밝히면서도 '미사일'이라는 표현 대신에 '대포동 문제'라고 표 현했다. 여전히 미사일이라는 표현을 쓰는 데 망설이고 있었다. 통일부 도 미사일인지 인공위성인지 불명확하다는 입장이었다. 이종석 통일부 장관은 6월 23일 국회에 출석해 "아직 인공위성인지 미사일인지 확실히 할 수는 없지만, 발사체에 탄두가 올라가든 위성이 올라가든 발사능력 자체가 위협적인 것"이라고 밝혔다. 국방부도 같은 입장이었다. 윤광웅 국방부장관은 6월 22일 국회 국방위원회 전체회의에 참석해 정부일각에 서 북한이 발사할 것으로 보이는 발사체를 인공위성이라고 판단하고 있 다는 지적에 대해 "아직까지는 정확한 이야기가 아니다"라고 말했다. 실 제로 미사일이라고 단정적으로 말할 수 없는 상황이었다. 이런 상황에 서 청와대와 통일부, 국방부는 "인공위성일 수도 있다" "아직 애매하다" 는 얘기를 함으로써 북한에 대한 위협을 확산시켜서는 안 된다는 메시 지를 던지고 있었다. 북한을 자극하기보다는 대화의 모멘텀을 찾아야 한다는 것을 강조하는 것이기도 했다.

국가정보원은 묘하게도 미사일 쪽에 무게를 두고 있었다. 미사일 발 사 가능성에 대해서 오랫동안 '가능성 낮다'고 보던 태도와는 다른 모 습이었다. 6월 20일 국회정보위원회에 출석한 국정원의 핵심관계자는 국 회의원들이 인공위성인지 미사일인지 거듭 확인을 요구하자 미사일이 라고 확인했다. 국정원이 통일부, 국방부보다 더 구체적인 정보를 갖고 있었을 가능성은 낮다. 당시는 안보부처들이 철저하게 공조하지 않으면 안 되는 긴급상황이어서 국정원만 다른 소스를 더 가지고 있기는 어려 운 상황이었다. 그런 상황에서 국정원이 미사일이라고 얘기한 것은 의 외였다. 미사일 발사 이후 정부는 미사일이라고 어렵지 않게 결론 냈다. 발사 당일인 7월 5일 반기문 외교통상부 장관은 언론 브리핑을 통해 "북한으로부터 특별한 성명이 없지만 우리가 파악하기로는 미사일로 파악하고 있다"고 밝혔다. 그렇게 쉽게 결론 날 것을 가지고 발사 전에 청와대가 '인공위성 가능성'을 얘기한 것은 미사일이라고 예단해서 강경대응만을 추진할 것이 아니라 북한이 미사일 발사한다고 하더라도 북한과의 대화를 통한 문제해결을 우선 추진해야 한다는 이야기였다. 그런 의도를 가지고 일부러 얘기한 것이라고 보는 것이 정확할 것이다.

북미양자회담을 두고는 통일부와 외교부가 또 첨예하게 갈렸다. 북한은 6월 1일 외무성 대변인 담화를 통해 힐 차관보를 초청했다. 이종석 장관은 이 초청을 의미 있는 것으로 보았다. 그래서 미국 측에 북한에 들어가 볼 것을 권유했다. 6자회담의 다른 국가와는 개별적으로 만나면서 북한과는 만나지 않는 것을 지적했고, 북한에 속더라도 위협을 막기 위한 것인데 방북할 필요가 있는 것 아니냐고 설득했다. 하지만 미국은 이를 미사일을 쏘기 위한 수순으로 보고 응하지 않았다. 북한이 힐을 초청했다는 것은 북미양자회담을 하자는 제안이었는데, 이 장관은 양자회담을 적극 권유한 것이다. 통일부와는 달리 외교부는 양자회담은 난망한 것으로 보고 있었다. 외무성 담화가 나온 6월 1일 외교부 당국자는 "미국은 북한이 핵포기와 관련해 상식적으로 납득할 만한 조치를 내놓지 않는 한 양자협의에 나서지 않는다는 입장인 만큼 북한의 초청에 응하지 않을 것으로 본다"고 말해 북미 양자회담의 성사 가능성을 낮게 보고 있었다. 이런 상황들을 지켜보면 우려스럽지 않을 수 없다. 통일부는 북한과 직접 대면해 일을 하는 경우가 많다. 물론 사적으로 만나는 통일부 공직자들은 북한과의 대화가 얼마나 어려운 것인지 호소한다. 답답한 마음을 얘기하기도 하고 여전히 고집과 벼랑 끝에 매달리기를 즐기는 북한을 비판하기도 한다. 그러면서도 북한은 일단 대화상대로 인정하면서 달래고 설득해야 한다는 인식도 바탕에 갖고 있다. 반면에 외교관들은 좀 다르다. 기본적으로 북한을 국제적인 룰을 따르지 않는 골치 아픈 존재로 본다. 송민순 외교부장관이 실제로 그들의 속내를 그대로 표현했다. 송 장관은 2007년 3월 21일 서울 롯데호텔에서 열린 서울대 정치학과 동창회 조찬 특강에서 "북한은 좀 예측하기 어렵고 골치 아픈 집단"이라며 "그런 과정에서 외교는 '대실패'와 '구미에 맞지 않는 결과' 중 하나를 고르는 것이지 딱 맞는 뭐를 가질 수는 없다"고 얘기했다. 이 얘기를 접하면서 외교관들의 정서를 적확하게 그렸다는 생각을 했다. 필자가 만난 외교관 가운데 북미제네바합의가 깨진 원인을 미국으로 돌리는 사람은 없었다. 물론 그 책임을 따지는 것은 그것만으로도 책이 한 권 나올 만큼 긴 얘기가 되겠지만 전적으로 북한의 책임은 아니다. 클린턴, 부시 행정부에게도 책임이 있고, 북한도 원인을 제공했다. 그럼에도 불구하고 북한이 머리 아프게 한다는 외교관은 많지만 미국의 대북정책을 비판하는 외교관은 찾아보기가 어렵다. 평소 미국에 대해서는 조심조심 말하는 게 습성화돼서 사적인 자리에서도 비판을 못 할 만큼 의식이 내재화된 것은 아닌가 하는 생각까지들 정도다. 언론의 일을 하다 보면 균형에 대해 늘 고민한다. 어느 쪽으로 치우치는 것은 사실은 오보를 하는 것과 다를 바가 없다. 이해가 대립하는 양자가 비슷하게 잘못을 했을 때, 그것을 어느 일방의 책임이 큰 것으로 보도하는 것은 사실과 다른 것이기 때문에 실제로도 잘못된 보도, 즉 오보다. 이런 오보는 오판에서 나온다. 언론에서 가장 경계해야 하는 것이 이 오판이다. 그런데 외교에서도 오판은 제1의 금물이다. 북핵문제를 비롯한 한반도 문제는 이제 북미관계를 중심으로 흘러가게 돼 있다. 북미 사이에서 우리가 가진 레버리지는 참으로 적다. 그나마 영향력을 유지하지 위해서는 양측의 신뢰를 얻는 것이 가장 중요하다. 신뢰는 정확한 판단과 일관성에서 온다. 편견과 선입견을 버리고 정밀한 사실관계를 바탕으로 한 정확한 판단이 우선이고, 이런 판단이 쉽게 변하지 않고 처음부터 끝까지 지속되는 것이 그다음이다.

4. 발사 이후 대응책 차이

통일부는 미사일 발사 전부터 미사일을 시험발사해도 대북정책을 전면 재검토하지는 않는다는 입장을 갖고 있었다. 특히 개성공단과 금강산 관광사업에 대해서는 민간차원에서 하는 것이라며 중단을 검토하지 않는다는 방침이었다. 이산가족 상봉도 인도주의적인 사업이고 진행 중인 것이라는 이유로 계속 추진할 계획이었다. 여기에는 미사일에 대한 통일부 당국자들의 근본적인 인식도 작용한 것으로 보인다. 당시 만난 통일부의 핵심 당국자는 "우리에게 직접적인 위협은 장사정포"라고 말했다. 대통령도 같은 인식이라고 강조했다. 장거리 미사일은 우리를 겨냥한 것이 아니기 때문에 그토록 민감할 필요가 없다는 얘기였다. 다시 말하면 장거리 미사일은 일본, 미국을 겨냥한 것이기 때문에 미사일 문제로 남북관계의 근간을 흔들 이유는 없다고 본 것이다. '미국에 어쩌지 못하는' 외교관들을 보는 것도 답답하지만 통일부 공무원들의 이런 얘기를 듣는 것도 숨 막히는 일이다. 북한이 미국과 일본을 위협하는 것이니 우리는 안심해도 된다는 얘기인가. 미국을 위협하는 것은 우리의 동맹을 위협하는 것이고, 일본을 위협하는 것은 미국의 동맹을 위협하는 것이다. 국제정치의 상식 가운데 하나가 '동맹의 기초는 위협의 공유이다'라는 명제다. 위협을 공유하지 않겠다는 것은 동맹을 하지 않겠다는 것인가. 미국에 대고 지금 당장 동맹을 끊자고 말할 수 있는가. 그게 아니라면 이런 유아적인 얘기는 하지 말아야 한다. 하지만 당시에는 나름대로 통일부의 전략가라는 사람들이 그런 얘기를 하고 있었다.

여하간 그런 인식을 바탕으로 한 남북경협 불변론은 곧 바뀌었다. 이종석 통일부 장관은 6월 21일 한나라당 지도부에 현안을 보고하면서 "미사일이 발사되면 남북경협에 영향을 줄 것"이라고 말하고, 쌀과 비료 등에 대한 지원이 계속될 것인지에 대해서는 "영향을 미칠 것이라고 본다. 미사일을 쏘았는데 아무렇지도 않은 것처럼 넘어가지는 않을 것"이라고 말했다. 그러면서도 이 장관은 "미사일이 발사되더라도 일반적 남북관계 동력은 유지하는 방안을 강구하겠다. 남북관계의 전면적 중단은 피하는 게 바람직하다"고 밝혀 여전히 남북관계를 완전히 중단하지는 않을 뜻을 내비쳤다. 이에 비해 외교부는 비교적 초기부터 미사일을 발사하면 국제사회의 제재가 이어질 것이고, 그런 만큼 한국도 제재에 참여하지 않을 수 없을 것으로 예상하면서 남북관계도 조절해야 한다고 보았다. 청와대도 발사 이후의 대응책에 대해서는 외교부와 같은 입장이었다. 송민순 청와대 통일외교안보 정책실장은 북한이 미사일을 발사할 경우 북한과의 경제협력을 지속할 것인지에 대해서는 "국민들이 경협 계속을 지지하지 않을 것"이라며 반대 입장을 밝혔다. 개성공단을 중단해야 하느냐에 대해서도 "만일 발사하면 취할 수 있는 선택은 폭넓게 여지를 가져야 한다"고 말해 최악의 경우 개성공단 사업까지도 중단할 가능성을 배제하지 않았다. 청와대는 인공위성 가능성을 거론해 북한을 자극하지 않는 쪽으로 방향을 잡은 듯하다가 개성공단에 대해서도 고려할 수 있다는 입장을 밝혀 종잡을 수 없게 만들었다. 국정원이 미사일 발사 가능성을 낮게 보면서도 인공위성-미사일 논쟁에서는 미사일이라고 말하는 것과 비슷한 모습이었다. 국방부도 미사일 발사 가능성은 높은 것으로 보면서도 인공위성-미사일 논쟁에서는 '미사일인지 인공위성인지 모르겠다'는 쪽이었다. 통일부와 외교부는 서로 갈등하면서도 비교적 일관성이 있었다. 하지만 청와대와 국정원, 국방부는 이처럼 사안별로 다른 판단을 하는 경우가 많아 기사를 쓰고 리포트를 챙기면서도 '도대체 어디로 가는 거야' 하는 말이 저절로 나오게 만들었다.

5. 남북장관급회담 개최에서 쌀·비료 지원 중단으로

통일부는 7월 5일 미사일 발사 당일에는 "전개되고 있는 여러 상황을 종합적으로 파악해 심사숙고해서 결정할 것"이라고 밝히면서 장관급회담도 재고할 듯한 모습이었다. 7월 5일 오전 7시 30분에 열린 국가안전보장회의 상임위원회와 오전 11시에 열린 대통령 주재 긴급 안보관계 장관회의 결과에 따른 반응이었다. 통일외교안보 관련 부처가 모두 모여 의견을 조정하면서 북한에 강경한 메시지를 전하는 쪽으로 일단 입장 정리가 됐기 때문이었다. 하지만 7월 6일 이종석 장관은 국회에 출석해 "그동안 대화를 통해 따질 것은 따진다는 입장을 유지해 왔는데 대화를 하자면서 대화를 막는다는 게 어떤 의미를 갖는지 지켜봐야 한다"면서 회담 개최 가능성을 염두에 둔 발언을 했다. 다음날 통일부는 장관급회담은 예정대로 개최한다고 발표했다. 남북대화는 중단되면 다시 회복되기가 어렵다는 사실을 통일부는 그동안의 경험으로 잘 알고 있었고, 남북대화의 끈을 놓은 채 6자회담이 재개된다면 한국의 역할이 축소될 수 있다는 우려를 통일부는 했던 것으로 보인다. 장관급회담은 예정대로 7월 11일 개최됐지만 6자회담 복귀를 주장하는 남한 측과 쌀·비료지원을 주장하는 북한 측의 주장이 맞서 회담일정도 못 채우고 무산됐다. 한국정부는 6자회담에 복귀하지 않는 한 쌀과 비료 지원은 할 수 없다는 입장을 북측에 분명히 밝혔고, 이는 이후 정부의 입장이 됐다.

외교부는 처음부터 미사일을 발사한 만큼 남북관계를 평소와 같이 유지할 수는 없다는 입장이 강했다. 반기문 외교부 장관은 7월 5일 미국과 중국·일본·러시아 등의 외교장관과 전화통화를 하면서 "쌀·비료 등 인도적 지원 문제를 비롯한 남북관계를 재검토할 것"이라고 말했다. 청와대도 장관급회담은 물론 쌀·비료지원도 재고해야 한다는 입장이었다. 7월 5일 발사 당일 서주석 청와대 통일외교안보 수석비서관은 브리핑에서 남북 장관급회담과 쌀·비료 지원에 대한 질문에 대해 "북한 미사일 발사로 남북관계에 영향을 주지 않을 수 없다고 판단한다"고 말했다. 장관급회담을 취소하고 쌀·비료지원도 당장 중단할 가능성도 없지 않다는 의미였다. 국방부도 7월 6일 북한이 제의한 남북 장성급 군사회담을 위한 실무접촉에 응하지 않기로 결정했다. 북한은 7월 3일 실무접촉을 제의했는데 이후 미사일을 발사함에 따라 국방부는 7월 6일 '접촉일자를 적절한 시기에 통보하겠다'는 내용의 전화통지문을 보내 북한의 실무접촉 제의를 사실상 거절했다.

북한이 발사한 미사일을 어떻게 볼 것인가 하는 점도 각 부처의 인식을 읽을 수 있는 척도라고 할 수 있는데, 이 점에서도 정부기관 간 이견이 분명했다. 청와대의 송민순 통일외교안보 정책실장은 발사 전부터 미사일 문제를 정치적인 것으로 판단했다. 송 실장은 "이 문제는 군사적인 것보다는 정치적인 성격이 강하다"며 "9·19 공동성명을 보면 이런 문제들도 북미 간 관계정상화 과정에 들어가게 돼 있고, 그러려면 이 문제도 다 다뤄야 한다"고 말했다. 청와대는 미사일 발사 후에도 같은 입장을 견지했다. 미사일 발사 당일 저녁에 통일외교안보정책실이 청와대 홈페이지에 게재한 '북한 미사일 관련 정부 대응방향'에 그런 입장은 잘 나타나 있다. 청와대는 미사일 발사를 "북핵문제를 둘러싸고 북·미관계에 있어서 국면전환을 노린 고도의 정치적 압박행위"로 규정했다. 또 "미사일 발사가 정치적 목적에서 이루어졌다고 볼 때, 이에 대한 대응 또한 정치적, 외교적으로 풀어나가야 한다"고 강조했다. 통일부도 미사일 발사의 성격에 대해 "북핵문제를 둘러싸고 대미관계에 있어서 국면전환을 꾀하려는 정치적 압박행위"라고 규정했다.[12] 외교부도 이 부분에 관한 한 청와대·통일

---

12) 『북한 미사일 발사 관련 보고』(통일외교통상위원회 보고자료), 통일부, 2006. 7. 6, 3쪽.

부와 같은 입장이었다. 반기문 외교통상부 장관은 7월 5일 정례브리핑을 통해 북한의 미사일 발사에 대해 심각한 우려를 표명하면서도 북한의 미사일 발사 의도에 대해서는 "북핵문제를 둘러싼 제반 국면전환을 노리는 정치적 압박 때문이 아닌가 한다"고 밝혀 기본적으로 북한의 미사일 발사를 군사적인 도발보다는 정치적인 신호로 해석했다. 반면에 국방부는 북한의 미사일 발사를 무력시위로 보았다. 7월 6일 국회 국방위에 출석한 이상희 합참의장은 미사일 발사를 "이것은 시험이라기보다는 일종의 시위, 무력시위로 해석할 수 있다"고 밝혔다. 청와대와 외교부는 미사일 발사를 정치적인 협상의 장을 만들기 위한 충격요법으로 해석한 반면에, 국방부는 미사일 발사 자체를 군사적인 도발의 하나로 보았던 것이다. 대통령의 외교에는 국방부보다는 청와대와 외교부의 시각이 반영됐다. 7월 6일 노무현 내통령은 부시 미국 대통령과 전화로 미사일 발사에 대한 대응책을 논의했다. 이 자리에서 양국정상은 북한 미사일 발사 문제에 대해 한미 양국이 긴밀히 협의하고 외교적 노력을 통해 문제를 해결하기로 했다. 우선은 제재보다는 외교적 노력에 힘을 쓰기로 합의한 것이다.

6. 정부의 결론은 부처 간 타협안

초기에 미사일 발사 가능성을 낮게 보았던 통일부는 점점 가능성을 높게 보는 쪽으로 바뀌어 갔다. 다시 말하면 통일부와 국정원은 남북관계를 고려해 발사 가능성을 낮게 보는 입장을 갖고 있다가 정부 내의 의사소통이 계속되면서 발사 가능성에 대해서 문을 여는 모습을 보였다. 발사 이후 대응방안과 관련해서는 초기에는 통일부의 입장이 정부 대응책에 많이 반영됐다. 장관급회담을 열어야 한다는 통일부의 주장은 비교적 신속히 관철됐다. 7월 5일 오전 국가안전보장회의 상임위원회와 안보관계 장관회의, 그리고 통일부, 외교부, 국방부의 실장급 회의에서 이미 남북 간의 회담의 끈은 이어가야 한다는 쪽으로 의견을 모았고, 7월 7일 오후 최종적으로 회담 개최를 결정했다. 청와대가 미사일 발사 전 "만일 발사하면 취할 수 있는 선택은 폭넓게 여지를 가져야 한다"면서 최악의 경우 개성공단 사업까지도 중단할 가능성을 언급한 것으로 보아서는 발사 이후 정부 내에서 강경주장이 있었을 것임은 어렵지 않게 추정할 수 있다. 실제로 정부 내 협의과정에서 정부 내 온건-강경파의 기 싸움은 5일 북한의 미사일 발사 직후 곧바로 시작됐다. "이번 기회에 북한에 본때를 보여야 한다"는 외교, 국방부의 논리와 "이럴 때일수록 남북대화가 필요하다"는 통일부의 주장이 맞섰다. 부처 간의 이견은 대통령이 주재한 안보관계장관회의에서 '대화' 쪽으로 가닥을 잡았다. 회담에 나가 북측의 의도를 파악하고, 미사일 발사 중단, 6자회담 복귀 등을 촉구하겠다는 통일부 쪽 주장이 관철된 것이다.

개성공단과 금강산 사업도 통일부의 주장대로 계속하는 것으로 정리됐다. 남북관계인 만큼 통일부가 어느 정도 주도권을 쥐는 모습이었다. 하지만 장관급회담이 결렬되면서 정부의 입장은 달라졌다. 쌀과 비료지원까지 중단됐다. 결국 발사 가능성에 대한 예측에서는 외교부의 영향이 강했고, 발사 이후 대응에 있어서는 통일부의 입장이 관철돼 장관급회담이 개최됐지만 이후 쌀과 비료 지원이 중단된 것은 외교부와 청와대의 입장이 많이 반영된 조치라고 할 수 있다. 대통령의 외교적 행적은 국방부보다는 외교부와 청와대 참모들의 의견이 반영된 모습이었다. 미사일을 정치적인 시그널로 인식한 바탕 위에서 미국과 '외교적 대응'에 합의하는 등 북한에 대한 위협이나 제재보다는 대화를 통한 해결에 집중하는 양태를 보였다. 미사일 발사 전후 정부부처의 대응을 표로 나타내면 다음과 같다.

북한 미사일 발사와 정부부처의 대응

	발사 가능성	유엔제재	미사일 or 인공위성	발사 후 예상 대응	발사 후 대응	미사일의 성격
통일부	낮다 ⇒ 높다	반대	인공위성 여부 불분명	쌀·비료 지원 영향, 경협 계속	장관급 회담 개최	
국가정보원	낮다 ⇒ 높다		미사일			
외교통상부	높다	제재 예상		남북관계 조절 필요	남북관계 재검토	정치적
국방부			인공위성 여부 불분명			고시적
청와대		반대	인공위성 여부 불분명	경협지속 의문	남북관계 재검토	정치적

7. 부처 간 이견의 원인

통일부가 시간이 지나면서 미사일 발사의 가능성을 높게 본 데 대해 북한의 미사일 발사와 관련한 정보의 진전에 따른 것으로 분석할 수도 있다. 하지만 이는 실제와 거리가 있다. 6월 26일 통일부의 고위당국자가 기자들을 상대로 브리핑을 했다. 이 자리에서 이 당국자는 북한 미사일 발사와 관련해서 이전 상황과 달라진 것은 없다고 말했다. 발사대에 미사일이 장착돼 있고, 연료통이 주변에 놓여 있는 상태가 열흘 전과 별 달라진 게 없다는 것이었다. 정보의 진전은 없는데 통일부의 입장은 달라졌다. 통일부 당국자들은 발사대에 미사일이 장착된 6월 16일, 미사일과 연료통 사이에 호스가 연결된 6월 20일까지도 발사 가능성이 적은 것으로 보고 있었다. 그러다가 6월 23일 '발사 가능성'을 얘기했다. 6월 20일과 23일 사이 정보의 진전은 없었다. 따라서 발사 징후와 관련한 보다 진전된 정보 때문에 통일부의 발사 가능성에 대한 관측이 달라졌다고 보기는 어렵다. 국가정보원도 6월 29일 미사일 발사설이 단순한 허풍은 아닌 것 같다고 밝히면서 종전의 부정적인 태도에서 입장을 바꾸면서도 "미사일이 발사대에 장착된 상황에서 추진체에 연료를 넣지는 않은 것으로 보인다"고 국회에 보고했다. 발사 징후 정보는 종전과 크게 달라진 것이 없는데 그에 대한 해석만 달라진 것이다. 그렇다면 부처 간에 정보가 공유되지 않기 때문에 다른 판단을 한 것은 아닐까. 하지만 그렇게 보기도 어렵다. 미사일 발사와 관련한 위성정보는 미국으로부터 우리정보당국에 전해지고 이를 청와대에 전하면 다시 국방부, 외교부, 통일부가 공유한다. 실제로 미국은 '6월 17일 발사 가능성이 있음'을 한국 측에 전했다. 이 정보도 외교안보부처가 모두 공유했다. 하지만 이 정보를 가지고도 통일부와 국정원은 '아직 확실치 않다' 쪽으로, 외교부는 '가능성 높다' 쪽으로 해석했다.

이렇다 할 정보의 진전이 없었고, 부처 간 정보의 차이도 없었다면 미사일 발사의 가능성 그리고 발사 이후의 대북정책에 대한 차이 등은 결국 정보에 대한 부처 간 다른 해석에서 온다고 보아야 할 것이다. 통일부가 발사 가능성이 낮다고 본 이유 가운데 하나는 특정해역에 대한 통항금지를 국제사회에 고지하지 않았다는 것이었다. 미사일을 발사하기 위해서는 북한당국이 동해 일정 지역에 통항금지를 고지해야 하는데 그런 것이 없다는 것이었다. 여기에는 북한이 미사일을 시험발사하기 전에 국제적인 관행과 규범을 준수할 것이라는 인식이 깔려 있다. 하지만 북한은 국제사회에 대한 고지 없이 7월 3일 자국 내에만 통항금지를 고지하고 이틀 후 미사일을 발사했다. 외교부는 발사 가능성을 예측하면서 '이성적인 국가'로서의 북한을 가정하지 않았다. 통일부의 판단에는 북한의 정체성(identity)에 대한 고려가 깊이 개입한 반면, 외교부의 판단에는 그런 것보다는 발사대에 미사일이 장착돼 있는지, 연료를 주입했는지 등 눈에 보이는 표면적인 징후만이 관여하고 있었다. 결국 북한을 보는 관점의 차이가 북한의 행위에 대한 해석의 차이로 이어진 것이다. 통일부는 북한과 직접 맞닥뜨리면서 대북관련 사업을 진행한다. 미사일 발사에 임박해서도 북한에 여러 차례 경고를 하면서 북한의 반응을 보았다. 6월 17일 이종석 장관은 광주에서 열린 6·15 축전에 참가 중인 북한의 최승철 조선아시아태평양 평화위원회 부위원장을 만나 미사일 발사움직임에 대해 강력하게 경고했다. 이 자리에서 최승철은 "상부에 보고하겠다"고 말했다. 이런 반응을 보면서 통일부의 입장은 북한의 어떤 변화를 기대했을 것이다. 그런 영향으로 발사 가능성을 낮은 것으로 분석했다고 볼 수 있다.

정부부처들이 다른 의견을 낸 데에는 북한의 행동과 그에 따른 조치에 따라 부처의 이해가 달라지는 점도 작용했을 것이다. 통일부는 '남북관계는 한 번 후퇴하면 회복하는 데 시간이 많이 걸린다'는 인식을 기본적으로 갖고 있다. 1994년 1차 핵위기 당시 김영삼 정부는 "핵을 가진 자와는 악수하지 않겠다"며 강경입장을 견지했다. 그러면서 한국정부는 북미협상에 참여할 수 있는 길을 찾기 어려웠고, 남북관계는 이후 4년 이상 경색국면이 계속됐다. 이런 경험을 깊이 인식하고 있는 통일부는 되도록 북한을 자극하지 않으면서 대화국면을 이어가려 했다. 한편으로는 대화의 틀을 유지하는 것이 앞으로 미사일 문제를 해결하기 위한 국제관계에서도 유리하다는 전략적 판단도 작용했다. 북한과의 대화 통로를 열어 둔 채 6자회담 재개를 촉구하면서 한국정부의 입지를 유지하고 있어야 6자회담이나 북한 미사일 문제를 해결하기 위한 한반도 주변국의 회담이 열릴 때, 보다 유리한 위치에서 나름의 영향력을 확보할 수 있다는 인식을 한 것이다.

　반면에 외교부는 미국이나 주변국과의 잦은 협의를 통해 남북관계와 함께 한미, 한일 관계 등 국제관계를 조화롭게 관리해 가는 것이 우리의 국익을 실현하는 데 중요하다는 인식을 갖고 있다. 실제로 외교부는 7월 5일 북한 미사일 발사에 대한 대응책을 발표하면서 북한에 6자회담 복귀를 촉구하면서 필요한 대응책을 마련하는 데 관련국들과도 긴밀히 협의해 나가겠다고 밝혔다. 반기문 외교부 장관은 7월 5일 오전 미국의 라이스 국무장관과 전화로 대책을 협의하고, 오후에는 중국과 러시아, 일본의 외교장관과 통화를 가졌다. 무엇보다 국제적인 협조를 중시하는 모습이었다. 대북정보를 두고 나오는 해석의 차이는 각 정부 부처가 갖고 있는 이와 같은 북한과 한반도 주변에 대한 인식의 차이에서 발생하는 것이다.

　이러한 차이는 부처이기주의로 치부할 수 있을 만큼 단순한 것은 아니다. 어느 나라나 정부부처 간의 이견은 있다. 미국에서도 외교정책을 결정함에 있어 국무부와 국방부, 백악관, CIA 등 다양한 부처들이 관여한다. 결국 정책은 이런 관련부처들의 다툼과 타협으로 결정된다. 이것이 외교정책 결정의 관료정치 모델(bureaucratic politics model)이다. 1970년대 그래이엄 앨리슨과 모턴 헬퍼린에 의해서 발전된 이론이다. 앨리슨과 헬퍼린은 "정부정책은 하나의 합리적인 결정자가 아니라 다수의 조직과 정치적 행위자들의 집단에 의해서 결정된다. 그런데 이 조직과 행위자들은 정부가 뭘 해야 하는지에 대해서 의견이 다르다"고 강조하고, 그렇기 때문에 정책은 부처 간의 '밀고 당기기(pulling and hauling)'에 의해 결정된다고 강조했다.[13] 이러한 권력투쟁의 추진력은 각 행위자의 이익추구에서 나오고, 행위자는 일차적으로 생존확보와 영향력 유지, 사명 완수, 필요한 능력 보장을 위해서, 나아가 자율성과 조직의 사기 유지, 조

---

13) 앨리슨 & 헬퍼린(Graham T. Allison and Morton H. Halperin), "관료정치: 하나의 패러다임과 정책에 대한 시사(Bureaucratic Politics: A Paradigm and Some Policy Implications", *World Politics*, Vol.24 (1972), 40쪽.

직의 기본 요건 보호, 예산의 확충 등을 위해서 각각이 해석하는 최선의 정책 또는 올바른 정책(correct policy)을 산출하려고 노력한다는 것이 관료정치 모델의 핵심적인 내용이다. 우리의 경우도 대북정책, 대미정책을 놓고 통일부, 외교부, 청와대, 국가정보원, 국방부 등이 밀고 당기기를 거듭하고 그 속에서 하나의 정책이 산출되는 양태를 보인다는 점에서 관료정치 모델이 적용되고 있다고 볼 수 있다.

6장 전시작전권 환수와 한미의 전략

1. 전시작전권 환수와 주권회복

한국과 미국은 국방장관 회담을 통해 전시작전통제권을 2012년 4월 17일 한국의 합참의장에게 넘기기로 합의해 놓았다. 이승만 대통령이 작전권을 넘긴 것이 1950년 7월 14일이었다. 이 날짜를 거꾸로 해서 4월 17일로 정했다. 한국과 미국은 이미 2006년 10월 워싱턴에서 열린 제38차 한미연례안보협의회의(SCM)에서 전시작전권을 2009년 10월 15일에서 2012년 3월 15일 사이에 전환하기로 합의했다. 당시 한국은 2012년 환수하겠다고 주장하고, 미국은 2009년에 이양하겠다고 맞섰는데 결국 합의점을 찾지 못하고 양측이 주장하는 기간 모두를 포함하는 기한으로 합의를 본 것이다. 그런데 우리 측은 이 합의를 무시하고 다시 더 늦춰달라고 요청해 2012년 4월로 최종 합의가 이뤄졌다. 어쨌든 전시작전권이 62년 만에 한국군에 돌아오게 됐다.

이승만은 북한이 전쟁을 일으킨 지 얼마 되지 않아 "현 적대상태가 계속되는 동안(during the period of the continuation of the present state of hostilities) 한국군에 대한 작전지휘권(operational commands)을 유엔군사령관에게 이양한다"는 내용의 서한을 맥아더 유엔군사령관에게 보냈다. 맥아더가 이 제안을 수용함으로써 한국군의 작전지휘권은 유엔군사령관에게 넘어갔다. 1954년 11월 한미상호방위조약이 발효되면서 작전지휘권은 작전통제권(operational control)으로 명칭이 바뀌었다. 작전 통제권은 부대를 전개하고 전술적 통제를 보유하거나 위임하는 권한으로 작전지휘권보다 그 권리가 제한되는 것이다. 작전지휘권이라고 할 때는 작전통제권에다가 인사와 상벌, 보급 등을 포함한 개념이다. 1978년 한미연합사령부가 창설되면서 유엔군사령관의 작전통제권은 한미연합사령관(미군대장)에게 이양됐다. 이때부터 미국은 유엔이라는 완충장치 없이 사실상 한국군의 작전통제권을 갖게 되었다. 우여곡절 끝에 1994년 12월 1일 평시 작전통제권은 환수됐다. 당시 김영삼 대통령은 이를 두고 '제2의 창군'이라며 흥분했다. 하지만 전시작전통제권은 여전히 한미연합사의 손에 있어 실제로 전쟁이 일어나면 수도방위사령부 예하부대를 제외한 모든 부대가 한미연합사령관의 작전통제권 안에 들어가게 돼 있었다. 그런 전시 작전통제권을 이제 찾아오게 된 것이다.

노무현 정부는 전시작전권 환수를 정권의 주요과제로 꾸준히 추진했다. 우리의 경제적, 군사적 능력이 이 정도로 성장한 만큼 전작권 환수는 너무도 당연한 것이다. 다만 언제 어떤 식으로 환수하느냐 하는 문제만 남아 있었다고 할 수 있다. 정부는 전시작전권 환수를 무슨 독립운동 하듯 했고, 그렇게 홍보했다. 빼앗긴 우리의 주권을 빼앗아 오는 것으로 간주한 것이다. 노무현 대통령은 2003년 2월 취임 직후 한국노총을 방문한 자리에서 "막상 전쟁이 나면 국군에 대한 지휘권도 한국 대통령이 갖고 있지 않다"며 불만스러워 했다. 노무현 정부는 출범 1년이 지나면서 전시작전권 환수문제를 본격 거론하기 시작했다. 노 대통령은

2004년 10월 1일 국군의 날 연설에서 "자주국방과 한미동맹은 우리 안보의 중요한 두 축"이라며 "우리 안보에 대한 자주적 역량을 갖춰나갈 때 한미동맹도 더욱 굳건하고 미래지향적으로 발전해 나갈 수 있다"고 말했다. 또, "우리 안보를 우리 스스로 지킬 수 있는 자주국방 역량을 갖추는 데 집중적인 노력을 기울여야 한다."면서 "독자적 작전수행 능력과 정보역량 강화, 인력의 정예화와 전력의 첨단화를 지속적으로 추진해 나가야 한다."고 강조했다. 실제 미군이 가지고 있는 전시작전권을 찾아와야겠다는 말을 직접적으로 하지 않았을 뿐 의미에 있어서는 '전시작전권 환수' 바로 그것이었다. 이를 위해 국방개혁도 강력하게 추진하겠다는 뜻도 피력했다. 군을 현대화해서 정보력과 작전능력을 대폭 향상하겠다는 것이었다. 1년 후인 2005년 10월 1일에는 노골적으로 우리 군의 전시작전통제권 행사 가능성을 표현했다. 노 대통령이 역시 국군의 날 연설에서 "우리 군은 전시작전통제권 행사를 통해 스스로 한반도 안보를 책임지는 명실상부한 자주군대로 거듭날 것"이라고 말한 것이다. 이 연설 하루 전에 워싱턴에서 열린 한미 안보정책구상(SPI)회의에서 한국은 전시작전권 환수문제에 대한 논의를 미국 측에 정식 제안했다. SPI에서 논의를 제기하고 다음날 바로 대통령 연설을 통해 환수의지를 공식화시켜버린 것이다. 전시작전권 환수를 대비해 정부는 2020년까지 정보력과 작전력을 획기적으로 향상시키기 위한 방안도 마련해 '국방개혁 2020'이란 이름으로 2005년 7월 13일 발표했다. 병력은 현재의 68만 명 수준을 50만 명으로 줄이면서 무인정찰기와 조기경보기, 신형 다연장 로켓포와 전차, 한국형 헬기 등으로 무장해 독자적인 정보수집능력과 작전능력을 갖추겠다는 것이었다. 여기에 들어가는 돈은 621조 원이라는 계산도 나와 있었다.

2006년 2월 취임 3주년 기념 국정연설에서 이런 의지는 다시 강조됐다. 노 대통령은 "우리 군대는 스스로 작전권을 가진 자주군대로서 동북아시아의 균형자로 동북아 지역의 평화를 굳건히 지켜낼 것"이라며 미래 한국군의 위상을 규정했다. 전시작전권을 환수해 '자주군대'의 면모를 갖춘 뒤 동북아 안정의 '균형추' 역할을 주도적으로 해나가겠다는 의지를 표현한 것이다. 노 대통령은 국방개혁에 강하게 드라이브를 걸면서 기회가 있을 때마나 전시작전권 환수를 거론하는 것도 잊지 않았다. 그러면서 그의 말은 점점 더 구체화됐다. 2006년 6월 9일에는 6월 민주항쟁 관계자들과 만찬을 함께하면서 "앞으로 5년 남짓한 세월 안에 전시작전통제권을 스스로 행사하게 될 것"이라고 말했다. 두 달 후 연합뉴스와의 회견에서는 "우리나라가 자기나라 군대에 대한 작전통제권을 갖지 않은 유일한 나라"라면서 "작전통제권이야 말로 자주국방의 핵심"이고, "자주국방이야 말로 주권국가의 꽃"이라고 말했다. 전시작전권 환수를 한국의 자주성, 독립성과 직결시킴으로써 그 어떤 명분으로도 침범하기 힘든 영역으로 신성화시켰다. 여기에 논의와 논쟁은 있을 수 없고 '그저 정권이 큰 뜻을 갖고 하는 일이니 따라오기나 하시오' 하는 메시지만을 노무현 정부는 던지고 있었다.

같은 맥락에서 미군의 용산기지 공원화도 독립선언식처럼 거창하게 치렀다. 2008년 말 용산의 미군기지가 평택으로 옮겨가고 나면 이곳을 공원화하겠다는 것인데, 2006년 8월 24일 정부는 장중한 선포식을 거행했다. 노무현 대통령이 직접 나왔고, 3부요인과 주한 외교사절 등 6백여 명이 참석했다. 노무현 대통령은 축사까지 했다. "침략과 지배, 전쟁과 고난의 역사를 과거로 보내고 자주와 평화의 대한민국, 세계를 향해 비상하는 대한민국을 상징하는 기념비적인 공원이 들어서게 될 것입니다"라고. 물론 텔레비전으로 대대적으로 중계방송도 했다. 외교·안보 문제와 어느 정도는 관련이 있는 일이어서 잠시 지켜봤다. 참 유치하다는 생각을 하지 않을 수 없었다. 아직도 정치하는 사람들은 저런 '쇼'를 좋아하나 하는 생각을 하게 했다. 우리가 아제르바이잔이나 키르기스스탄도 아니고 미군이 나가고 그 자리에 공원 세운다는데 대통령, 총리 다 나와서 법석을 떨 일은 아니었다. 그저 조용히 넘겨받아서 차분하게 공원화작업을 잡음 없이 진행하면 되는 것이다. 더구나 선포식 날짜를 124년 전 임오군란을 빌미로 청나라 군대가 용산에 주둔하기 시작했다는 8월 24일로 잡았다고 한다. 또, 완공은 광복 100주년이 되는 2045년에 한다고 한다. 아직도 우리가 이런 이벤트성 상징조작이 먹히는 나라인가 아니면 정부와 대통령만 그렇게 생각하는 것인가. 더욱이 용산미군기지 가운데 8만 m^2은 미국이 계속 사용한다. 기지 내에 있는 대형 호텔 드래곤힐과 헬기장은 반환 대상에서 제외되고, 광화문에 있는 미국대사관도 그 옆으로 옮긴다. 서울시내 한가운데 8만 m^2에 달하는 땅이 그대로 미국의 손에 있는 상황에서 민족의 역사회복 운운하는 것은 어딘지 모르게 좀 어색하다. 근본적으로는 당연히 가져올 것을 가져오는 것을 가지고 거창한 수사를 붙이는 것 자체가 낯간지러운 일이다. 전시작전권 환수에도, 용산기지 공원화에도 그런 정책과 사업 자체에 성의와 정성을 다해 제대로 된 결실을 거두겠다는 의지보다는 사심이 잔뜩 낀 모습이 너무도 선명하게 보였다.

2. '빨리 달라' → '나중에 달라'

노무현 정부는 원래 언제쯤 전시작전권을 환수할 생각이었을까. 전시작전권을 말할 때 노무현 정부는 초기에는 시기를 말하지 않았다. 환수 시기가 언급되기 시작한 것은 2005년 10월쯤부터였다. 그해 9월 한미 안보정책구상(SPI)회의에서 우리 측이 환수 시기 논의를 제의했고, 10월 한미 연례안보협의회에서 관련협의를 '적절히 가속화(appropriately accelerate)'

하기로 합의한 직후, 그러면 언제쯤 환수해야 하는 것이냐 하는 논의가 정부안에서 시작됐다. 그러면서 나온 것이 2015년이었다. 2006년 3월까지 노무현 정부는 개략적인 환수 시기를 2015년 전후로 상정하고 있었다. 하지만 당시에도 한국군의 능력과 북한의 군사적 위협, 주변국 정세 등 관련 변수에 따라 환수 시기는 얼마든지 바뀔 수 있다는 게 많은 군 주변인사들의 관측이었다. 그러다가 2006년 6월 들어 2012년 환수설이 흘러나왔다. 국방부는 2012년까지 조기경보기 4대를 도입할 계획인데 여기에 맞춰서 전시작전권을 환수할 방침이라는 것이었다. 6월 5일 윤광웅 국방장관은 정례브리핑을 통해 전시작전권 환수 시기에 대해서 처음 구체적으로 밝혔다. "향후 5∼6년이면 전시작전권 환수가 가능할 것이라는 것은 한·미 군사전문가들의 시각"이라고 설명한 것이다. 전문가들의 시각을 빌려 정부의 속내를 얘기했다. 6월 22일 윤광웅은 다시 국회 답변을 통해 '5년쯤 되면 작전권 환수 이후에 대한 대비가 될 수 있다고 판단하고 있다'고 답했다. 이때부터 우리 정부의 '2012년 환수' 의사는 사실상 공식화됐다. 하지만 2012년 환수설은 노무현 대통령의 발언으로 한차례 출렁거렸다. 노 대통령은 2006년 8월 9일 연합뉴스와의 회견에서 전시작전통제권 반환 시기에 대해 "어느 때라도 상관없다"고 말했다. 그러자 청와대 당국자는 "우리 군의 능력으로는 미국이 주장하는 2009년을 수용해도 되지만 그보다는 2010년이나 11년이 현실적으로 가능하다"는 뜻으로 보아야 한다면서 대통령의 말에 완충제를 좀 섞어 해석했다. 다음날 국방부는 그저 어리둥절해 할 뿐이었다. 국방부 입장에서는 2012년 환수하는 것으로 정리를 해 놓고 있는데 대통령이 갑자기 '언제든지 환수할 수 있다'는 취지로 발언하는 바람에 당황할 수밖에 없었다. 언론 입장에서는 대통령이 그렇게 중요한 말을 한 만큼 다음날 국방부의 대응조치가 뭔지를 취재하지 않을 수 없었다. 하지만 국방부는 어떤 말도 할 수가 없었다. 그도 그럴 것이 2012년으로 환수 시기를 정해서 8월 8일 윤광웅 장관이 럼스펠드에게 서한까지 보낸 마당인데, 바로 그 다음날 대통령이 더 당기자는 취지로 말을 해 버렸으니 국방부는 난처할 수밖에 없었다. 방송은 해야 하고 정부에서 나오는 얘기는 없고 답답했다. 청와대를 상대로 취재를 해보는 수밖에 없었다. 외교부를 출입하는 기자가 서주석 청와대 외교안보 수석에게 전화를 했다. 서 수석은 대통령이 2009년 환수도 가능하다는 취지로 말한 만큼 국방개혁 프로그램에 대한 진행속도를 조절할 예정이라는 얘기를 해 줬다. 하지만 대통령의 조기환수 발언의 파장은 곧 사그라지고 말았다. 국방부의 '2012년 환수'가 대통령의 말로 흔들리지 않았다. 국방부가 대통령의 말에 따라 일사분란하게 시기조정작업에 착수할 법도 한데 그 이후 전혀 움직임이 없었다. 이로 미뤄보면 대통령의 말은 정부 내에서 조정을 거쳐 나온 얘기는 전혀 아니었다. 면밀하게 검토하고, 제반 여건과 준비를 고려해서 한 말이 아니었다는 것이다.

그도 그럴 것이 합참은 당시 북한군과의 전력비교, 우리의 정보능력 평가 등을 바탕으로 전작권 조기 환수는 안 된다는 입장을 분명하게 정리하고 있었다. 그즈음 합참이 작성한 보고서 '작전통제권환수 관련 대응태세(장사정포 대비 대화력전 중심으로)'는 전작권 환수에 대한 군의 입장을 분명히 담고 있다. 우선 보고서는 수도권을 위협하는 북한의 장사정포 342문의 위력은 한 시간에 서울시민 320만 명을 죽음으로 몰고 갈 수 있다고 경고하고 이에 대한 우리군의 정보와 작전능력의 미비점을 적나라하게 지적하고 있다. 가장 문제가 되는 것이 정보능력. 미군은 과학정보를 중시하고, 여기에 돈을 쏟아 부은 만큼 장비체계가 어마어마하다. 북한의 포 사격 움직임은 24시간 영상을 촬영, 송신하는 무인항공기(UAV) 프레더터와 군사위성 KH-12에 의해서 철저하게 감시된다. 북한군 각급 부대 간의 교신은 휴전선 전체를 커버하는 U2정찰기가 빈틈없이 감청한다. 후방부대의 전진배치 등 부대 이동은 전방 수백 킬로미터까지 탐지할 수 있는 JSTARS(합동감시표적 공격레이더

체계)가 맡고 있고, 주한미군 2사단이 운용하는 섀도우200(Shadow 200) 무인정찰기는 영상을 통해 동굴진지를 감시한다. 북한이 포격을 시작하면 포병레이더 TPQ-36, TPQ-37은 날아오는 포탄의 각도를 역산해 발사한 장사정포의 위치를 찾는다. 무인정찰기 섀도우200이 촬영한 영상도 분석 통제반에 자동 집결되고, 이들 장사정포를 공격할 수 있는 것이 어디에 있는 어떤 무기인지 컴퓨터가 자동으로 결정해 명령을 하달한다. 포병레이더나 무인 정찰기가 목표물을 탐지한 뒤 그 좌표가 실제로 공격을 가할 전폭기나 자주포에 전달되는 데 걸리는 시간은 불과 몇 초면 충분하다. 남측에서 포탄이 날아가는 시간을 합치면 직접 타격까지 1-2분이면 족하다. 북한이 갖고 있는 두 가지 장사정포는 170밀리 자주포와 240밀리 방사포다. 전자는 동굴진지에서 나와 10발을 쏘고 다시 들어가는 데 평균 34분, 후자는 19분이 걸린다. 이 가운데 탐지와 타격이 가능한 취약시간은 각각 14분과 7분이다. 미군은 170밀리 자주포의 취약시간 14분 동안 열 번 정도 공격이 가능하다.

하지만 우리는 딴판이다. 포병레이더와 무인항공기(UAV), 직접 적진 가까이 들어가 육안으로 관찰하는 특공조(적지종심작전부대)가 상황을 파악한다. 이들을 통해 포격 정보가 파악되면 공격수단 정보가 전달돼야 하는데 우리군의 경우 정보자산의 자동화체계(C4I, Command, Control, Communication, Computer and Intelligence)가 확립되지 못해 시간이 많이 걸린다. 포병레이더에 잡힌 좌표는 그대로 전달되는 것이 아니라 연락요원이 일일이 손으로 입력하거나 무선으로 포병 작전통제소에 전달해 주면서 사격요청을 한다. 이러한 정보전달과정이 3-4분 소요되고, 포탄이 날아가 북한의 장사정포를 타격하는 시간을 합치면 5-7분이 걸린다. 미군에 비하면 4-5분이 느린 것이다. 그러니 취약시간이 7분인 240밀리 방사포의 경우, 북한이 동굴진지에서 끌고 나와 10발을 쏘고 다시 들어갈 때까지 한 번도 공격을 못 하기 십상이다. 물론 우리군은 전력증강계획을 가지고 있다. 하지만 그 계획이 순조롭게 진행되더라도 2011년이 돼서야 제대로 된 장비를 갖출 수 있고, 운용능력을 정착시키려면 2015년까지 기다려야 한다. 합참은 이런 사정을 낱낱이 밝히면서 전시작전권을 조기에 환수하려는 것은 '자주'라는 명분 때문에 '국방'이라는 실익을 저버리는 것이라고 지적했다. 이런 실제적이고 면밀한 계산하에 '2012년 환수'라는 결론을 갖고 있었기 때문에 대통령의 즉흥적인 발언은 금방 힘을 잃고 '2012년'은 그 자리를 지킬 수 있었다.

미국은 당초에는 서두르지 않았다. 2005년 10월 열린 한미연례안보협의회(SCM) 당시만 해도 도널드 럼스펠드 미 국방장관은 시간을 갖고 논의하자면서 신중론을 폈다. 한 달 전 한미안보정책구상회의에서 한국 측이 전시작전권 환수문제를 정식으로 거론한 이후 처음 갖는 안보협의회에서 럼스펠드는 "전시작전권 환수 시기는 한미 모두 적절한 시기라고 판단될 때 할 것"이라며 원칙론을 고수했다. 환수를 고집하는 우리 측의 주장에 대해 럼스펠드는 한국의 능력과 안보 여건을 최대한 고려해야 한다는 입장이었다. 회담이 끝난 후 분위기를 전해 준 국방부 관계자들은 "미국은 아직 이양 문제를 거론하기엔 시기상조라는 방침이 분명한 것 같다"고 말했다. 그러던 것이 갑자기 변했다. 미국의 의사가 변한 것은 2006년 4, 5월 정도로 보인다. 주한미군사령관을 지낸 리언 러포트는 자신이 퇴임할 때까지 작전권 이양시점이 전혀 논의되지 않았다고 밝힌 바 있다. 그가 퇴임한 것은 2006년 2월이었다. 2006년 3월까지도 그다지 변한 것이 없었다. AP통신의 3월 29일 기사는 당시까지 럼스펠드가 전시작전권 이양에 대해 전혀 생각하고 있지 않았음을 보여준다.

Last week, Secretary of Defense Donald Rumsfeld said it is reasonable for the South's military to take on more responsibility, but the U. S. should keep wartime command of the South's military until its forces are strong enough to maintain stability on the Korean Peninsula. (지난 주 럼

스펠드 국방장관은 "한국이 군사적으로 더 많은 책임을 지겠다는 것은 합리적이다. 하지만 한국군이 한반도의 안정을 유지할 만큼 충분히 강해질 때까지는 한국군의 전시작전권을 미국이 갖고 있어야 한다"라고 말했다.)

2, 3월까지만 해도 전작권 이양을 고려하지 않고 있다가 4, 5월 정도에 미국 내에서 조기이양이 논의되고 상반기를 지나 7월이 돼서 미국은 2009년이란 시점을 구체적으로 제시했다. 7월 13~14일 워싱턴에서 열린 SPI에서 한국 정부에 '2009년 이양'을 제시한 것이다. 하지만 당시에는 이것이 공개되지 않았다. 다만 미국이 이런 생각을 갖고 있는 듯하다는 식으로 전해지는 정도였다. 8월 8일에는 미 국방부의 고위관계자가 기자들의 질문에 대한 답을 통해 2009년 전작권 이양의사를 밝히기도 했다. 그러던 것이 럼스펠드의 서신을 통해 확실해졌다. 럼스펠드는 8월 17일 윤광웅 국방장관에게 서한을 보냈다. 전시 작전통제권을 2009년 한국군에 넘기겠다는 입장을 담은 것이었다. 럼스펠드는 용산기지를 평택기지로 이전하는 시기와 연합사 해체 시기 등을 고려해 이런 입장을 제시했다. 평택기지가 2008년 말까지 조성될 예정이었기 때문에 작전통제권 이양 뒤 해체될 연합사를 미리 이전대상에서 제외해 평택기지 면적을 줄이고 주한미군 재편도 앞당겨 실행할 계획을 갖고 있었던 것이다. 7월 SPI가 끝나고 윤광웅 장관은 2012년 전작권 환수 등의 내용을 담은 서한을 8월 8일 럼스펠드에게 보냈고, 이에 대한 답신으로 럼스펠드는 '2009년 이양'을 담은 서한을 윤광웅에게 보낸 것이다. 이 편지 이후로 미국의 2009년 이양 고집은 좀처럼 수그러들지 않았다.

한미 간의 협상은 묘한 지경으로 진행돼 처음엔 한국이 '달라'하고 미국은 '안 된다'하다가 나중에는 미국이 '빨리 가져가라'고 외쳐대고 한국은 '나중에 달라'고 부탁하는 양상이 됐다. 노무현 정부는 이런저런 논리를 대며 우리가 지금이 아니고 나중에 전작권을 가져와야 하는 이유를 설명했다. 한국의 이런 모습을 두고 버웰 벨 주한미군사령관은 2007년 1월 10일 한 비공개 세미나에서 "실망스럽다(frustrated)"는 말로 자신의 내심을 표현했다.

3. 미국이 '이양 안 된다'에서 '조기 이양'으로 바뀐 이유

외교안보 데스크로 일하는 동안 우스운 사건도 왕왕 발생했다. 그 가운데 하나가 2006년 10월 21일 워싱턴에서 열린 한미연례안보협의회였다. 당시 한국과 미국은 그동안 양국이 줄다리기를 해 오던 전시작전권 전환 시기와 관련해 '2009년 10월 15일에서 2012년 3월 15일 사이'에 하기로 묘하게 합의를 했다. 그러고는 국방부는 우리 측 의견이 수용됐다고 좋아했다. 그것도 우스운 일이었지만 더 우스운 것은 핵우산 문제였다. 국방장관 간의 안보협의회가 열리기 직전 양국 합참의장 간의 군사위원회(MCM)가 열렸다. 회담이 끝난 직후 국방부는 "한미 양국이 핵우산 공약의 구체적 보장을 위한 전략지침을 버웰 벨 한미연합사령관에게 내렸다"고 발표했다. 하지만 미 국방부는 기자회견을 자청해 그런 일이 없다고 부인했다. 미 국방부 고위 관계자는 10월 21일 한국기자들과 만나서 "언론보도를 보면 벨 사령관이 핵전략에 대해 플랜을 짜거나 그런 종류의 일을 한다고 나와 있는데 전혀 사실과 다르다"고 말했다. 그래서 한국 측도 원래 발표를 번복했다. "핵운영 관련 지침이 없었다는 미 국방부 고위 관계자의 언급은 정확했다"며 "앞으로 군사적 과제로 발전시키기로 했다"고 해명했다. 군사당국 간의 회담과 그에 대한 대응치곤 참 저급하기 짝이 없었다. 군사적인 작전도 한 치의 오차 없이 치러내야 할 군인들이 다른 나라와의 회담 하나 제대로 준비하고 정리하지 못하는 상황이 발생한 것이다. 가뜩이나 북한의 핵실험 이후 한미군사협력에 대한 여론의 관심이 지대한 상황에서 이런 촌극이 발생한 것은 더욱더 이해하기 어려운 일이었다.

화불단행(禍不單行)이라고 했던가. 연례안보협의회가 끝나고 한미국방장관이 공동 기자회견을 열었는데 여기서도 우스운 일은 계속됐다. 미국의 대한(對韓) 핵우산 제공과 관련해 공동성명에 '확장된 억지'라는 표현이 들어간 것을 두고 윤 장관은 "공동성명을 보면 핵우산 부분이 예년과 다를 것"이라고 말했다. 그러자 럼스펠드는 "그런가요? 당신이 나보다 많이 알고 있는 것 같습니다"라며 비꼬았다. 공동성명의 핵우산 내용이 예년과 다를 게 없는 것이라는 얘기였다. 2005년 서울에서 열린 제37차 안보협의회에서는 우리 측은 북한의 입장을 고려하는 차원에서 '핵우산 제공'이라는 용어를 바꾸거나 삭제를 하는 것이 어떠냐는 제안을 했었다. 그러다가 이제는 '확장된'이란 용어를 넣자고 요구하고 그것이 실현됐다고 다시 좋아하는 꼴이 됐다. 권안도 국방부 정책홍보본부장은 회담이 끝난 뒤 '확장된 억지'(extended deterrence) 개념은 "동맹이나 우방국에 대해 제3국이 핵공격을 하거나 위협했을 때 자국의 핵능력을 동원해 억제하는 것이다. 이 개념은 부시 행정부가 발간한 NPR(핵태세보고서)을 포함해 미 안보정책의 핵심교서에 명시돼 있다. 이번 공동성명에서 확장된 억제의 지속 공약 의미는 기존 핵우산 제공 공약에 보다 구체적인 핵전략 용어를 추가한 것이다. 북한의 핵실험 사태를 직면한 상황에서 미국의 한국에 대한 핵공약을 구체적으로 확인했다는 데 의미가 있다"고 설명했다. 하지만 미국이 그동안 제공해 오던 핵우산과 뭐가 다르다는 것인지 전혀 설명이 되지 않았다. 핵을 가진 나라가 비핵동맹국에 제공하는 것이 핵억지다. 제3국으로부터의 핵공격을 막아주겠다는 것이다. 미국이 지금까지 제공해 온 핵억지의 내용도 그것이었다. 미국은 2006년 안보협의회에서 이 이상을 약속한 것은 없다. 그런데 국방부는 'extended'란 말을 넣어놓고는 대단한 것이라도 이룬 것처럼 자화자찬했다.

전시작전권 환수 시기를 조정하는 과정에서도 우리 측의 미숙하고 정리되지 않은 모습은 그대로 드러났다. 노무현 정부는 전시작전권을 마치 미국이 '강제소유'하고 있는 것처럼 비춰지도록 했다. 사회적인 논의에 부쳐보기보다는 미국이 부당하게 가지고 있는 것이니 빨리 빼앗아 와야 하는 것처럼 보이게 했다. 그럴 필요가 전혀 없는 것인데 그런 방향으로 몰아갔다. 그 방법은 주로 대통령의 자극적인 발언이었다. 전쟁 상황에서 작전권을 유엔에 넘긴 것은 어디까지나 우리의 판단이었다. 이승만이 스스로 결정해 맥아더에게 서한을 보내 작전권을 이양한 것이다. 전시상황에서 군사부분에 한정된 것이었고, 이후 54년 11월 한미방위조약이 발효된 이후에는 작전통제권으로 군에 대한 인사와 상벌은 제외한 순수 작전부분으로 연합사의 권한과 범위는 더 축소됐다. 물론 주권을 크게 보아 '영토 안에서 발생하는 모든 것에 대한 통제권'으로 규정하고 이에 대해서 어떤 전략 차원의 결정도 이를 조금도 침해할 수 없는 것으로 본다면 전시작전통제권도 주권차원으로 얘기할 수 있을 것이다. 하지만 전시작전통제권은 동맹조약이나 나토와 같은 다자안보체제에서 국가 간의 합의로 얼마든지 조정하고 또 변환할 수 있는 부분으로 보는 것이 더 정확하다. 우리의 안보상황이 미국의 힘을 빌릴 수밖에 없도록 되어 있고, 우리의 안보를 확보하기 위해서 할 수 없이 미국에 의지하는 측면이 있기 때문에 우리의 국가자율성(national autonomy)을 일정부분 유보한 것이다. 다시 말해 우리의 안보를 얻고 자율성을 일부분 유보시킨 것이다. 이를 주권차원으로 환원한다면 그동안 우리는 미국에 주권을 이양한 채 식민지국가의 지위에 있었다는 얘기가 될 것이다. 물론 북한이 그런 시각을 갖고 있고, 좌파 가운데 그런 인식을 갖고 있는 사람들이 있다. 하지만 이는 일부분을 전부로 보면서 균형을 잃는 오류를 지닌 시각이다. 참여정부는 이런 오류를 인식하지 못했거나 오류를 알면서도 정치적인 목적으로 전시작전권 환수문제를 주권의 문제로 몰아갔다고 볼 수 있다. 실제로는 후자의 가능성이 훨씬 높다.

미국입장에서는 특히 전시작전권은 주권문제와 연결시키는 것이 당황스러울 수밖에 없었다. 미국은 과거의 로마나 영국처럼 식민지로 제국을 유지하는 나라는 아니다. 그들의 경제력과 군사력, 거기에 덧붙인 민주주의와 시장경제라는 이념과 문화적인 힘(soft power)을 가지고 세계를 경영하려 하는 것이 지금의 미국이다. 그런 측면에서 전략적인 고려 외에 한국의 주권을 제약하기 위해 전시작전권을 계속 고집해 왔다고 보기는 어렵다. 그런데도 노무현 정부는 이를 주권문제로 연결시켰다. 여기에는 참여정부 외교안보 라인의 주요 축인 '자주파'의 입김이 크게 작용한 것으로 보아야 할 것이다. 자주파는 전시작전권을 한미연합사령관, 즉 주한미군이 계속 행사한다면 한반도 유사시 모든 군사적 조치가 미국의 국익 차원에서 이뤄질 것이고, 이는 곧 한국의 '운명'이 미국의 뜻대로 결정되는 위기 상황이 초래될 수 있다는 우려를 갖고 있다. 따라서 전시작전권 환수는 자주국방의 차원을 넘어 유사시 한국의 주권과 직결되는 중대 사안인 만큼 조속히 환수해야 한다는 생각을 가지고 있다. 2005년 4월 한미 군 당국이 북한 급변 사태 시 군사적 대응책을 담은 작전계획(OPLAN) 5029의 수립을 추진하다 중단한 것도 자주파의 주권제약에 대한 우려 때문이었다. 이종석 당시 사무차장을 중심으로 한 국가안전보장회의(NSC)는 작계 5029가 대한민국의 주권을 침해할 우려가 있다며 국방부에 작계 수립 중단을 지시했다. 당시 한미연합사에서 만든 작계 5029 초안은 북한에서 소요나 대규모 탈북 등 사태가 발생하면 데프콘3을 발령하도록 돼 있었다. 데프콘3이 되면 전시가 되면서 한국군에 대한 작전권은 한미연합사령관에게 넘어간다. 그렇게 되면 북한 지역에 대한 군사적 조치의 전권을 미군 4성장군이 쥐게 된다는 것인데 자주파가 염려한 것은 이런 상황이었다. 전시작전권에 대한 노무현 대통령과 자주파의 집착은 이런 바탕 위에서 나왔다. 하지만 미국의 입장에서 전작권을 주권으로 이해하는 것은 불쾌한 것이었다. 전시작전권을 주권문제로 다루면서 국내정치에 이용하고, 여론의 지지도를 상승시켜보겠다는 의도를 갖고 있다는 것이 미국의 인식이었다.

한국의 강한 집착을 접하면서 미 국방부의 전략가들은 전작권 보유를 고집할 필요가 없다고 보았고, 한국군에 대한 전시작전권을 미국의 세계전략에 연결시켜 생각하기 시작했다. 미군은 부시 행정부가 시작하면서 군의 신속·경량화를 꾸준히 추진해 왔다. 그런 차원에서 주한미군의 전략적 유연성도 함께 추진해 왔다. 주한미군이 한반도에만 얽매여 있는 것이 아니라 동남아나 중동에 분쟁이 생기면 신속하게 이동할 수 있게 한다는 것이었다. 펜타곤에서 판단할 때 전시작전권을 한국에 넘기고 지원부대 형식으로 한반도에 주둔하고 있다가 필요하면 대만해협으로, 호르무즈해협으로 자유롭게 이동할 수 있는 체제가 미국의 21세기 군사전략에 훨씬 부합하는 것이었다. 그래서 미국은 전시작전권 이양에 대해 안 된다는 입장에서 조기에 이양한다는 입장으로 선회하게 된 것이다. 전시작전권환수문제는 2005년 한국측이 먼저 꺼냈다. 미래한미동맹정책구상회의(FOTA)가 마무리된 뒤 한국측이 전시작전권 환수 문제를 제기하자 럼스펠드 국방장관의 반응은 명쾌했다. "우리가 지난 3년간 이 문제를 준비해왔다는 것을 아십니까? 이미 열린 문을 다시 열려고 하시는군요(Don't you understand we've been preparing for this for the last three years. You are pushing at an open door)"라고 시원시원하게 말했다.[14) 미국정부는 노무현정권 출범당시부터 전시작전권 이양문

---

14) 리처드 롤리스 전 미국방부 아태담당 부차관 인터뷰, 신동아, 2007년 7월호, 88쪽.

제를 차근차근 준비해왔다는 얘기였다. 지역의 안보는 지역의 동맹국가에게 되도록 부담을 많이 지우면서 미국의 패권체제를 뒷받침하도록 하자는 것도 미국의 세계전략 가운데 하나다. 부시 행정부의 국가안보전략(National Security Strategy, NSS)은 이를 분명히 하고 있다. 일본에 대한 군사협력을 강화하는 것도 이런 전략에서 나온다. 한국군에게 전시작전권을 돌려주고 한국군을 강화해서 지역안보에 기여하도록 하는 것은 미국의 전략에 그대로 들어맞는 구도가 아닐 수 없다.

전시작전권 조기전환에는 미국의 경제적 욕구도 한몫하고 있다고 보는 것이 옳다. 주시하다시피 부시 행정부는 미국의 석유업계와 군수산업계의 지원을 받고 있다. 체니 부통령은 석유채굴과 송유관건설 업체인 핼리버튼의 회장을 지냈다. 부시 1기 행정부가 출범할 때 30명의 외교안보 고위관리 가운데 27명이 군수산업체와 직간접적인 관계를 갖고 있다는 자료도 공개된 적이 있다. 한국 정부가 국방개혁 2020에 따라 책정한 국방비는 621조의 엄청난 액수다. 그 가운데 상당부분이 미국의 무기를 사들여야 하는 형편이다. 당장 2012년까지 공중조기경보기 4대를 들여오도록 돼 있다. 그 액수만도 벌써 15억 9천만 달러, 1조 5천억 원에 이른다. 여기에 U2 정찰기와 차세대 전투기와 잠수함, 전차 등을 구입해야 하는 상황인데 우리의 무기체계상 대부분 미국에서 들여와야 하는 형편이다. 미국이 노리는 또 하나의 노림수가 바로 이런 무기 수출이다. 실제로 버웰 벨 주한미군사령관은 2007년 4월 미 상원 군사위 청문회에서 한국군이 독자적인 작전능력을 갖추기 위해서는 C4I(Command, Control, Communication, Computer and Intelligence)와 ISR(첩보·감시·정찰), 전역미사일 방어 시스템(TMD) 등을 미국식 장비로 갖춰야 한다면서 미국제 무기와 장비의 구매를 한국 측에 요구했다. 미국이 전시작전권을 조기에 이양하려 하는 데는 한국의 정치상황에 미국문제가 이용되는 것을 꺼리는 이유도 작용한 것으로 볼 수 있다. 전시작전권 문제는 이미 한국에서 뜨거운 정치적 이슈로 부각됐고, 이를 빨리 종결시키지 않으면 반미감정이 다시 불거질지 모른다는 판단을 했다고 볼 수 있는 것이다. 특히 한국의 대선이 얼마 남지 않은 상황에서 이 문제를 끌다가는 2002년 대선 당시 여중생 사망사건처럼 반미감정이 걷잡을 수 없이 격화될 수 있다고 판단한 것이다. 이처럼 전시작전권을 이양하면 오히려 유리한 상황이 전개된다는 점을 면밀한 전략적 분석 끝에 정리한 미국은 단호하게 조기이양을 결정하고 실행한 것이다. 이를 두고 독립운동 전투에서 승리한 것처럼 얘기한다면 이는 참으로 유치한 모습이 아닐 수 없다.

7장 협상에 약하고 설명은 없는 한국정부

1. 오염 치유 없이 인수한 미군기지

2007년 4월 13일 한국에 있는 미군기지 14개가 우리 측으로 공식 반환됐다. 서울의 서울역 미군 사무소와 유엔 컴파운드, 파주의 캠프 찰리블럭·캠프 그리브스와 캠프 하우스·캠프 리버티 벨·캠프 보니파스·캠프 스탠턴·캠프 사이언트·자유의 다리, 동두천의 캠프 님블, 의정부의 캠프 라과디아, 하남의 캠프 콜번, 제주의 캠프 맥냅 등이다. 하지만 오염 치유는 안 된 상태였다. 이들 미군기지가 공식 반환된 것은 이날이지만, 우리 국방부는 2006년 7월 15일 정오 이들 기지를 인수해 관리해 왔다. 미군이 고용한 한국인들이 하던 경비도 이 시간부터 한국군으로 넘어왔다. 관리권을 인수한 것은 이들 14개 기지에다 매향리 사격장이 포함돼 15개였다. 하지만 이후 매향리 사격장은 환경오염 조사가 이뤄지지 않아 공식 반환되지 못했다. 역시 문제는 오염이었다.

2006년 7월 관리권 인수 이후 미군이 약속한 오염 치유를 제대로 했는지, 시설 상태에 이상은 없는지 등을 확인해서 주한미군주둔협정(SOFA)합동위원회가 최종 승인하면 15개 기지를 공식 반환하도록 한국과 미국은 합의했다. 하지만 미군은 약속한 최소한의 오염 치유를 하지 않았다. 우리 측이 요구했지만 미국은 거부했다. 반환절차를 마무리하기 위해 2007년 4월 13일 열린 소파합동위원회에서 한미 양측은 최종합의를 이루지 못하고 자국의 보고서에 각자 서명해 제출했다. 그것으로 끝이었다. 완전한 합의 없이 그렇게 해도 반환절차가 공식적으로 마무리됐다고 볼 수 있는 것인지 의문이다. 하지만 더 이상의 논의 가능성이 없고 미국이 자신들의 보고서를 위원회에 던져버린 상황, 관리는 이미 우리가 하고 있는 상황에서 더 이상 논의가 이뤄질 가능성이 없으니 끝난 것으로 볼 수밖에 없는 것이다.

2007년 6월 1일 9개 기지가 또 반환됐다. 춘천의 캠프 페이지, 의정부의 캠프 폴링워터·시어즈·카일·에세욘, 파주의 캠프 에드워드·게리오웬, 서울의 캠프 그레이, 매향리 사격장 등 9개 기지였다. 한번 길을 잘못 들면 영원히 헤어나기 힘든 법인지, 이번에도 오염 치유를 확인하지 못했다. 미군 측은 바이오슬러핑(bioslurping)과 바이오벤팅(bioventing) 작업을 통해 오염을 치유했다고 설명했지만 우리 정부의 확인 요청에 대해서는 응하지 않았다. 바이오슬러핑은 오염된 지하수의 부유물질, 탄화수소 증기 등을 제거하는 작업을 말하고, 바이오벤팅은 미생물을 이용해 토양에 흡착된 유기물을 분해시키는 것을 말하는데, 이런 작업으로 지하수와 토양의 오염을 치유하는 데는 오랜 시간이 걸리는데도 우리 정부는 제대로 치유했는지 전혀 확인하지 못한 채 기지들을 또 반환받은 것이다.

주한미군 단계적 감축에 따른 미군기지 반환 협상은 2005년 3월 본격 시작됐다. 오염된 토양과 지하수를 어떻게 할 것인지가 가장 큰 쟁점이었다. 더러워진 땅과 지하수를 정상으로 되돌리는 데 드는 비용은 수천억 원으로 추산돼 이를 누가 부담할 것인가 하는 문제였다. 결국은 오염 치유 없이 미군 기지들을 반환받음으로써 우리가 부담하고 우리가 치유할 수밖에 없게 됐다.

물론 우리 측은 미국이 부담해야 한다고 주장했다. 2003년 5월 체결된 '환경정보 공유 및 접근절차 부속서 A' 규정 등을 근거로 "오염 치유비용은 오염자가 부담해야 한다"고 말해 왔다. 미국은 이에 대해 "급박하고 실질적인 위험(KISE: known, imminent and substantial endangerments to human health)만 치유하면 된다"면서 토양오염 치유 책임은 없다고 맞서왔다. 협상이 난항을 거듭하자 미국은 2006년 3월에 열린 제7차 한미안보정책구상(SPI)회의에서 일방적으로 반환할 뜻을 비쳤다. 미국은 당시 지하유류 저장탱크 제거, 독성물질인 폴리염화비페닐 제거, 유해물질 집하장 유출물 청소, 사격장의 납·구리 제거, 사격장 표면의 불빌단 제거, 지장탱크의 유류 방출, 난방 및 온수 장치 청소, 냉방장치의 냉각제 제거 등 8가지 항목만 치유한 뒤 반환하겠다는 의사를 피력했다. 하나같이 간단히 해결할 수 있는 문제들이었다. 토양오염 치유가 빠져 있었기 때문에 사실 아무런 의미가 없는 얘기였다. 우리 측이 수용하지 않자 리처드 롤리스 미 국방부 부차관보가 6월 15일 우리 측에 서한을 보냈다. "시설에 대해 열쇠 및 부동산 이전 서류를 7월 15일 전달하고 이날 낮 12시를 기해 반환된 것으로 간주하겠다"는 내용이었다. 무조건 넘길 테니 받으려면 받고 아니면 말라는 식의 최후통첩이었다. 그러면서 미국은 벌써 6월 28일 반환일정을 공개해 버렸다. 이날 의정부시의 한 행사에 참석한 주한미군 제1지역 사령관 뉴턴 포레스트 대령은 캠프 라과디아와 캠프 카일을 7월 15일 한국 측에 반환하겠다는 입장을 의정부시의 한 과장에게 얘기했다. 반환협상인 제9차 한미안보정책구상회의(7월 13일-14일)가 끝나면 곧바로 반환한다는 입장이 일선까지 전달된 것이다. 제9차 한미안보정책구상(SPI)회의에서 미국은 압박의 강도를 더했고, 우리 정부는 더 버티지 못하고 합의를 해 줬다. '최후통첩'은 이제 한미관계에서 미국의 트레이드마크가 됐다. 서한을 보내 전시작전권도 2009년에 반환하겠다고 단언하고, 미군기지도 일방적으로 반환하겠다고 했다. 미 공군의 사격장을 확보하는 일도 미국은 그렇게 일방통보하는 식으로 했다. 2005년 10월 21일 서울에서 열린 제37차 한미연례안보협의회(SCM)에서 럼스펠드는 한국에서 훈련여건이 보장되지 않으면 주한 미 공군전력을 다른 지역으로 이동할 것이라고 말했다. 그의 발언 이후 데이비드 밸코트 주한 미 8군사령관이 비슷한 얘기를 했고, 종국에는 게리 트렉슬러 주한 미 제7공군 사령관이 2006년 9월 21일 "조종사 훈련을 위한 공대지 사격장 문제가 30일 내로 해결되지 않으면 항공전력을 한반도 밖으로 전개할 수 있다"면서 또 최후통첩을 날려 국방부는 직도 사격장 확보에 그야말로 전력투구하지 않을 수 없었다. 그렇게 미국의 의사는 관철됐다.

국방부는 이미 미군기지가 반환되는 쪽으로 합의가 돼 가고 있는 상황에서도 특별한 대책도 없었고, 그저 쉬쉬했다. 행여나 누가 알까 안절부절이었다. 구체적으로 취재에 들어가자 국방부도, 환경부도 국가 간의 협상이어서 공개하기 곤란하다는 말만 되풀이했다. 관리권만 넘겨받는 것이라고 둘러대기도 했다. '이러이러하게 합의가 돼 간다. 그래서 넘겨받게 될 것 같다' 이렇게 당당하게 나오질 못했다. 합의가 된 것이냐고 물으면 그건 아니라고 대답하고 그럼 합의도 안 됐는데 왜 기지를 넘겨받느냐고 물으면 일단 관리권만 넘겨받는 것이라고 말했다. 2006년 7월 14일 합의가 끝난 뒤, 불평등 협상이라고 말하면, "그 어느 나라보다도 미국 측으로부터 많은 것을 얻어낸 결과"라고 말하는 사람도 있었고, "한미동맹 관계 등 큰 것을 위해 작은 것은 양보했다"고 말하는 사람도 있었다. 그야말로 갈팡질팡이었다. 더 답답한 것은 무책임한 모습이었다. 한미협상이 끝난 직후 누군가 설명을 해야 되지 않느냐는 기자들의 성화에 국방부와 환경부는 서로 미뤘다. 국방부에서 브리핑은 한다고 했다가 다시 환경부에서 한다고 하고 어수선했다. 그 바람에 우리 취재팀 사이에서도 난리가 났다. 국방부는 정치외교팀이 맡고,

환경부는 경제과학팀에서 맡고 있는데 어디서 브리핑을 하느냐에 따라 리포트를 준비하는 팀이 달라지게 돼 있었다. 시간은 벌써 오후 늦은 시간대로 가고 있었기 때문에 리포트하는 기자는 급하게 서둘러야 하는 상황이었다. 결국은 환경부 쪽에서 브리핑을 하기로 했다. 브리핑룸에는 외교부와 국방부 실무 담당자도 참석했다. 하지만 기자들의 질문에 대해 누가 답할지를 두고 신경전을 벌였다. 협상 과정에 대한 설명은 환경부가 맡고, 협상 결과에 대해서는 국방부가 설명하기로 했지만 치유비용분담문제 등 민감한 질문에는 서로 답변을 하지 않으려고 애를 썼다. 향후 협상에서 이번 합의가 하나의 준거가 될 수 있느냐는 질문에 대해 국방부는 그럴 것이라고 대답하는데, 환경부는 모르겠다고 답해 기자들을 답답하게 했다. 협상과정에서도 외교부와 국방부는 여전히 한미동맹 관계에 오염 치유가 장애요인이 돼서는 안 된다는 생각을 가지고 협상에 임했다. 반면에 환경부는 나름대로 완전치유를 주장하는 모습을 보여 미묘한 관계가 계속돼 왔고, 이런 모습은 추후 다른 기지에 대한 협상에서도 별로 달라질 것이 없을 것 같다.

주한미군 측은 7월 14일 한미협상이 끝난 직후 나름의 입장을 발표했다. "수십억 달러가 투입된 시설물을 무상반환받으면서 엄격한 기준으로 환경오염 치유를 요구하는 한국 측 처사는 부당하다"는 것이었다. "한국은 토지 반환 뿐 아니라 미국의 납세자들이 낸 비용으로 수십 년간 수십억 달러를 들여 만들어 놓은 시설물을 이전받게 된다"고도 했다. 시설물이라는 게 무엇인가. 미군들 숙소와 사무실, 체육관, 식당, 창고 이런 것들이다. 지방자치단체들은 미군기지를 반환받으면 대학을 유치하든지 공공시설이나 주상복합타운으로 조성할 계획을 갖고 있다. 군용으로 지어진 건물들이 과연 그대로 대학시설물로 쓰일 수 있겠는가. 게다가 미군들 건물은 대부분 단층이나 저층이다. 그만큼 땅을 넓게 써 왔다. 하지만 대학을 짓고 되도록 많은 사람들이 이용하는 공공시설로 활용하자면 단층·저층 건물들을 그대로 쓸 수는 없다. 부수고

고층을 올리기 십상이다. 그런데도 주한미군사령부는 한국사정을 전혀 모른다는 듯 시설물을 공짜로 가져가니 딴소리 말라는 식이다. 또한 주한미군의 건물은 대부분 임시건물로 시설 가치가 없다. 사용은커녕 철거하는 데 비용을 써야 할 형편이다. 게다가 한미 간 주둔군지위협정(SOFA)에 따르면 미군기지가 한국 정부에 반환될 때 미국은 이미 투자한 자본, 건설, 시설에 대한 비용을 요청하지 않게 돼 있다. 그런 만큼 미국이 그 비용을 청구하지 못한다는 것은 그 자체가 얘깃거리가 되지 않는다. 미군은 그나마 합의한 8개 항목에 대한 치유도 제대로 하지 않았는데 약속위반에 대해서는 일언반구가 없었다. 우리 측이 15개 기지의 관리권을 넘겨받은 뒤 확인해 본 결과 폐기물이 처리되지 않은 곳이 10군데나 됐고, 저장탱크 유류가 배출되지 않은 곳 8곳, 난방장치 배수가 안 된 것이 8군데, 냉방장치의 냉각제가 배출되지 않은 곳이 8개나 됐다. 이에 대해 치유를 요구했지만 미국은 역시 묵묵부답이었다. 분명 미국이 약속한 '8개항 오염 치유'건만 이것마저도 미국은 무시한 것이다. 미국이라는 나라가 원래 대충대충은 아닌데 왜 이런 경우는 그렇게 철저하지 못한지 이해되지 않는 대목이다.

2. 일체 함구하는 정부

　미군기지 반환과 관련해 무엇 하나 속 시원한 것이 없다. 반환받은 기지를 포함해 환경오염 조사를 이미 실시한 기지가 정확히 얼마나 오염이 된 것인지, 그동안 협상과정에서 왜 우리가 일방적으로 밀린 것인지 도대체 정부는 후련하게 얘기해 주는 것이 없다. 2007년 6월 1일 춘천의 캠프 페이지 등 9개 기지를 돌려받은 뒤 김광우 국방부 시설기획관이 브리핑에 나섰다. 역시 기자들의 관심은 오염 치유 수준이었다. 하지만 그의 대답은 답답증만 가중시켰다. "환경부가 그동안 노력해 온 사안입니다. 환경오염 치유 수준을 일일이 밝힐 수 없습니다"라고 답했다. 조금이라도 깊은 질문이 나오면 '모르겠다' '공개하기 어렵다'로 일관했다. 환경오염 치유와 관련해 앞으로 남은 절차는 무엇이냐는 질문에는 환경부 소관이라고 말했고, 어떤 것은 또 외교부 소관이라고 피해 갔다. 그러면 3개 부처가 합동으로 브리핑을 해야 하는 것 아니냐는 항의에는 환경부·외교부 출입기자에게 물어보라고 버텼다. 정부가 왜 존재하고 공직자는 무엇을 해야 하는지에 대한 기본적인 인식이 부족하다고밖에 볼 수가 없다. 국민의 이익을 위해서 일을 해야 하는 정부가 미국과의 협상에서 답답할 만큼 일방적으로 밀리고, 왜 그런지 앞으로는 어떻게 할 것인지 묻는 것에 대해서도 답을 안 한다면 이는 결코 제 역할을 하고 있는 정부라고 할 수 없다.

한국 내 미군기지는 모두 70여 개였다. 오산 공군기지와 대구, 평택 미군기지 등을 제외한 59개 기지는, 2004년 12월 17일 합의된 연합토지관리계획(LPP)에 따라 2011년까지 우리가 반환받기로 돼 있다. 그 가운데 오염조사가 끝난 것이 29개인데, 자세한 내용은 공개되지 않았지만 그중 24개 기지는 국내 토양오염 기준치를 초과했다. 특히 그 가운데 15개 기지의 지하수는 심각하게 오염된 것으로 조사됐다. 오염조사가 끝난 29개 중에서 2개는 오염과 관계가 없었고, 27개에 대해 협상을 진행해 2007년 4월 13일 14개, 6월 1일 9개 기지가 반환됐다. 앞으로도 오염조사와 협상을 통해 반환받아야 할 기지는 많이 남아 있다. 하지만 초기 오염 협상에서 미국의 주장을 일방적으로 받아들이는 좋지 않은 선례를 남겨 향후 협상에서도 비슷한 양상이 전개될 가능성은 아주 높다.

2006년 7월 15일부로 관리권을 넘겨받은 것이 15개 기지라고 국방부는 밝혔지만 이후 4곳이 더 있는 것으로 드러나 정부에 대한 불신을 키우기도 했다. 물론 4곳은 오염협상이 끝나지 않은 곳이었다. 의정부의 캠프 카일, 파주의 캠프 게리오웬, 평택의 CPX-A1(훈련장), 대방동의 캠프 그레이 등이었다. 7월 14일 발표 당시 정부는 이 네 곳에 대해서는 전혀 말이 없었지만 나흘 후 이들 4곳의 열쇠를 넘겨받은 것으로 드러났다. 한미 간의 협상이 지연되면서 미군의 경비용역비가 계속 지출되자 미군 측은 7월 15일 15개 기지 관리권 반환과 함께 같은 날 용역계약이 끝나는 4곳을 관리해 달라고 요청했고, 우리가 이를 받은 것이다. 하지만 협상이 지연되고 경비용역비가 많이 들어가는 것이 우리 측 책임인가? 협상의 상대가 협상의 지연으로 곤란한 지경에 빠지면 그걸 해결해 줘야 하는가? 우리 정부는 참으로 이상한 협상을 하고 있었다. 특히 파주의 게리오웬 기지는 한미 주둔군지위협정 환경분과위 조사에서 총 280만 ㎡ 중 52만 ㎡의 땅이 오염 기준치의 최고 95배를 초과하는 기름으로 오염된 것으로 확인된 곳이다. 이미 우리가 관리하고 있는 상황에서 미군의 오염 치유 책임을 얼마나 물을 수 있는 것인지 의문이 아닐 수 없었다. 결국 2007년 6월 1일 오염 치유에 대한 확인 없이 이들 4개 가운데 3개를 포함해 9개 기지를 반환받은 것도 이처럼 어리석게 일처리를 한 상태로 불리한 상황에서 협상을 했기 때문이다.

정부가 오염의 실태에 대해서 함구하고 있었지만 몇몇 국회의원들에 의해 자료 일부가 공개돼 오염실태가 알려지게 됐다. 열린우리당 우원식, 최재천, 정성호 의원이 7월 23일 공개한 자료에 따르면 관리권 반환기지 15곳 중에 13곳은 토양오염이 심각하고 이 가운데 8곳은 지하수 오염도 심각한 상태인 것으로 나타났다. 파주의 캠프 하우스는 토양 속의 석유계 총 탄화수소(TPH)가 기준치의 55배, 납과 아연이 각각 9.7배나 많았고, 지하수에는 TPH가 기준치의 200배, 페놀은 70.6배나 됐다. 파주의 캠프 그리브스는 토양의 TPH는 기준치의 58배, 지하수는 벤젠이 기준치의 22배 수준이었다.

파주의 캠프 게리오웬과 의정부의 캠프 카일, 서울 동작구의 캠프 그레이, 평택의 CPX 훈련장 등 4개 기지의 오염도 아주 심한 것으로 나타났다. 게리오웬의 경우 토양뿐만 아니라 지하수의 TPH도 기준치의 2배인 것으로 조사됐다. 또 캠프 그레이는 지하수에 떠 있는 부유기름의 두께가 70㎝에 이르고, 캠프 카일의 경우는 부유기름의 두께가 무려 5m에 달했다. 이들 4개 기지에 대해서는 미국이 반환협의도 하기 전에 아무런 조치도 취하지 않은 상태에서 이들 기지의 관리를 우리 측에 넘겼고, 우리는 또 그것을 그대로 넘겨받았다. 일반인의 상식으로 는 이해하기 힘든 일이 한미 간에는 왜 그렇게 쉽게 일어나는 것인지 이해하기 어려운 일이다. 그 가운데 춘천의 캠프 페이지는 토양의 TPH 가 기준치보다 101배나 많고, 지하수의 TPH는 기준치를 무려 472.6배 나 초과했다. 의정부의 캠프 폴링워터는 토양의 TPH가 기준치보다 32.9 배, 구리는 21.4배나 많았고, 지하수의 TPH는 기준치의 24.9배에 이르 렀다. 상상을 초월하는 수치들이다.

이러한 오염실태를 현장에서 확인하기 위해 몇몇 국회의원들이 나섰 지만 국방부는 여당의원들까지도 막고 나섰다. 우원식을 비롯한 열린우 리당 국회의원 5명은 2006년 8월 1일 경기도 의정부에 있는 캠프 카일 을 찾아갔다. 이곳은 당시 반환협상은 끝나지 않았지만 한국 측으로 관 리가 이양된 4곳 중 하나였다(2007년 6월 1일 반환된 9개 기지 가운데 하나). 정비·보급 대대가 주둔하던 기지로 기름유출 등 환경오염을 의 심받아 왔다. 하지만 국방부는 "반환된 기지가 아니기 때문에 출입할 수 없다"며 국회의원들의 출입을 막았다. 미군 측은 '캠프 카일은 한국 정부에 반환된 곳이므로 시설 접근에 대해 한국정부 범위 내에서 조정 하기 바란다'고 했다. 의원단이 출입 여부를 물었을 때 미군 측은 그렇 게 답했다. 우리국방부가 결정하면 된다는 얘기였다. 그런데 국방부는 아직 정식으로 반환받지 않았기 때문에 출입 여부를 스스로 결정할 수 없다고 한 것이다. 그런 막무가내 정신을 한미협상에 적용하면 어떨까. 미국은 '가져가려면 가져가고 아니면 말아라' 식으로 세게 나오는데, 국방부는 왜 그렇게 세게 나가지 못하는지 모를 일이다. 또 국회의원들도 무시할 만큼 국내에서는 왜 그렇게 강한지 이해 못 할 일이다. 군의 가치는 외국과 잘 싸우는 데 있음을 우리군은 아직도 인식하지 못하는 모양이다. 그러다가 2007년 6월 14일 반환기지를 국회의원들에게 공개했다. 2007년 6월 1일 반환된 파주의 캠프 에드워드는 미군이 얼마나 불성실하게 오염 치유를 했는지를 적나라하게 보여줬다. 주유소가 있던 자리에서는 지하 3.9미터 아래쪽에 1미터 두께의 기름막이 그대로 있었다. 그나마 2005년 조사 때는 2.4미터였던 것이 조금 줄었다고 한다. 부근 토양을 굴삭기로 파내려 갈 때 기름냄새가 진동했고, 석유계 총 탄화수소(TPH) 농도는 12,108㎎ / ㎏으로 우리 환경기준인 500㎎ / ㎏을 20배 이상 초과한 것으로 나타났다. 역시 파주에 있는 캠프 하우스의 기름저장 탱크 66개 가운데 51개에는 기름이 남아 있었고, 의정부의 캠프 카일에 있는 창고에는 70여 대의 냉방기가 쌓여 있었는데 배관이 절단된 채 프레온가스는 날아가 버린 상태였다. 저장탱크의 기름을 없애고 냉방장치의 냉각제를 환경 기준에 맞게 제거하겠다는 8개항의 약속이 지켜지지 않았음을 여실히 보여주는 것들이다.

앞으로 치유과정에서 오염실태는 더 적나라하게 드러날 것이다. 그럴 수밖에 없는 일이다. 그런 것을 두고 미국과의 외교관계 때문에 공개하지 못한다는 정부의 태도는 한 치 앞을 보지 못하는 어리석은 짓이다. 미국과 협의에서 공개하지 않기로 했다면 이것 자체가 우스운 일이다. 국민이 궁금해하고 국민이 알아야 하는 사항을 미국이 불편해하고 미국이 원하지 않는다고 해서 공개하지 않기로 합의한다는 것은 그야말로 본말의 전도다. 협상을 제대로 해서 불만이 없게 하든지, 협상을 제대로 못 했으면 사실을 그대로 밝히고 차라리 어려운 사정을 호소하든지 해야 한다. 외교부, 국방부, 환경부 어느 부처 할 것 없이 기본적인 대국민 서비스 마인드가 부족하다고밖에 볼 수 없다. 기본적인 정보를 가지고도 '외교 문제'를 들먹이며 공개를 꺼리는 게 정부부처이다 보니 그런 마인드를 기대하는 것 자체가 연목구어인지 모른다.

2007년 초 국회 통일외교통상위원회 소속인 최재천 의원은 외교부에 정보공개를 요구했다. 미군기지 반환에 관한 한미 합의문서인 '환경정보 공유 및 접근절차 부속서 A'를 포함해서 미군기지 환경오염 문제와 관련한 국내외 법률과 조약 등을 공개해 달라는 것이었다. 외교부는 2월 5일 최 의원 측에 답변을 했다. 관련 국내법 부분은 공개하면서 '부속서A'는 공개할 수 없다고 밝혔다. 외교부는 한미 주둔군 지위협정(SOFA) 합동위원회 운영절차에 따라 한미 합의가 없으면 공개할 수 없다면서 "이런 힙의는 국기 간 합의로서 이를 위반할 경우 한미 양국 간 심각한 외교문제를 야기할 것으로 예상"된다고 밝혔다. 그러면서 비공개 근거로 삼은 SOFA합동위 운영절차를 공개해 달라는 요구도 거절했다. 그러다가 최 의원 측의 집요한 요구로 외교부는 5월 16일 운영절차를 공개했다. 미국 쪽과 긴밀히 협의해 공개하기로 했다는 얘기였다. 외교부가 '부속서A'를 공개한 것은 그보다 한 달이 더 지난 6월 13일이었다. '한미 간의 협의가 잘돼 공개가 가능해졌다'는 것이 외교부의 변이었다. 하지만 이는 참으로 어설픈 모습이었다. '부속서A'는 이미 다른 부처에 의해 공식적으로 공개돼 있었다. 2006년 4월 시민단체의 정보공개 요청에 따라 환경부가 이미 이 문서를 공개했다. 그뿐이 아니다. 국방부도 2007년 4월 '한미 환경오염 조사 및 치유절차 일부'란 이름으로 이 문서를 국회에 제출했다. 외교부는 이런 내용을 전혀 파악하지 못하고 엉뚱하게 '외교문제'를 들먹이며 공개를 거부한 것이다.

환경부도 답답하기로는 외교부 못지않다. 춘천의 시민단체인 춘천시민연대는 2006년 2월 캠프 페이지의 환경오염 조사결과를 밝히라고 정보공개를 요청했다. 보름 후 환경부는 공개거부를 결정했다. 역시 협상

과정에서 협상내용을 공개하지 않기로 미국 측과 합의했기 때문이라는 게 비공개 이유였다. 6월 춘천시민연대는 환경부를 상대로 정보 비공개 처분 취소 청구 소송을 서울행정법원에 제기했다. 11월 법원은 환경부에 "캠프 페이지에 대한 환경오염 조사 결과를 공개하라"고 판결했다. "환경오염 조사 결과는 직접 외교·안보에 영향을 끼치지 않는다"는 것이 법원이 조사결과를 공개하도록 판결한 이유였다. 지극히 상식적인 판단이다. 자국에 주둔하던 외국군이 나가는데 주둔지를 제대로 정리해 놓고 가는지 어떤지를 밝히라는 것이 국민들의 요구이고, 주둔지 오염에 대해 조사한 결과가 있다면 국민들이 알 수 있도록 공개하고 그에 대한 대책을 세우는 것은 상식 중의 상식에 해당할 것이다. 이런 단순한 일을 숨기고, 아니라고 우기고 그러다가 망신당하고 하는 것이 환경부·외교부·국방부의 현재 모습이다. 환경부는 캠프 페이지 건에 대해 항소까지 했다. 하지만 역시 2심판결에서도 보기 좋게 졌다. 서울고등법원도 2007년 6월 13일 서울행정법원과 같은 이유로 "환경부는 정보를 공개하라"고 판결했다. 상식에 근거한 판단이니 바뀔 리가 없었다.

3. 미군기지는 왜 오염되는가

미군기지의 오염의 심각성을 깨닫게 해 준 것은 2000년 7월에 드러난 한강 독극물 방류사건이다. 당시 녹색연합과 주한미군범죄근절운동본부의 고발로 사회문제가 됐다. 미 8군 영안실 부소장인 군무원 앨버트 맥팔랜드는 미군이 사망했을 때 시체의 본국송환을 위해 방부처리하는 데 쓰이는 포름알데히드 20박스를 싱크대에 버려 한강으로 흘러 들어가게 했다. 시민단체와 여론이 미군의 행태를 심하게 비판했고, 이 사건을 계기로 한미는 SOFA 개정에 나섰다. 2000년 12월 타결된 2차 SOFA개정에서 미군의 한국 환경법령 존중을 내용으로 하는 환경조항을 법적효력이 있는 합의의사록에 규정하고, 이에 근거한 환경보호 협력조처를 포함하는 내용의 특별 양해각서를 체결했다. 하지만 미군기지 기름유출 등 환경오염 문제는 계속됐다. 2006년 7월에도 서울 용산의 미군기지 '캠프 킴' 앞 지하 전력구(변전소로 전력을 공급하는 설비) 배수로에서 미군이 사용하는 기름과 똑같은 성분을 가진 기름이 유출됐다. 이 유출사고는 미군기지 기름유출사고로는 14번째로 기록되고 있다. 한미 양국이 몇 차례 협의를 통해 유출원에 대해 조사를 벌이고 있는데 미군기지의 오염사고는 언제든지 다시 일어날 수 있음을 이 사고는 새삼 보여줬다.

군은 생산보다는 소비를 주로 하는 조직이다. 전쟁에 대비하기 위해서는 훈련도 해야 하고 정비도 해야 한다. 환경친화라기보다는 환경오염과 친한 조직이라고 할 수 있다. 특히 미군은 세계의 경찰역할을 수행하면서 대규모 조직에 엄청난 자원을 풍부하게 사용하고 있기 때문에 미군부대의 환경오염은 어쩌면 당연한 것이라고 할 수 있다. 이러한 환경오염 친화적인 조직을 환경오염에서 조금이라도 멀어지게 하기 위해서는 관계자들의 인식이 무엇보다 중요하다. 하지만 한국에 있는 관계자들의 의식은, 환경에 관한 한 그다지 높지 못하다. 주한미군사령부 부사령관 겸 미 7공군사령관인 개리 트렉슬러 중장은 2006년 9월 21일 주한미군 반환 공여지 환경오염 치유비용 부담과 관련해 "모든 부지가 공원으로 전환되는 것은 아니다"라면서 "반환 부지의 상당 부분이 산업부지로 이용될 것"이라고 말했다. 버시바우 주한미국대사도 2006년 11월 21일 아주대 강연에서 반환 미군기지의 토양과 지하수오염문제를 등한시하는 것이 아니냐는 학생의 질문에 대해 미국 측은 SOFA에 근거해 행동하고 있다면서 미군이 한국을 지키기 위해 수십 년 동안 주둔했음을 강조했다. 트렉슬러의 말은 산업부지로 이용될 정도까지는 오염시켜도 된다는 말로 들렸고, 버시바우의 발언은 북한을 막아주니 어느 정도 봐줘야 한다는 미국의 상투적인 변명으로 들렸다. 이런 인식을 가지고 있는 사람들에게 우리 땅을 오염이 덜되게 이용해 주길 바라는 것은 말 그대로 나무에 올라가 물고기를 찾는 격인지 모른다.

4. SOFA가 개정돼야 한다

SOFA 제4조 1호는 "합중국 정부는 협정의 종료시나 그 이전에 대한민국 정부에 시설과 구역을 반환할 때 이들 시설과 구역이 합중국 군대에 제공되었던 당시의 상태로 동 시설과 구역을 원상회복하여야 할 의무를 지지 아니하며, 또한 이러한 원상회복 대신으로 대한민국 정부에 보상하여야 할 의무도 지지 아니한다"라고 규정하고 있다. 미군 측은 기지 오염 치유를 완벽하게 할 필요가 없다고 주장하는 근거로 이 조항을 들고 있다. SOFA 규정을 보다 구체화하기 위한 'SOFA 환경에 관한 특별양해각서'에는 "……합중국 정부는……주한미군에 의해서 야기되는 인간 건강에 대한 공지의 급박하고 실질적인 위험을 초래하는 오염의 치유를 신속하게 수행하며……"라고 규정돼 있다. 이 규정은 그 내용 자체가 모호해 미군 측은 '인간 건강에 대한 공지의 급박하고 실질적인 위험'에 대해 매우 엄격하게 해석하고 있고, 그들이 "치유했다"고 할 때는 '급박하고 실질적인 위험'이 없도록 했다는 의미다. 그 판단 근거가 무엇인지 미군은 한국 측에 관련 자료를 제공하지 않았다. '우리가 나름대로 했으니 그렇게 알아라'라는 식이었다. 한국 측이 오염 치유를 주장하는 근거는 '환경정보공유 및 접근절차 부속서A'의 제6조 가항이다. 이 조항은 "……반환되는 시설과 부지에 대하여는 미국 측의 비용으로 미국 측이, 공여되는 시설과 부지에 대하여는 한국 측의 비용으로 한국 측이 SOFA 관련 합의서에 부합하게 치유조치를 계획하여 실시한다"라고 돼 있다. 반환할 때는 미군이 오염을 치유해야 한다고 분명하게 규정돼 있다. 하지만 이는 어디까지나 SOFA의 하위 규정이고 모법격인 SOFA를 우선 개정하고 특별양해각서의 내용을 구체화하는 것이 필요하다. 미국 측은 실제로 모법인 SOFA 제4조에 원상회복의무가 없다고 돼 있음을 들어 환경치유를 피하려 하고 있다. 따라서 SOFA 제4조를 개정해 환경오염의 경우는 원상회복의무를 지도록 하는 것이 무엇보다 급선무다. 사실 이 조항은 미군이 기지를 반환할 때 기지에 지어놓은 건물이나 기타 시설물을 제거할 필요 없이 그냥 반납하면 된다는 의미이다. 그 의미는 SOFA 제4조 2호를 보면 금방 파악된다. 제4조 2호는 "대한민국정부는 본 협정의 종료시나 그 이전의 시설과 구역의 반환에 있어서 동 시설과 구역에 가해진 어떠한 개량에 대하여 또는 시설과 구역에 잔존한 건물 및 공작물에 대하여 합중국 정부에 어떠한 보상도 행할 의무를 지지 아니한다"라고 해 놓았다. 그러니까 1호에서는 미국은 지어놓은 건물 다 부술 필요 없이 그냥 반납하고, 2호에서는 한국은 그 건물에 대해서 돈 낼 필요 없이 그냥 받아야 한다는 내용을 규정하고 있는 것이다. 그런데 이를 두고 1호에서 원상회복의무가 없다고 했으니 오염된 것도 그냥 반납하면 된다고 해석하는 것은 그야말로 견강부회다. 미군 측에서 어떤 이가 그런 생각을 했는지, 아니면 어떤 변호사가 그런 아이디어를 제공했는지 참 가슴 답답한 일이다. 규정을 읽어보면 그 취지를 누구나 바로 알아차릴 수 있었을 것이다. 하지만 1호를 문구상으로만 읽으면 그런 억지주장을 할 수 있음을 미군 측 전문가는 또 알았을 것이다. 그러면서 그들에게 유리한 쪽으로만 주장하고 있는 것이다.

독일의 경우는 주둔군 지위협정에서 미군의 독일환경법 준수를 의무화하고 있다. 즉 협정 제54조 A 1항은 "파견국은 독일 내에서 군대활동과 관련하여 환경보호의 중요성을 인식하고 인정한다."라고 돼 있고, 2항은 "본 협정에 따른 독일법의 적용과 준수를 저해함이 없이, 파견국 군대 및 군속당국은 가능한 한 일찍 모든 계획과 환경양립성을 조사하여야 한다. 이를 위해 동 당국은 문화재 및 기타 재산은 물론 인간, 동식물, 토양, 물, 대기, 기후와 풍경 및 그들 상호 간의 작용에 대한 환경적으로 중요한 계획의 잠재적 영향을 확인, 분석, 평가하여야 한다."라고 규정하고 있다. 또한 제64조에는 "파견국 군대와 군속당국은 위해물질오염의 할당·평가·구제에 관련된 비용을 부담하여야 한다. 동 비용은 독일법에 따라 결정된다. 동 당국은 신속히 그 비용을 지불하여야 한다."는 내용이 있어 미군 측이 환경오염 치유비용을 부담해야 함을 분명히 해 놓고 있다.

2001년 개정된 'SOFA 합의의사록'은 제3조 2항을 신설해 "대한민국 정부와 합중국 정부는 1953년 상호방위조약에 의한 대한민국에서의 방위활동과 관련하여 환경보호의 중요성을 인식하고 인정한다. 합중국 정부는 자연환경 및 인간건강의 보호에 부합되는 방식으로 이 협정을 이행할 것을 공약하고, 대한민국 정부의 관련 환경법령 및 기준을 존중하는 정책을 확인한다. 대한민국 정부는 합중국 인원의 건강 및 안전을 적절히 고려하여 환경법령과 기준을 이행하는 정책을 확인한다."고 규정했다. 미국이 처음으로 환경보호 의지를 SOFA의 하위 규정에 반영했다는 의미는 나름대로 있다. 하지만 이는 선언적인 의미에 불과하다. '존중한다' '확인한다' 정도에 그치고 미군당국에 대해 분명한 법적 의무를 부과하지도 못하고 있고, 환경범죄에 대한 처벌과 환경정화에 대한 비용의 지불을 명시하지 못하고 있다. 따라서 미군이 기지를 이용하는 한 환경오염에 대해서는 미군이 책임을 지게 하고 이를 위해서는 미군기지에 대해서도 환경당국이나 지자체가 정기적으로 환경오염실태를 조사할 수 있도록 해야 할 것이다. 기지를 반환할 때는 어떤 경우든 오염이 치유된 상태로 반환하도록 그 기준을 보다 명확하게 하고 구체화하는 것도 급선무다. 그 기준은 이미 우리의 환경관련법률들에 마련돼 있는 이 국내환경 기준이 미군기지 반환 규정에도 그대로 적용되어야 한다. 미국이 어느 나라에나 함부로 하는 것은 아니다. 한국을 비롯해 필리핀, 파나마, 푸레르토리코 등 작고 약한 나라에 대해서만 의무를 다하지 않을 뿐 '만만치 않은 나라'에 대해서는 결코 그렇지 않다. 독일의 주둔군 지위협정이 우리와 다른 데서도 알 수 있듯이 강한 나라에 대해서는 돈도 들이고 그들이 원하는 규정도 만든다. 1996년 캐나다도 기지 반환을 둘러싸고 미국과 한차례 큰 갈등을 겪었다. 미군이 사용하던 미군기지를 캐나다에 반환하면서, 변압기의 절연물이나 윤활제로 사용되는 PCB(poly chlorinated biphenyl 폴리염화비페닐) 오염문제가 이슈가 됐다. 캐나다 정부는 미국의 정화책임을 강하게 주장했다. 미국은 법적인 책임은 없지만 캐나다와의 동맹관계를 고려한 성의(an ex gratia)를 보이겠다고 밝혔다. 하지만 캐나다는 여기에 만족하지 않았다. 국제법상 오염에 대한 정화의 책임이 분명히 미국에 있다며 미국의 오염 치유를 밀어붙였다. 결국 미국은 1억 달러를 지불하고 협상을 마무리 지었다. 캐나다가 미국 무기를 구입하는 대금 가운데 1억 달러를 공제하는 형태로 보상을 한 것이다. 우리처럼 우리가 너무 강하게 주장하면 미국과의 관계는 어떻게 되지? 이런 우려에 매몰됐더라면 캐나다도 오염된 기지를 그대로 받았을 것이다. 하지만 캐나다는 그렇게 하지 않았다. 비록 미국과 순망치한(脣亡齒寒)의 관계로 경제도, 안보도 미국에 기대는 바가 크지만 법률적으로, 정치적으로, 도덕적으로 분명히 미국의 잘못이고 그것을 시정할 책임이 명백히 미국에 있다고 판단한 기지오염문제만은 당당하게, 강하게 주장해 소기의 성과를 거둔 것이다. 이스라엘 출신의 미국인 국제정치학인 마이클 한델(Michael Handel)은 약소국가도 강대국에 대해 강력하게 주장할 것을 주장하고 이용할 만한 자원을 이용하면 강대국을 충분히 조종할 수 있다고 보았다.[15] 물론 냉전시대 동서진영이 나뉘어 미국과 소련이 각각 더 많은 동맹국을 확보하려던 국제정치 환경에서 더 유용한 주장이다. 하지만 탈냉전시대에도 약소국의 이러한 현실주주의적인 대(對)강대국 외교가 효과를 발휘할 여지는 얼마든지 있다. 강대국의 세계전략이 무엇인지 명료하게 파악하고, 그에 따라 약소국이 그 강대국을 상대하는 데 가장 효과적으로 이용할 만한 자원이 무엇인지를 찾아서 전략적으로 접근한다면 약소국의 목소리는 얼마든지 강대국의 외교정책에 반영될 수 있다.

필리핀의 수빅과 클라크 미군기지의 사례를 보면 미군기지에 대한 환경감시와 치유가 얼마나 중요한지 새삼 느낄 수 있다. 그곳은 지금 사람이 접근하기도 어려울 만큼 폐허가 돼 버렸다. 특히 클라크의 경우가 심해서 미군이 떠난 뒤 그곳에 거주했던 빈민들은 불구가 돼 버렸다. 클라크 기지의 오염된 우물물을 먹었기 때문이다. 물론 미국은 우리 안보에 중요한 역할을 하고 있다. 그래서 우리는 그 많은 땅을 임대료 한 푼 받지 않고 빌려주고 있는 것이다. 하지만 미군은 전적으로 우리의 필요만을 충족시키기 위해 한반도에 머물고 있는가? 물론 이 주제만으로도 책이 한 권 될 만큼 긴 논의가 필요하겠지만 결론은 미국도 필요하기 때문에 와 있는 것이다. 냉전시대에는 소련 세력의 확장과 북한의 남침을 막기 위해 미군은 존재해 왔고, 지금은 중국을 견제하고, 동북아의 균형자 역할을 하기 위해서, 또 동북아 안정을 위해서 미일동맹과 함께 필요한 한미동맹을 견고히 하기 위해 주한미군은 주둔하고 있다. 게다가 전략적 유연성 개념을 바탕으로 주한 미군기지를 대만해협이나 동남아 분쟁에 개입하기 위한 발진기지로 활용하려는 전

---

15) 마이클 한델, 『국제체제속의 약소국(Weak States in the International System)』 (London: Frank Cass, 1981), 120쪽.

략도 갖고 있다. 그렇다면 미국은 우리땅을 깨끗이 사용하고 깨끗한 상태로 돌려줄 의무가 있다. 우리 또한 빌려준 땅을 깨끗이 돌려달라고 요구할 권리가 있다.

5. 사후관리 부실한 방위비 분담금

주한미군 주둔 방위비 분담금 협상 때가 되면 한미 간의 줄다리기가 대단하다. 그래서 협상은 봄에 시작해 겨울까지 간다. 2006년 5월에 시작해 12월에 끝난 협상에서 우리 측의 2007년 분담금은 7255억 원(2006년보다 451억 원 증가), 2008년 분담금은 여기에 물가상승률을 반영한 액수로 정해졌다. 미군의 인건비를 제외한 주둔비용 가운데 우리 측의 부담률은 41%가 됐다. 미국 측은 50%는 돼야 한다며 여전히 불만이다. 문제는 매년 수천억 원을 미군에게 건네주면서 그것이 어떻게 쓰이는지 우리 정부는 모른다는 것이다. 미군은 우리 측으로부터 받은 돈 가운데 8전억 원을 은행에 넣어 놓고 있있지만 우리 정부는 그 예금의 성격이나 규정위반에 대해 제대로 조사도 해보지 않았다. 월간지 신동아가 처음으로 그런 내용을 밝혀냈다. 8천억 원 가운데 1000억 원은 2002년 지급한 미군시설 이전을 위한 시설신축자금이다. 방위비 분담금과는 다른 것이다. 7000억 원은 방위비 분담금이다. 방위비 분담금으로 받은 돈은 이자수익을 얻을 수 없다는 게 미국의 법률규정이다. 그래서 7000억 원을 영내은행인 커뮤니티은행에 예치해 놓았다. 커뮤니티뱅크는 뱅크오브아메리카(BOA) 군사금융부문(military banking division)

이 미 국방부의 위탁으로 운영하고 있는 미군 영내은행이다. 커뮤니티뱅크는 이 돈을 뱅크오브아메리카(BOA) 서울지점 등에 다시 예금해 2006년 한 해만 300억 원의 이자를 받았다. 커뮤니티은행은 영내은행 운영계약에 따라 이익금 전부를 매년 9월 미 국방부로 입금해 왔으며, 2002년부터 따지면 이런 이익금은 1000억 원에 달한다. BOA 등은 커뮤니티뱅크에 이자를 지급하면서 12%의 이자소득세를 원천징수하지 않았다. 결국 120억 원의 세금을 내지 않은 것이다. 커뮤니티뱅크는 미군의 위탁을 받아 금융업무를 하지만 민간 상업은행이다. 한미주둔군지위협정(SOFA) 규정상 주한미군의 필요에 의해 설립된 '초청계약자'에 해당한다. 초청계약자는 공무를 수행할 때만 면세혜택을 받는다. 하지만 이 은행이 BOA에 예금을 하는 것은 분명한 투자행위다. 때문에 한미주둔군지위협정상의 면세혜택을 받을 수 없다. 결국 탈세를 한 것이다. 그렇게 많은 이자소득까지 얻으면서 미군은 방위비 분담금을 매년 인상해 줄 것을 요구해 왔고, 인상분이 적다며 불만을 표시해 온 것이다. 국방부는 2006년 방위비 협상 도중에 미군이 거액을 은행에 넣어 놓고 있다는 사실을 알았다. 하지만 '이미 미군에 지급된 돈이므로 사실상 미국의 예산'이라고 판단해 협상과정에서 애기를 꺼내지 않았다고 한다. 더 깊이 조사를 해봤더라면 이자수익까지 얻고 있었음을 알았을 것이고 이는 방위비 분담금 협상에서 결정적인 카드로 사용될 수 있었다. 하지만 국방부는 그렇게 하지 않았다. 버웰 벨 주한미군사령관은 2007년 1월 18일 외신기자클럽 초청 연설에서 한국이 주한미군예산의 41%만 부담하기로 해 예산이 1000억 원 정도 부족하다며 한국인 고용원을 감축해야 할 것 같다고 협박성 발언을 했다. 이자수입은 숨기면서 돈 안 주면 한국사람 해고하겠다는 얘기가 그렇게 쉽게 나올 수 있는 것인지 궁금하다.

벨은 역대 어느 주한미군사령관보다 말을 많이 한다. 민감한 얘기를 서슴없이 한다. 군인보다는 정치인 같다. 그래서 그가 어떤 스피치를 하는 날에는 으레 취재기자와 함께 카메라기자를 보내야 했다. 방송국의 카메라기자는 많지 않다. 하루에 커버해야 할 영역은 무한하다. 그런 가운데서도 벨이 강연을 한다거나 어떤 행사장에 간다면 카메라기자를 보내지 않을 수 없었다. 내정간섭과 같은 얘기도 그는 망설임 없이 한다. 2007년 3월에는 미 하원 군사위 청문회에서 한국이 현역과 예비역 병력을 포함해 370만 명을 향후 13년간 200만 명 수준으로 감축할 계획을 갖고 있는 데 대해 우려를 표했고, 군복무 기간을 24개월에서 18개월로 단축하는 것에 대해서는 "병력충원의 문제를 야기하고, 군대의 내실을 해치거나 작은 군대를 초래할 수 있다"고 지적했다. 우리의 국방개혁에 대해 정면으로 반박한 것이다. 내정간섭일 뿐 아니라 미군은 경량화하면서 한국군은 병력을 줄이고 첨단화한다는 개혁방향이 잘못됐다고 지적하고 있으니 발언자체도 어불성설이었다. 국방개혁의 요는 병력을 줄이고, 현대전에 필요한 정보와 지식 중심의 첨단 과학군을 갖추겠다는 것이다. 그래서 2006년부터 2020까지 621조 원이 필요하고, 매년 국방비를 8-9% 증액하겠다는 것이다. 사람 대신 첨단 장비의 비중이 늘어나는 것이다. 세계의 모든 국가가 지향하는 현대적인 국방 개념이다. 하지만 벨이 한국의 그런 시도를 반대하고 나선 것이다. 그의 발언은 그의 전임인 틸럴리를 떠오르게 한다. 틸럴리는 1998년 8월과 10월 두 차례에 걸쳐 당시 천용택 국방장관에게 서신을 보냈다. 역시 국방개혁에 반대하는 내용이었다. 김대중 정권도 국방개혁을 시도했다. 1군과 3군을 통합해 지상작전사령부를 만들고, 2015년까지 56만 명의 육군을 35만으로 줄인다는 내용이었다. 하지만 미국은 이러한 개혁에 반대했다. 결국 국군간호사관학교와 국군체육부대만 없애고 당시의 개혁은 끝이 났다.

벨은 2007년 4월에 열린 미 상원 군사위 청문회에서는 방위비 분담금을 늘리지 않으면 미군재배치도 재검토하겠다고까지 말했다. 한국이

비용을 더 부담하지 않으면 "미군기지 재배치 계획에 대한 재검토를 포함해 미국정부에게 회계상의 조치를 건의하도록 압박받게 될 것"이라고 벨은 얘기했다. 주한미군 재배치는 미군의 필요와 요구에 따라 이뤄지는 것이다. 미군을 평택에 집결시켜 기동군화한 뒤 한반도뿐만 아니라 대만해협이나 동남아에서 분쟁이 일어났을 때에도 주한미군을 활용하겠다는 것이 미군의 전략이다. 이를 내용으로 하는 주한미군의 전략적 유연성을 미국은 참여정부 들어 줄곧 요구해 왔다. 우리 정부는 물론 반대했다. 주한미군이 대만해협이나 중동의 분쟁에 수시로 동원되는 상황이 되면 한국도 이러한 분쟁에서 자유로울 수 없다. 특히 중국은 대만문제에 민감하고 대한해협에 출병할 수 있는 미군기지를 둔 한국을 마땅하게 생각할 리 없었다. 주한미군을 후방으로 빼고 기동군화하는 상황에 대해 북한도 반발했다. 참여정부의 자주적인 성향이 국제분쟁의 5분대기조와 같은 성격의 주한미군에 부정적인 반응을 보이도록 했고, 중국과 북한의 반응도 신경 쓰지 않을 수 없었다. 하지만 미국의 굽힘 없는 강경 자세에 정부도 어느새 주한미군의 전략적 유연성은 인정해 버렸다. 그래서 전방의 미군 2사단을 평택으로 이전하는 비용은 미군이 스스로의 필요에 따라 하는 만큼 미군이 부담하고, 대신 용산기지 이전은 한국 측이 요구한 것이므로 이전비용 5조 6000억 원을 한국 측이 부담하기로 했다. 한미 간의 합의한 연합토지관리계획(LPP)협정에도 미군기지 23곳의 대체시설 건설비용은 미국이 부담하기로 되어 있다. 그런데도 벨은 분담금을 늘리지 않으면 미군재배치를 다시 검토하겠다고 말하고 있다.

이쯤 되면 누군가 한마디 하는 것이 당연할 것이다. 국방장관이 됐든, 외교부 장관이 됐든, 아니면 그토록 자주를 강조하는 노무현 대통령이 직접 나서든 분명하게 말해야 한다. 한미 간의 합의사항이 이것이니 그에 어긋나는 얘기는 하지 마라, 한국의 국방개혁에 대해 왈가왈부하는 것은 주제넘은 짓이다. 이런 얘기를 확실하게 해야 한다. 하지만 이런 얘기는 들리지 않는다. 다만 주한미군사령관의 한국정부 비판은 한미동맹 균열로 읽힐 뿐이다. "미군사령관이 화났다", "한미동맹에 문제 있는 것 아니냐", "우리 안보에도 구멍이 생기는 것이다", 이런 유의 얘기만 들린다. '친미자주'를 한다는 노무현 정부이다 보니 실은 미군사령관을 정면으로 비판하기가 어렵기도 할 것 같다. 한국의 안보를 책임지고 있는 주한미군사령관을 혼내는 것은 결코 친미에 도움이 되지 못할 것이다. 그렇다고 입을 다물고 있으면 '자주'에 흠결이 생기는 것이니 말을 하지 않는 것도 맞지 않다. 모순이다. 그래서 '친미자주'는 듣기에도 어색하다. 미국에 관한 한 노무현 정부의 태도는 정직하지 못했다. 미군기지 재배치, 주한미군의 전략적 유연성, 반환 미군기지 환경정화 등 한미 간의 민감한 문제를 다루면서 하나같이 초기에는 국민들이 제기한 의혹을 전면 부정했다. 하지만 종국에는 국민들이 제기한 우려가 대부분 현실화됐다. 주한미군사령관의 함부로 얘기하는 태도는 이러한 정부의 행태와 관련이 있다. 우리 정부가 분명하게 아닌 것을 아니라고 말하고, 국민에게 공개해서 동의를 구할 것은 구하고, 비판할 것은 비판하는 태도를 가져왔다면 주한미군사령관이 그토록 자유롭지는 못했을 것이다. 노무현 정부는 불리한 협상을 하고도 한미동맹을 핑계 대고, 협상 내용을 감추면서도 한미동맹을 들먹여 왔다. 우리얘기를 분명히 하고, 협상내용을 국민한테 공개하는 것이 그토록 동맹에 해가 되는 것인가. 동맹은 그렇게 비밀이 많아야 하는 것인가. 비밀이 많다는 것은 그만큼 숨기는 것도 많다는 얘기다. 불투명한 것은 언젠가는 다 백일하에 드러나게 돼 있다. 긴 안목으로 한미동맹을 본다면 뒤에 밝혀진 진실이 가하게 될 동맹에 대한 타격까지 미리미리 고려해서 알릴 것은 알리고 고칠 것은 고쳐서 튼튼한 모양으로 끌고 가야 한다.

8장 미국의 탈북자 정책과 한미공조

1. 한국 국적 탈북자 첫 망명

　서재석. 그는 북한군 중위 출신이다. 얼굴에 3도 화상을 갖고 있는 장애인이다. 1996년 함흥 2.8비날론 공장에서 큰 폭발사고가 있었는데 그때 화상을 입었다. 이후 그는 생활고에 시달렸다. 북한은 1994년 이후 심한 식량난에 처해 있었다. 장애인으로 살아가기는 남한이니 북한이나 한가지로 어려운 모양이다. 본처도 그를 버리고 떠나 버렸다. 2살난 아들은 그에게 남겨졌다. 북한에서 도저히 살기가 어려워 그는 아들을 배낭에 담고 두만강을 건넜다. 중국에서는 걸식을 했다. 얼굴에 화상까지 가진 탈북자가 중국땅에서 일자리를 구하기는 하늘의 별따기와 같았다. 굶주린 배를 움켜쥐고 죽을 고비도 몇 번을 맞았지만 2살짜리 아들만은 늘 배낭에 넣어 매고 다녔다고 한다. 그러다 붙잡혀 북한으로 보내졌다. 하지만 다시 탈북해 태국을 거쳐 98년 한국으로 들어왔다.

한국에서 탈북자출신의 여성과 재혼했다. 탈북자와 장애인, 이중의 멍에를 진 서 씨에게 한국의 삶 또한 녹녹치 않았다. 막노동 하나도 하기가 어려웠다. 하지만 아들 하나 잘 키워보겠다는 말을 늘 입에 달고 다녔다고 한다. 아들 하나 한국에서 잘 키워보겠다는 그 꿈은 야속하게도 곧 깨지고 말았다. 아들은 학교에 제대로 적응을 못 했다. 서 씨는 탈북자의 자녀라는 이유로 차별을 당했다고 말한다. 물론 학교 측은 오해라고 해명한다. 어쨌든 그 때문에 서 씨는 2003년 미국으로 떠났다. 서 씨는 미국의 이민국에 망명신청을 했지만 거부당했다. 이에 서 씨는 로스앤젤레스 이민법원에 소송을 제기했고, 2006년 4월 27일 이 법원의 제프리 로믹 판사는 결국 서 씨의 망명을 승인했다.

한국 국적을 취득한 탈북자에게 미국 법원이 망명을 허용한 것은 서 씨가 처음이었다. 하지만 법원이 망명을 허용한 이유는 석연치가 않았다. 법원은 서 씨가 북한에서 투옥되고 고문당했던 사실을 인정하고 추방당할 경우 한국으로 돌아가게 되지만 만약 북송될 경우 극심한 인권탄압을 받을 수 있다는 점을 적극 감안해 망명을 받아들였다. 한국으로 가면 북송당할 수도 있다고 여겼다는 것이 우선 이해되지 않는 대목이다. 한국과 북한과의 관계, 탈북자들에 대한 관리체계 등을 잘못 이해한 것으로 보인다. 본래 망명은 다분히 정치적인 성격을 지닌 것이다. 본국에서의 인종적·종교적·정치적 박해 또는 그 두려움에서 벗어나기 위해 다른 나라로 도피해 그 나라에 자신을 보호해 달라고 요청하는 것이 망명이다. 정신적인 또는 양심상의 이유가 분명해야 한다. 종교적인 박해를 피해 단행한 망명으로는 16세기 프랑스에서 신교도의 박해로 국외로 도피한 위그노들과 17세기 영국에서 미국으로 이주한 청교도들이 대표적이다. 정치적인 이유로 망명한 경우는 프랑스혁명기의 귀족들의 망명과 1917년 러시아혁명 후 소비에트체제에 반대한 백계 러시아인의 망명, 나치스의 탄압에 따른 자유주의자·사회주의자의 대량 망명, 일제시대 한국 독립운동가들의 해외망명 등이 대표적인 사례들이다. 망명이 이처럼 종교적, 정치적 성격을 띤 반면에 난민은 단순히 본국의 혼란이나 위험을 피해서 도피하는 경우를 말한다. 그래서 망명은 망명을 허용하는 나라와 망명자의 본국 사이에 정치적인 긴장을 조성하게 마련이다. 망명을 허용하자면 본국에서 종교적 또는 정치적으로 탄압받았다는 사실을 인정하거나 본국으로 송환할 경우 종교적 또는 정치적 탄압이 분명히 예상됨을 인정하는 것이기 때문이다.

서재석 씨 망명을 두고도 한미 간에 미묘한 긴장이 형성됐다. 망명이 허용됐다는 소식이 전해지자 외교부 관료들은 어리둥절해했다. 망명이 허용되려면 본국으로부터 정치적 탄압을 받고 있고, 현재 안전에 위협을 받고 있어야 하는데 서재석 씨 경우는 과거 북한으로부터 탄압받았다는 사실밖에 없는데 어찌된 것인지 모르겠다는 반응들이었다. 또한국국적인 사람이 북한으로 송환될 우려가 있다고 한 법원의 의견에 대해서는 "북한으로 가려면 제 발로 가거나 납북되는 건데……" 하면서 석연치 않다는 얘기들이었다. 그러면서 국무부에 어찌된 것인지 확인을 요청했다. 판결문과 승인 배경에 대한 설명을 요청한 것이다. 며칠 후 판결문은 왔다. 하지만 구체적인 승인 배경에 대한 설명은 없었다. 국무부는 '우리가 말할 권리가 없다. 국토안보부에 알아보라'고 떠넘겼다. 우리 외교부는 국토안보부에 다시 요청했다. 이에 대해 국토안보부는 '정보공개 요구서를 가져오면 공개 여부를 검토하겠다'고 답했다. 망명이나 난민 승인 등 개인 신상에 대한 정보는 공개하지 않는다는 것이 미국정부의 입장이라는 얘기도 했다. 외교적 상대국의 이해와 직결된 문제를 마음대로 판결해 버리고 내용과 배경을 알아보는 상대국에 대해서는 개인의 기본권 보호라는 명분을 내세워 정보를 공개하지 않는다고 맞선 것이다. 결국 이와 관련해 미국정부로부터 어떤 설명도 문서로 받은 것은 없다. 외교부는 다만 여러 기회에 구두로 설명은 들었다고 한다. '북한 인권법은 탈북자에게만 적용되는 것이고 한국 국적자에게는 해당되지 않는데 판사가 재량으로 예외적인 판결을 내린 것 같다'는 설명이었다고 한다. 잘못된 경우지만 판사가 한 것이니 어쩔 수 없다는 얘기였다.

우리 정부의 기본입장은 서 씨가 한국국적을 갖고 있는 상태이고, 망명이 허용되려면 정치적인 이유로 인한 탄압이 있어야 하기 때문에 망명허용이 한국정부의 탄압을 의미하는 것처럼 인식되는 만큼 납득하기 어렵다는 입장이었다. 하지만 외교부는 석연치 않게 생각하고 설명을 요청할 뿐, 미국에 뭐라 말하지 못했다. 외교부의 관련업무를 담당하는 과장은 "미국에게 유감의 뜻을 전해야 할지 생각을 좀 해봐야겠다"고 말했지만 이후 특별한 얘기는 없었다. 그 흔한 유감표명도 없었다. 물론 법원의 판결에 대해 말하는 것이 무의미하다고 판단했을 수 있다. 하지만 판결에 대해서도 '잘된 것', '잘못된 것' 평가는 얼마든지 할 수 있다. 특히 미국이란 나라는 연방대법원 판사도 좌우로 나뉘어 나름의 소신을 가지고 판결을 하고, 그들이 내린 판결에 대해 반대입장을 가진 사람은 얼마든지 비판한다. 하지만 우리 정부는 어불성설의 판결에 대해서도 말이 없었다.

서재석 씨 망명은 그것으로 끝나는 것이 아니었다. 미국은 일주일 후, 그러니까 2006년 5월 초 태국에 있던 탈북자 6명을 난민으로 인정해 주고 미국으로 데려갔다. 미국정부의 네오콘과 보수적인 비정부기구가 주도해 2004년 북한 인권법을 제정한 이후 상당한 준비를 거쳐 본격적으로 탈북자를 수용하기 시작한 것이다. 북한 인권법은 미국행을 원하는 탈북자는 수용한다는 내용을 담고 있다. 그래서 북한은 이 법을 북한을 동요시켜 체제를 붕괴하려는 것으로 이해하고 있었다. 이번에도 미국은 우리 정부에게 특별한 정보를 안 줬다. 난민지위를 부여하는 과정에서 우리 정부와 상의도 물론 없었다. 다만 이미 난민으로 인정한 뒤 한국관료를 불러 이들이 진짜 탈북자인지 확인을 요청하는 정도였다. 미국과 탈북자 간의 문제이니 한국은 간여하지 말라는 식이었다. 2005년 11월 이후 6자회담이 6개월째 열리지 못하는 상황이었다. 미국의 계속되는 금융제재가 북미 간의 거리를 계속 멀게 했다. 이런 상황에서 미국은 망명을 인정하고 난민으로 탈북자를 받아들이면서 인권을 통한 대북압박을 한층 강화하는 양상이었다. 부시 대통령이 2006년 4월 28일 백악관에서 탈북자 김한미 양 가족을 만난 것도 같은 맥락이었다. 미국이 이런 정책을 쓰게 되면 당연히 6자회담 재개를 위한 분위기는 더욱 형성되기 어려운 것이었다. 미국은 이를 뻔히 알면서도 탈북자 문제를 한국과는 무관한 문제로 다루고 있었다. 역시 이에 대해서도 우리 정부는 큰소리 한 번 못 쳤다. "탈북자 문제는 우리와 협의해야 한다. 미국법으로 데려간다고 말하는 게 능사가 아니다. 한반도 긴장과 직결된 문제다. 동맹이라면 그 정도는 해야 하는 것 아니냐" 이렇게 미국에게 따끔하게 말할 수는 없었던 것일까.

서재석 씨 망명 허용 후 두 달여가 지난 7월 6일 미국 법원은 또다시 다른 한국국적 탈북자에 대해 망명을 허용했다. 이번에도 역시 미국은 아무런 통보가 없었다. 서재석 씨에 대해 망명 판결을 내렸을 때도 항의 한 번 제대로 못 한 한국에 대해 자진해서 뭘 통보해 줄 리가 없었다. 법원이나 국무부나 한국을 시쳇말로 '물'로 보고 있는 것이다.

탈북자들의 미국행은 계속 이어지고 있다. 2007년 들어서도 2월 28일 12명이 한꺼번에 미국땅을 밟는 등 이들의 행렬은 계속되고 있다. 2004년 미국의 북한 인권법 제정 이후 망명신청자도 점점 늘어나 30여 명의 탈북자가 미국 망명을 신청해 놓고 결정을 기다리고 있다. 심지어는 한국에 있던 탈북자가 태국이나 라오스로 나가 북한에서 나온 탈북자로 가장해 미국행을 시도하는 사례까지 나오고 있다. 탈북자 문제는 이제 남북한과 중국 또는 태국 등 동남아 국가만의 문제가 아니라 미국도 깊이 관련된 문제가 됐다. 이런 상황일수록 관련국의 협력과 협조는 필수적이다. 미국이 계속 한국과는 별개로 탈북자의 난민수용과 망명허용을 계속하고, 한국은 불만 속에서 말은 못 하는 상황이 지속된다면 문제는 곪고 커질 수밖에 없다.

2. 워싱턴의 헬싱키 클럽

부시 행정부가 출범하면서 미국의 보수주의자들은 북한 인권문제를 보다 본격적으로 거론하기 시작했다. 복음주의 교회 연합, 북한인권단체, 보수적인 정치인과 한반도문제 전문가 등이 나섰다. 특히 부시의 고향인 텍사스 미들랜드의 복음주의 교회 20여 개의 연합체인 MMA는 대통령과 사적 인연을 이용해 부시의 대북정책에 많은 영향력을 행사해 왔다. 이들은 '우리의 행동이 부시 대통령의 마음과 정확히 일치한다'는 인식을 바탕으로 수단의 기독교도 박해문제, 중국의 인권문제까지 광범위하게 간여하고 있다. 정치권에서는 샘 브라운백 공화당 상원의원이 적극 활동하고 있고, 허드슨 연구소의 선임연구원 마이클 호로위츠는 이들에 대한 이론적 바탕을 제공하면서 이들을 대변하는 역할에 적극적이다. 호로위츠는 네오콘의 이론가로 알려져 있다. 신보수주의 이론을 바탕으로 북한 인권문제에 대한 적극적인 해결책을 주문하는 워싱턴의 강령론자들은 "미국정부가 헬싱키선언을 모델로 한 대북정책을 펼쳐야 한다"고 촉구해 왔다. 그래서 이들은 헬싱키 클럽이라고 불린다. 헬싱키 클럽은 헬싱키선언을 북한에서도 실현하자는 취지에 공감하는 사람들을 이르는 말이다.

헬싱키선언은 1975년 헬싱키에서 열린 유럽 안전보장 협력회의(CSCE)에서 미국과 소련을 비롯한 유럽 35개 참가국들의 공동선언으로 인권보호와 전쟁방지, 상호 간의 국경존중 등 10개 원칙을 그 내용으로 한다. 서방은 이 선언을 근거로 소련과 동구의 인권 신장을 지속적으로 주문해 이들 지역 국민들의 인권의식을 성장시켰고, 이런 측면은 공산권 붕괴를 촉진하는 데 큰 역할을 했다. 헬싱키 클럽은 2006년 5월 탈북자 6명에 대한 난민지위 부여 이후 이를 적극 활성화해야 한다고 촉구하고 북한과 인권문제를 제외한 채 정치적 협상만을 해서는 안 된다고 강조하고 있다. 브라운백과 호로위츠는 실제로 2006년 5월 탈북자 6명이 난민으로 미국에 들어가는 데 핵심적인 역할을 했다. 이 두 사람은 워싱턴에서 이름이 이미 알려져 있어 언론에 많이 노출됐지만, 그렇지 않으면서 난민허용에 결정적인 역할을 한 사람은 사실은 데버러 파익스였다. 미들랜드 교회연합회 사무총장이다. 부시에게 유일하게 신앙적으로 대화할 수 있는 사람이며, 따라서 민간인으로는 부시를 가장 쉽게 만날 수 있는 사람으로 알려져 있다. 탈북자 6명의 난민 자격 미국 입국을 추진하던 천기원 목사가 이 일을 파익스에게 얘기했고, 파익스가 이를 부시에게 전해서 일이 순조롭게 진행됐다고 한다. 파익스는 워싱턴의 5층 건물을 북한인권단체에 제공하고, 텍사스의 집 한 채를 탈북자 숙소로 내놓는 등 탈북자 문제에 헌신적이다. 그런 사람이 부시의 종교적 교우이니 일이 안 될 리 없었다. 부시의 대외정책, 특히 대북정책은 사실 그의 종교적 신념에 기인한 바 크다. 부시는 젊은 시절 방황하다 40대에 독실한 기독교 신자가 됐다. 2000년 공화당 대선 후보 경선과정에서 가장 존경하는 철학자가 누구냐는 질문에 예수라고 답했다. 9·11 이후 미국 사회의 분위기는 기독교적 근본주의로 흘러 세상을 선과 악으로 분명하게 구분하고 악은 응징해야 하는 것으로 규정했다. 부시의 신앙 역시 이분법적 세계관으로 발전했고, '악의 축' 연설은 이런 배경 속에 나왔다. 종교적 신념이 정책화한 사례에 다름 아니다. 이런 모습을 보고 케빈 필립스라는 정치평론가는 미국 정치가 신권정치(theocracy)화했다고 비판한다. 어쨌든 부시의 정치는 종교에 의지하는 바가 크고, 그런 만큼 부시의 고향 텍사스 미들랜드의 복음주의 교회가 미국정치에 미치는 영향 또한 크다. 게다가 2004년 대선에서 보수 기독교인들은 동성 결혼, 낙태, 유전자 줄기세포 연구 등 종교적 교리와 밀접하게 관계된 도덕적 이슈들이 선거쟁점이 되면서, 반대표를 행사하기 위해 투표 당일 대거 투표장으로 향했다. 그래서 부시는 기독교 우파들에게 많은 빚을 지고 있고, 또한 그 빚을 갚아야 한다는 압력에 노출돼 있다. 다시 말해 이들이 바라는 정책을 거역하기는 어려운 입장에 부시는 처해 있다.

이런 환경이 배경이 돼 헬싱키 클럽의 주장은 부시 행정부의 정책에 반영돼 왔다. 2004년 8월 북한인권법이 제정됐고, 이 법에는 탈북자를 지원하고 자유아시아방송의 대북방송을 늘리는 등의 용도에 매년 2,400만 달러를 사용할 수 있게 돼 있다. 또 이 법이 만들어짐에 따라 2005년 3월 대북인권특사도 새로 임명됐는데, 그 자리에 제이 레프코위츠 전 백악관 국내정책 담당 부보좌관이 앉았다. 마이클 호로위츠와는 사촌 간이다. 호로위츠는 가깝게 지내는 라이스 장관에게 자신의 사촌 레프코위츠를 대북인권특사 자리에 적극 추천했다고 한다. 그는 또 부시가 재선 직후 정권재창출의 건축사(architect)였다고 추켜세웠던 칼 로브 백악관 정치고문과도 가깝다고 한다. 인사를 이렇게 가까운 사람끼리 서로 돌려가면서 하는 것은 미국이나 우리나 마찬가지다. 워싱턴에 북한 전문가가 많지만 부시 정권 들어서 호로위츠가 언론에 자주 등장하는 것은 그만큼 활동을 많이 한다는 얘기일 것이다. 하지만 이 사람이 북한 연구가로서 얼마나 능력을 갖추고 있는지는 의문이다. 2004년 12월 그는 한 강연회에서 갑자기 "김정일 국방위원장은 내년 크리스마스를 즐기지 못할 것"이라고 말했다. 1년 안에 북한이 내부적으로 붕괴할 것이라는 얘기였다. 그러면서 북한의 몇몇 장성에게 모종의 행동을 하면 미국의 지지를 받을 수 있을 것이라는 메시지를 보낼 수 있다고도 했고, 중국이 북한의 한 장성을 선정해 김정일 정권을 승계하도록 하는 계획을 마련하고 있다고 말하기도 했다. 그러면서 중국은 그 장군이 정권을 탈취하면 중국군 20만을 북한에 보내준다는 시나리오도 검토하고 있다고 말했다. 참 황당한 얘기다. 1년 내 내폭설을 주장하는 근거도 현실성이 떨어졌다. 북한과 중국의 관계에 대한 이해도 천박하기 이를 데 없는 것이었다. 그가 그 얘기를 한 지 몇 년이 지났지만 북한은 쿠데타는커녕 반체제 단체가 있다는 얘기도 못 들었다. 연구를 한다는 사람들이 방향과 결론을 정해 놓고 그에 쓸 만한 근거들을 끌어 모으는 경우가 있다. 연구방법치고는 위험한 것이다. 그런데 그나마 그 근거들도 제대로 모으지 못하고 엉뚱한 것들을 뭉뚱그려 근거랍시고 주장하는 이들이 있다. 특히 최근 북한을 관찰하는 사람 가운데는 그런 종류가 많은 것 같다. 미국뿐만 아니라 국내도 마찬가지다.

부시 행정부의 인권을 통한 북한 압박은 서서히 또, 쉼 없이 계속됐다. 2005년 6월에는 부시가 느닷없이 탈북자 강철환을 백악관으로 초청했다. 강철환은 그가 경험한 북한의 강제수용소에 관한 책 『평양의 어항』을 썼는데, 부시가 이 책을 읽었다고 한다. 면담에는 체니 부통령까지 참석했다. 이 자리에서 부시는 먼저 "당신이 미국대통령이라면 어떻게 하겠는가" 하고 물었다. 이에 대해 강철환은 중국을 설득해 탈북자의 강제북송을 막고, 북한의 수용소 철폐를 위해서 노력하겠다고 말했다. 핵문제 해결은 그 이후라는 말도 덧붙였다. 부시는 "공감한다"고 말하면서 굶주리는 임산부들과 어린이들이 불쌍하다고 말했다. 북한 인권문제에 대한 어떤 결의를 다지는 자리가 됐다. 그래서 그런지 부시는 2005년 9·19 공동성명 이후에도 강경정책을 1년 이상 누그러뜨리지 않다가 임기 말에 쫓기면서 북미대화에 적극 나섰다. 핵문제 해결에 돌파구를 마련하지 못한 상황에서 강철환을 백악관에 초청한 것에 대해 보수신문 워싱턴포스트까지 비판했다. 이런 식으로 북한을 자극하면 북핵문제 해결을 위한 6자회담에 북한이 나오게 하기는 어려워진다는 얘기였다. 부시는 거기까지 생각하지 못했나 보다. 할 필요도 없다고 생각했는지 모른다. 북한 인권문제에 대해 문제를 제기해야겠다고 생각하니까 하는 것이고 그것이 북한을 자극해서 어떤 문제가 생기면 그에 따라서 우리가 대응해 주겠다는 식이었다. 하고 싶은 대로 한다는 태도, 그것이었다. 하지만 그 이면에는 북한을 자극하고 북한을 인권으로 압박하려는 전략이 깔려 있었다고 보아야 할 것이다. 3개월 후인 2005년 9월엔 레프코위츠가 강철환을 워싱턴으로 초청해 다시 만났다. 북한

인권법을 만들고, 대북인권특사를 임명하고, 탈북자를 망명·난민으로 받아들이고, 탈북자를 만나 북한의 치부를 알리고……. 그러면서 북한을 압박한 것이다.

미국은 6자회담을 계속하면서도 탈북자는 계속 받아들이고, 인권문제도 계속 제기하려는 태도다. 핵문제와 정치문제는 대화를 통해서 해결하고, 생존과 기본권에 관한 사항은 미국의 생각대로 꾸준히 밀고 간다는 것이다. 하지만 이것도 따지고 보면 앞뒤가 맞지 않는다. 인권문제에 관심을 가지면서 보다 근본적으로 문제를 제기해 온 쪽은 민주당이다. 카터 행정부가 그랬고, 클린턴도 1994년 5월이 시한이었던 중국에 대한 최혜국 대우문제를 다루면서 인권문제를 개선하지 않으면 최혜국 대우를 연장하지 않겠다는 위협을 한 적이 있을 만큼 인권문제는 민주당의 주요 이슈였다. 민주당의 이슈에 부시 행정부가 집착하는 모습은 좀 어울리지 않아 보인다. 따라서 부시 행정부는 인권문제를 정치적 차원에서 제기하는 것이라고 보는 것이 옳을 것 같다. 북한에 대한 큰 정책 방향은 달라질 수 있다. 부시 초기처럼 강경책을 구사할 수도 있고, 말기처럼 대화정책을 펼 수도 있다. 하지만 '북한은 악이다'라는 인식을 일반국민이나 세계여론이 가지고 있다면 어떤 정책을 구사하거나 바꾸는 데 상당한 자유를 누릴 수 있다. 현대의 정치나 외교는 여론과 떼어놓고 말하기 어렵다. 여론이 지지하면 그 정책은 강한 추진력을 갖게 돼 성공하기 쉽고, 반대로 여론의 반대에 부딪히면 제아무리 명분 좋고 취지가 훌륭한 정책이라도 금방 시들고 만다. '북한은 원래 다루기가 어렵다' '북한은 악마와 같다' 이런 인식을 여론이 갖고 있다면 그 어떤 정책이든 용인되기 쉽다. '악을 다루는 데 그 정도는 해야지' 하는 공감이 오히려 생길 것이다. 미국의 북한 인권문제 제기는 그런 차원이라고 보아야 할 것이다.

부시 행정부의 사상적 근간을 이루고 있는 미국의 보수적 기독교 복음주의는 최근 들어 변화의 모습을 보이고 있다. 1980년대 이후 '성경에 기초한 삶을 추구하고 성경에서 사회문제에 대한 답을 찾으려는' 복음주의는 미국 사회의 보수화를 주도했다. 그 중심에는 제리 팔웰(Jerry Falwell) 목사가 있었다. 강력한 카리스마로 기독교 세력을 모아 공화당을 지지했고, 부시의 당선에 크게 기여했다. 하지만 2007년 5월 15일 그는 사망했고, 이후 복음주의는 달라지고 있다. 정치적 당파성보다는 마약과 에이즈 퇴치, 지구온난화 대안 마련 같은 인류 보편적인 과제 해결에 더 관심을 두고 있다. 이러한 움직임을 이끄는 이가 릭 워런(Rick Warren) 목사다. 가벼운 티셔츠 차림으로 탈정치화한 복음주의를 리드하고 있다. 부시 행정부에서 이데올로기 집단화돼 하나의 정치세력으로 군림했던 미국의 복음주의도 이제 큰 전환점을 맞고 있는 것이다. 부시 행정부의 말기의 대외정책 변화는 이런 내부 기반의 변화와 직접적으로 관련이 있다. 미국 내부 보수세력의 결집력이 약화되는 경향은 강경 외교의 버팀목이 사라지는 것과 같다. 일방주의적 강경외교의 무결실과 함께 이러한 미국의 국내정치(domestic politics)적 역학관계 변화도 부시 정부의 외교정책이 일방주의와 강경정책에서 외교를 중시하고 국제사회 여론의 흐름을 살피는 쪽으로 바뀌는 데 크게 기여했다고 볼 수 있다.

9장 미사일 대북결의안과 청와대의 강공

1. 흥분한 일본, 발끈한 미국

2006년 7월 5일 북한이 미사일 7발을 시험발사하자 일본이 가장 흥분했다. 일본 정부는 첫 번째 미사일 발사 후 20분 만인 5일 새벽 3시 52분 긴급 경보를 발령했다. 새벽 4시 총리 관저의 위기관리센터에 상황실이 설치됐고 각 부처 국장급 관리들이 이곳에 모여 긴급회의를 열었다. 30분 후 아베 관방장관과 누카가 후쿠시로 방위청 장관 주재로 정보분석 회의를 가졌으며, 고이즈미 준이치로 총리는 6시쯤 총리관저에 도착했다. 7시 30분 안전보장회의가 소집돼 정부 입장과 정보수집 등의 기본 방침을 확인했다. 우리보다 훨씬 긴장도가 높은 발 빠른 대응이었다. 다음날 바로 소집된 유엔안보리에서도 일본은 미국과 함께 북한의 미사일 발사는 국제사회에 대한 중대한 위협이기 때문에 대북 제재 결의안이 필요하다고 주장했다. 미사일을 포함해서 북한의 대량살상무기 프로그램에 이용될 수 있는 모든 자금과 물품, 기술의 이전도 금지해야 한다고 강조했다. 일본은 특히 결의안에 군사적 제재까지 가할 수 있도록 하는 조항을 넣으려고 노력했다. 9·11 이후 대량살상무기에 대한 알레르기는 미국의 전매특허와 같았는데, 북한 미사일 발사 이후 일본의 반응은 미국보다도 훨씬 강한 것이었다. 일본은 미사일 발사 직후 국제사회에 가장 먼저 독자적인 대북제재 조치를 내놓았고, 유엔안보리의 즉각 소집을 요청했다. 안보리 회원국을 상대로 대북제재 결의안 채택을 위한 외교 공세에도 즉각 돌입했다.

한일 간의 묘한 갈등상황도 벌어졌다. 우리가 너무 안일하게 대응했다는 얘기가 여기저기서 나오자 9일 청와대 홍보수석실은 홈페이지에 글을 하나 올렸다. "북한의 미사일 발사는 누구를 겨냥한 것도 아니고, 우리는 일본처럼 야단법석을 떨지 않겠다"는 내용이었다. 일본의 대응을 '야단법석'이라고 표현한 데 대해 일본이 가만있지 않았다. 당시 일본 정부 대변인인 아베 신조 관방장관은 7월 10일 정례 기자회견을 통해 "한국이 그런 표현을 쓴 것은 유감"이라고 반박했다. 여기까진 좋았다. 하지만 아베는 이날 기자회견에서 큰 논란거리를 하나 던졌다. 북한에 대한 선제공격의 가능성을 말한 것이다. 아베는 일본에 대한 발사 징후가 있다고 판단할 경우 북한의 미사일 기지를 사전에 폭격할 수 있는 '적 기지 공격론'에 대해 "논의를 심화할 필요가 있다"고 말했다. 그러면서 그는 "미사일 공격을 막기 위해 다른 수단이 없다고 인정되는 경우에 한해 '적의 미사일 기지를 공격하는 것도 자위권의 범위'라고 하는 국회답변도 있다"고 덧붙였다. 이를 보고 외교부는 당일(7월 10일) 오후 오시마 일본대사를 불러 유감의 뜻을 전달했다. 청와대는 여기서 멈추지 않았다. 직접 언론 플레이에 나섰다. 오후 5시쯤 두세 개 주요언론사에 연락을 취했다. 일본이 작성해 유엔안보리에 제출한 대북 결의안을 흘려줬다. 일본이 군사적 제재까지 포함한 결의안을 마련했다는 얘기는 많았지만 그때까지 그 내용이 구체적으로 알려지진 않았었다. 일본이 실제로 제출한 결의안의 주요 내용은 크게 두 가지였다. 하나는 유엔 회원국들이 미사일과 미사일 관련 물자가 북한에 이전되는 것을 방지하도록 조치해야 한다는 것이었다. 다른 하나는 회원국들이 북한 미사일 및 대량살상무기 프로그램에 관련된 활동에 자금이 이전되는 것도 막을 수 있도록 해야 한다는 내용이었다. 문제는 "유엔헌장 7장에 따라"라는 단서가 달려 있다는 것이었다. 유엔헌장 7장은 '평화에 대한 위협, 평화의 파괴 및 침략행위에 관한 조치'와 관련한 장이다. 특히 7장 42조는 "안전보장이사회는 국제평화와 안전의 유지 또는 회복에 필요한 공군·해군 또는 육군에 의한 조치를 취할 수 있다. 그러한 조치는 국제연합회원국의 공군·해군 또는 육군에 의한 시위·봉쇄 및 다른 작전을 포함할 수 있다"라고 돼 있어 군사적 봉쇄까지 할 수 있도록 했다. 일본은 북한이 의심스런 행동을 보일 때는 군사적 해상봉쇄는 물론 그 이상의 조치까지도 할 수 있도록 강력한 결의안을 추진하고 있었다. 청와대가 흘린 자료는 이를 분명히 보여주고 있었다. 청와대는 선제공격론까지 들먹이는 일본을 향해 '허튼수작 마라'라고 말하고 싶었지만 그렇게 하지 못하고 대신 언론에 자료를 흘린 것이다. 청와대는 당시 자료에서 중국의 의견을 빌어 일본을 심하게 비난했다. 중국이 일본의 강경 결의안 추진에 대해 '상임이사국이 되지 못한 데 대한 불만을 이번 계기에 쏟아 붓고 한미―중미관계를 손상시키려는 목적'을 가지고 있는 것으로 파악하고 있다면서 간접적으로 일본을 비난했다.

일본이 독도 인근에 탐사선을 보내려 했을 때는 조용한 외교를 버리고 강한 톤으로 말했다. 대통령까지 나서서 할 말을 했다. 결의안 건도 물론 그렇게 해야 하는 것 아니냐 하는 얘기도 나왔을 법하다. 하지만 청와대는 그렇게 하지 못했다. 이것은 북한이 관련된 문제였다. 일본이 너무 세게 나간다고 청와대가 나서서 비난을 하고 나서면 국내의 보수들은 청와대를 공격할 것이 뻔했다. '그럼 미사일을 쐈는데 결의안이 유약한 것이면 되겠느냐. 청와대는 북한 눈치를 보는 것이냐' 이런 비난에 직면할 것이 명약관화했다. 그런데 다음날인 7월 11일 청와대에서는 실제로 강력한 입장이 나왔다. 하지만 그 형식은 불분명하고 어정쩡한 것이었다. 수석비서관회의 내용을 정태호 대변인이 전하는 형식이었다. "선제공격, 무력사용 발언은 일본의 침략주의적 성향을 드러낸 것"이고 "위험하고 도발적인 망언"이라는 발언들이 수석비서관회의에서 나왔다고 정 대변인은 말했다. 어쨌든 전날 분위기를 띄워놓고 직접 공격에 나서는 형국이었다. 하지만 대통령은 조용했다. 참모들이 회의 석상에서 한 얘기를 전하는 형태로만 일본을 공격할 뿐, 정부가 공식입장을 발표하지도 않았고, 대통령도 특별한 발언을 하지 않았다. 이런 기형적인 모습은 북한이라는 요소 때문에 생기는 현상이다. 외교라는 것이 많은 것을 고려해야 하지만 대한민국의 경우는 무엇보다 커다란 요소인 북한이 있어 그 제약이 훨씬 크다. 그렇지 않아도 강대국들의 이러저러한 움직임에 눈치를 보아가면서 대처를 해야 하는 입장인데 북한이라는 변수가 버티고 있어 때로는 실제보다 과하게, 때로는 실제보다 약하게, 때로는 어정쩡하고 애매하게 대응해야 하는 경우가 허다하다. 북한 요소라는 가중치까지 가지고 국제사회를 힘겹게 헤치고 다니는 약소국 대한민국의 현주소가 그대로 드나난 사례가 아닐 수 없다.

2. 대외정책은 국내정치의 종속변수

일본이 북한 미사일에 강력 대응한 데에는 국내정치적 상황이 깊이 개입돼 있었다. 북한의 미사일 시험발사는 2006년 7월 5일. 일본은 2006

년 9월 자민당 총재선거를 앞두고 있었다. 아베 관장장관은 가장 강력한 총리 후보였다. 아소 다로 외상이 그다음 주자였다. 아베는 북한의 미사일 발사 20일 전부터 위기대응팀을 만들어 미사일 발사에 따른 독자적인 대북 제재, 유엔안보리 대응 등을 면밀하게 준비했다. 물론 방향은 강경대응이었다. 일본인들의 북한에 대한 정서는 매우 부정적이다. 그들에게 북한은 무고한 일본인을 강제로 납치하는 무모한 집단으로 인식돼 있다. 그래서 북한과 관련한 일본 사람들의 제1의 관심은 핵도 미사일도 아니고 바로 일본인 납치 문제이다. 이런 일본 유권자들의 정서를 잘 아는 아베에게 북한의 미사일 발사는 엄청난 호재였다. 일본인들을 긴장시켜서 보수적인 자민당과 자신의 지지율을 끌어올리는 데 매우 좋은 자료로 활용했다. 일본정부는 미사일 문제를 계기로 일본인 납치 문제도 해결해 보려는 생각도 갖고 있었다. 유엔안보리의 대북제재 결의안 채택 과정에서 자연스럽게 납치문제를 부각시켜 이를 국제적인 이슈로 만들려는 의도도 갖고 있었다. 뿐만 아니라 일본은 북한문제를 통해 야스쿠니 참배 문제로 인한 중국과의 관계를 새로운 국면으로 전환시킬 생각도 하고 있었다. 신사참배로 인해 그동안 중국과 한국으로부터 강력한 공세를 받아왔는데 미사일 발사에 따른 강경분위기를 주도해 동북아의 국제정세를 북한에 대한 비난과 응징 위주로 몰아가고 싶어 했다. 이처럼 일본정부는 국제문제를 국내정치에 철저하게 이용했다. 이는 어느 나라 어느 정권이라고 해서 특별히 다를 것이 없을 만큼 보편적인 현상이기도 하다. 대외관계를 다루면서 이것이 국내 여론의 비판을 얼마나 받을 것인지, 아니면 국내의 곤란한 국면을 타개하는 데 얼마나 도움이 될 것인지 매번 고려하는 것은 정권을 담당한 자의 입장에서는 그야말로 당연한 일이라고 할 수 있다. 2차 북핵위기를 유발한 2002년 10월 켈리 미 국무차관보의 방북도 이런 측면에서 볼 수 있다. 켈리 방북 직전 미국정부는 온건파와 강경파 사이의 대립이 심했다. 북한을 대화로 유도하는 일에 매진할 것인가, 아니면 북한을 압박해 핵을 포기하게 할 것인가, 이 두 개의 방향 사이에서 강온의 싸움은 거셌다. 당시만 하더라도 네오콘의 서슬이 퍼랬던 시기여서 강경파의 힘을 온건세력이 막지 못했다. 그래서 켈리의 방북은 고농축우라늄(HEU)을 문제 삼기 위한 방북으로 정해졌다. 이 과정에 미국 의회에 대한 고려도 작용했다. 켈리가 방북을 하고도 HEU문제를 거론하지 않는다면 이후 의회로부터 거센 비판을 받을 수밖에 없었다. 이런 정치적 판단이 켈리방북의 목적을 결정하는 데 크게 작용했다.[16] 미국의 대외관계에도 국내의 노선싸움, 의회에 대한 고려 등 국내정치의 영향은 절대적이라고 할 수 있다.

하지만 노무현 정권 입장에서는 북한이라는 변수가 중간에 끼어 있었기 때문에 대일외교를 국내정치에 활용하는 데 자유분망하지 못했다. 일본의 강공에 지나치게 강하게 맞대응을 하는 경우 오히려 득보다는 실이 많다는 계산이 나왔다고 보아야 할 것이다. 만약 청와대 내에서 논의를 통해 내부적으로 보수의 반대에 부딪치더라도 일본을 공격하는 것 자체가 보수의 가치와 일맥상통하는 측면이 있는 만큼 일본에 대한 강한 외교는 손해 볼 것이 없다는 결론이 났다면 일본에 대한 대응은 훨씬 강력했을 것이다.

일본정부는 실제로 노무현 정부의 그동안의 강력한 대일 외교를 국내정치용이라고 파악하고 있었다. 2006년 4월 5일 중앙일보는 외무성 문건 하나를 입수해 보도했다. 외무성이 만든 것인데, 제목은 '한반도를 둘러싼 움직임'이었다. 노무현 정권이 레임덕을 막기 위해서 대일 강경책을 계속할 것이라는 내용이다. 9시뉴스 편집팀에서 9시뉴스용 리포트 만들어 달라고 했다. 안 하는 것이 낫겠다고 했다. 생각해 보니 일본의 언론플레이라는 인상이 짙었다. 한국 골지르기 차원에서 누군가가 흘린 것으로 보였다. '노무현 이제 레임덕이지 그래서 강경책 쓰는 거 아냐' 이런 식의 놀림으로 읽혔다. 우리 측이 독도문제나 교과서 왜곡에 대해 강하게 나가고, 야스쿠니 신사참배에 대해서도 정상회담까지

---

16) 후나바시 요이치 저, 오영환·예영준·박소영 역, 『김정일 최후의 도박』, 179쪽.

중단하는 모습을 보고, 일본이 잽(jap)을 툭툭 던지면서 저차원으로 접근하는 게 아닌가 하는 생각이었다. 일본의 장난에 놀아나는 꼴이 되기 싫어서 9시 리포트는 하지 않는 게 좋겠다고 한 것이다. 그런데 반기문 외교부 장관이 브리핑을 해 버렸다. 매주 수요일에 있는 정례브리핑을 통해 장관이 "(일본이 그런 문건을 만든 것이) 사실이라면 국민의 한 사람으로 분노를 느낀다"고 얘기했고, 청와대의 이병완 비서실장 주재 일일상황점검회의에서도 강경론이 거론됐다. 문제가 커진 만큼 그냥 넘어갈 수 없는 상황이어서 다음날 아침 뉴스용으로 리포트를 만들었다. 일본의 언론플레이에 놀아난 느낌이지만 우리 정부가 예상외로 세게 반응하는 바람에 하지 않을 수 없는 상황이 돼 버린 것이다. 우리 정부는 여기서 그치지 않았다. 이틀 후 이혁 외교부 아태국장이 이 문제와 관련해서 브리핑을 했다. 우토 주한일본공사를 불러 항의서한까지 전달했다고 밝혔다. 항의서한은 일본 외무성 내 한국담당부서에서 국내정치와 한일관계에 대해 왜곡된 해석을 하고 있는 것은 개탄스런 일이라는 내용이었다. 우리 정부는 그 문건이 외무성에 만든 것인지 일본 외무성에 확인을 요청했다. 하지만 일본정부는 그때까지 확인해 주지 않았다. 그런데도 불구하고 외교부는 구두도 아닌 서한으로 항의를 하면서 격하게 반응했다. 신문에 기사가 나자마자 외교장관, 청와대가 나서더니 이틀 후 아태국장이 나서서 항의서한까지 전달하는 것을 보면서 어쩌면 일본 외무성 보고서가 맞을 것 같다는 생각도 들었다. 그다지 큰일도 아닌 것을 큰일로 부풀려 한일관계의 긴장을 만드는 것이 한일관계를 국내정치에 이용하는 것이 아니고 무엇이겠는가. 이번 경우는 북한이 관련된 것이 아니어서 정부는 자유로운 입장이었다. 문제를 키워서 나쁠 것이 없는 상황이니 맘껏 키운 것이다. 하지만 그게 지나치다 보니 어색한 것은 어쩔 수가 없었다.

이런 모습들을 보면서 정부나 기업 등 취재원들이 제공하는 뉴스를 미디어가 어떤 입장을 가지고 보도하느냐가 참으로 중요함을 새삼 깨닫게 된다. 있는 것, 나오는 얘기를 그대로 전달하는 것이 제대로 하는 뉴스는 아니라는 생각이다. 대중은 언론을 통해서 세상을 인식한다. 그것을 진실로 믿으면서 읽고 보고 듣는다. 언론이 전해 주지 않으면 모르는 것이다. 하지만 언론이 전해 줄 때 진실을 전해 주는 것이냐 하는 것은 또 별개의 문제다. 미국의 전설적인 언론인 월터 리프만의 저서 『여론(Public Opinion)』은 하나의 우화로 시작한다. 한 섬에 영국인, 프랑스인, 독일인이 살고 있었다. 친하게 잘 지냈다. 이들은 외부와 연락을 거의 하지 않고 살았다. 1914년 1차대전이 발발했다. 이들이 이 소식을 알 리 없었다. 전쟁이 시작된 뒤 6주 후에 섬에 들르게 된 우편 증기선을 통해 이들은 전쟁 소식을 들었다. 영국과 프랑스가 합세해 독일과 싸우고 있다는 얘기도 들었다. 이후 이들의 관계는 적이 될 수밖에 없었다. 누군가 새로운 소식을 전해 주면서 사람 사이의 관계가 결정되고, 사람 사이의 이해도 달라진다. 그만큼 전해 주는 입장, 즉 언론의 기능이 중요하다는 얘기다. 리프만이 지적하는 것은 이것뿐만이 아니다. 사람이 어떤 대상을 인식할 때는 '자신의 머릿속에 주어진 그림들'을 바탕으로 하는데 그 그림들을 그려주는 역할을 미디어가 한다는 것이 리프만이 얘기다. 그러니 언론은 새로운 소식을 전해 줄 뿐만 아니라 이후 인식의 바탕까지 형성한다는 말이다. 언론의 이러한 기능을 기업이나 정치하는 사람이나 다 알고 있다. 그러니 미디어가 자신들에게 조금이라도 유리하게 작용하도록 하기 위해 그토록 다양한 시도들을 한다. 하지만 정작 언론에 종사하는 사람들이 이런 인식을 얼마나 하는지 모를 일이다. 내가 하는 한마디, 내가 설정하는 뉴스의 방향 이런 것이 얼마나 사람들에게 미치는 영향이 큰 것인지를 항상 인식하면서 사는 언론인이 많은 수록 세상은 진실이 지배하는 쪽에 가깝게 갈 것이다.

3. 독도문제 강력대응도 국내정치용

2006년 4월 중순 일본이 독도주변에 탐사선을 보내 수로 탐사를 하겠다고 나섰다. 4월 13일 밤 국제해사기구를 통해서 알려졌는데 14일 우리 정부가 강력대응 방침을 내놨다. 조용하게 대응하던 정부의 분위기는 3일 만에 바뀌었다. 독도문제는 되도록 대응을 자제하고 얘기를 하지 않는 것이 좋다는 쪽이었지만 종전의 그런 분위기가 갑자기 달라진 것이다. 외교부 관료들은 우리 측 배타적 경제수역(EEZ) 안으로 들어오면 나포도 불사한다는 얘기를 서슴없이 했다. 18일이 돼서 정부의 대응방안은 보다 확실해졌다. 서울 하림각에서 기자들과 점심을 함께한 송민순 청와대 통일외교안보 정책실장은 "조용한 외교에서 정면대응으로 바뀐 것이냐"는 질문에 "지금 조용할 수가 없다. 물리적 방법에는 물리적 수단이 취해지지 않도록 대응하는 것이다"라고 분명히 말했다. 우리 측의 강력한 대응 때문인지 일본의 야치 외무차관이 한국으로 날아와 회담을 시작했다. 21일, 22일까지 계속된 협상은 난항이었다. 주말에 협상장인 롯데호텔을 지키고 있던 기자들은 하루 종일 결렬과 타결 사이를 오가느라 분주했다. 결렬된 듯하다가 결렬이 확실해졌다는 얘기가 전해졌고, 그러다가 다시 반전돼 타결로 이어졌다. 그에 따라 텔레비전의 자막속보도 춤을 췄다. 처음엔 '한일협상 결렬된 듯'이라고 했다가, '협상 결렬'이라고 했다가, 다시 '협상 타결된 듯'으로 바뀌었다가, 결국은 '협상 타결'로 결론이 났다. 텔레비전을 보고 있었던 사람들은 누구나 욕을 한마디씩 했을 법도하다. "뭐하는 거야 저놈들 제대로 취재 안 하고……". 하지만 현장상황이 그랬다. 협상이 결렬돼 야치 차관은 호텔을 떠났다. 그러다 다시 양측이 핸드폰으로 연락을 취한 뒤 협상장으로 돌아가 최종 협상 끝에 합의가 이뤄졌다. 그것이 또 저녁 8

시쯤이었다. 9시에 리포트를 대느라 정신이 없었다. 어쨌든 일본은 독도인근해역에 대한 탐사를 중단하기로 하고, 우리 측은 국제수로기구 해저지명위원회에 한국식 해저지명 등록을 연기하기로 해서 합의가 이뤄졌다. 중단됐던 EEZ 협상도 재개하기로 했다.

그런데 협상타결 3일 후인 4월 25일 대통령이 갑자기 한일관계에 대한 특별담화를 발표했다. 내용도 매우 선동적이었다. 독도는 일본의 한반도 침탈과정에서 가장 먼저 병탄된 땅이라며 역사적인 문제를 언급했다. 일본이 독도에 대한 권리를 주장하는 것은 식민지 영토권을 주장하는 것이라고도 했다. 독도문제는 더 이상 조용한 대응으로 관리할 수 없는 문제라고 분명히 선언한 것이다. 일본에 대한 요구사항도 말했는데, 더 이상 사과가 아니라 이미 누차 행한 사과에 부합하는 행동을 하라고 요구했다. 핵심은 물론 조용한 외교의 종결선언이었다. 외교부 당국자들이나 송민순 실장의 입을 통해서 이미 그 내용은 전해졌다. 하지만 대통령이 직접 그런 선언을 하고 나선 것은 또 다른 차원이었다. 왜 그 시점에 그런 강경 대일정책을 내놓았느냐 하는 것은 물론 국내 정치적 관점의 분석이 옳을 것이다. 5월 31일은 민선 시도지사를 뽑는 지방선거였다. 한일협상은 끝났고 타결내용의 준수에 신경을 써야 하는 상황이었다. 하지만 노무현 대통령은 분위기가 다소 정리된 상황에서 대일 강경 선언을 들고 나왔다. 물론 한일관계를 큰 틀에서 정리해야 할 필요를 느끼고 있었을지 모른다. 그렇다면 협상타결 전이 좋았다. 일본이 문제를 일으켜 골치가 아파진 상황에서는 우리의 의사를 분명히 하는 대통령의 담화도 필요하다. 하지만 한일 간의 탐사선 문제가 일단락된 상황에서 나온 특별담화는 뭔가 앞뒤가 맞지 않고 부자연스러웠다. 명분이 있을 때 일본에 대해 강력하게 대응하는 것은 선거에 결코 나쁠 것이 없다는 판단이었을 것이다.

노무현 대통령의 대일 선언은 일본에 대한 조용한 외교를 끝내는 것이었고, 독도문제를 역사문제로 전환시키려는 것이었다. 그동안 독도문제와 관련해서 정부는 우리 측 EEZ기점을 독도로 할 것인지 여부로 고민해 왔다. 이런 공세를 취하면 일본도 강하게 나오고 남해에서 일본의 공세는 더욱 강해질 것이기 때문에 어려운 측면도 있었다. 일본은 대마도와 제주도 사이에 있는 조도(도리시마)를 EEZ의 일본 측 경계로 강하게 주장할 수 있음을 내비쳐 왔다. 일본은 그동안의 행태로 보아 독도문제를 기본적으로 영유권 문제로 간주하고 장차 이 문제를 유엔총회에 상정하고 더 나아가서는 군사위기를 야기해 유엔안보리 개입까지 유도한 뒤 결국에는 국제사법재판소(ICJ) 회부를 노리고 있는 것으로 보인다. 그러기 위해서는 명분축적용으로 독도에 대한 영유권의 계속적인 주장이 필요하다. 독도문제를 본격적으로 추진하기 위한 여건을 조성하는 차원이다. 일본의 탐사시도는 그리스와 터키의 영유권 분쟁 사례를 쫓아가려는 것 같다. 1976년 대륙붕 영유권을 두고 그리스와 분쟁중이던 터키는 탐사선으로 그리스 영해를 침범해 조사를 벌였다. 양국은 군사적 충돌 직전까지 가 유엔 안전보장이사회가 소집됐다. 안보리는 이 문제를 국제사법재판소에 제소하는 결의안을 통과시켰다. 하지만 터키는 국제사법재판소로 가지 않고 버텨 재판은 성사되지 않았고, 분쟁은 계속됐다. 유엔과 EU의 노력으로 양국은 1997년 7월 불가침 조약을 체결했다. 그래서 사이프러스 문제와는 별개로 에게해 분쟁은 표면상으로는 정리돼 있다. 일본은 이 사례에서 탐사선을 보내서 문제를 삼으면 유엔으로 가고, 거기서 국제사법재판소로 가라는 유엔의 결정을 얻을 수 있다는 사실을 배웠을 것이다. 그래서 지속적으로 영유권 주장을 하면서 잊을 만하면 한번씩 문제를 삼는 것이다.

4월 25일 대통령의 애기는 독도문제는 역사문제며, 독도문제를 영유권문제로 가져가지 말고, 역사문제로 가져야 이길 수 있다는 우리의 전략을 공표한 것이었다. 일본의 가장 큰 약점은 바로 '반성 안 하는 전범국'이라는 것이다. 동아시아에서 일본의 위치가 항상 불안한 것도 이 때문이고, 유엔안보리 상임이사국이 되려는 일본에게 가장 커다란 걸림

돌 또한 이것이다. 국제사회에 독도문제를 역사문제화함으로써 일본의 식민주의적, 전근대적 역사의식을 부각시켜서 일본의 입지를 약화시키려는 것이 노무현 정권의 생각이었다. 미국이나 중국의 입장에서도 한국과 일본의 '영유권 다툼' 차원에서 논의가 계속되면 한국의 손을 들어주기는 어렵다. 특히 중국의 경우 센가쿠 열도를 두고 일본과 영유권 분쟁을 벌이고 있는데 이는 현재 일본이 실효적 지배를 하고 있는 곳이다. 실효지배를 이유로 한국의 독도지배를 인정한다면 센카쿠는 일본의 영유권을 인정하는 꼴이 된다. 하지만 독도문제를 역사문제로 몰고 가면 중국이나 미국 모두 한국에 동조할 명분을 갖게 된다. 노 대통령이 독도에 대한 일본의 영유권 주장을 "제국주의 일본의 수탈과 침략의 역사에 대한 정당화"로 몰아붙이면 일본의 주장에 미국과 중국이 동의해 주긴 불가능하게 되는 것이다. 일본에 대해 '왕따 당하고 싶지 않으면 독도얘기 하지 마' 하고 협박하는 것과 마찬가지다. 작은 싸움에 매몰돼 있던 것을 정치를 아는 노 대통령이 큰 싸움으로 틀을 바꾼 것이라고 할 수 있다. 하지만 국내 정치의 역학관계상, 또 보수 신문들의 노무현 공격 분위기 속에서 이런 전략적인 측면은 부각되지 못했다. 임기 시작 이후 계속된 노무현식 어법에 싫증난 국민들도 이런 내용을 파악하기보다는 '저 양반 또 세게 나오네' 하면서 단순히 일본에 할 말은 한다는 차원으로 보거나 선거에 앞서 지지율을 향상시키기 위한 국내정치용으로 인식하는 경향이 강했다. 이것이 바로 협상론에서 말하는 '언약의 신뢰성' 문제다. 협상에서 상대에게 강한 모습은 그때그때의 임기응변보다는 지난 시간 해 왔던 언약이 얼마나 지켜졌고, 얼마나 말한 대로 실천을 했는지에서 나온다는 것이다. 한일 간의 탐사선 갈등에서도 우리 측은 물리적 충돌도 불사하겠다고 얘기해 왔다. 하지만 2006년 6월 국제회의에는 해저지명을 제안하지 않겠다고 양보했다. 충돌불사는 구두선에 불과했던 것이다. 이런 것이 '언약의 신뢰성'을 떨어뜨린 것이다. 노무현 정부 들어서 대통령의 언사는 그의 말의 신뢰성을 약화시키기에 충분했다. 그러니 대일 선언이 어떤 내용인지 관심을 갖기보다는 우선 정략적 차원으로 보는 것도 어쩌면 당연한 일이다.

한 가지 묘한 것은 그렇게 정세의 흐름이 크게 잡혀버리면 이전에 노심초사하던 작은 문제는 분위기에 묻혀 사라져 버린다는 것이다. 우리 정부는 이전까지는 울릉도와 일본 오키섬의 중간선을 한일 간 배타적 경제수역(EEZ)의 경계선으로 삼았다. 일본은 독도와 울릉도의 중간선을 경계선으로 주장해 왔다. 하지만 우리 정부는 울릉도－오키 중간선에 대한 주장을 공개적으로 하지도 않았다. 문제를 만들지 말자는 취지였다. 우리가 방송에서 이 중간선을 정부가 경계선으로 공표했다고 했더니 외교부 공보관은 즉각 전화를 해서 항의했다. 물론 공표라는 워딩이 정확한 것은 아니었다. 하지만 우리의 입장이 그것이라면 항의할 일은 아니었다. 그만큼 외교부는 일본을 자극하지 않기 위해 애를 썼다. 하지만 대일 여론이 거세지고 언론들도 강하게 나가니까 정부도 더 이상 어쩔 수 없다고 판단했는지 울릉도－오키 중간선에 대해서 그다지 민감하게 여기지 않았다. 나아가서는 독도 관련 단체나 학자들이 주장하던 독도와 오키섬 중간선을 경계선으로 제기할 가능성도 있다는 얘기까지 서슴없이 하고 나왔다. 이렇게 외교정책이라는 것이 여론이나 분위기 따라 바뀌고, 또 강하게 추진되기도 하고, 어떤 경우는 철회되기도 하고 그러는 모양이다.

그런가 하면 일본입장에서도 북한 미사일과 마찬가지로 한일관계도 국내정치적 차원에서 제기한 것이라고 보아야 할 것이다. 독도 주변 해역 조사는 총리실이 주도했다. 역시 당시 관방장관이던 아베를 중심으로 일이 진행됐다. 4월 21일 야치 차관을 한국에 파견한 것도 아베였고, 협상과정에서도 아베는 국제전화로 야치를 지휘했다. 4월 22일 야치－유명환 회담이 교착상태에 빠졌을 때 아베는 해양조사의 연기가 아니라 중지를 명언하는 쪽으로 양보하도록 허락했다. 한국 측에 독도 인근 해저지형에 대한 한국식 지명을 국제수로기구(IHO) 등이 주관하

는 해저지형명칭 소위원회에 제안하겠다는 계획을 철회할 것을 요구하
다가 한국의 태도가 완강한 것을 확인하고, '2006년 6월의 국제회의에
서는 제안하지 않는다'는 선으로 물러나게 한 것도 아베였다. 아베 장
관은 납치피해자 요코다 메구미의 남편이 한국인 납북자로 밝혀졌다는
2006년 4월 11일 DNA 조사결과 발표도 주도적으로 했다. 그 시점은 6
자회담 대표들이 동아시아전략대화를 위해 도쿄에 모여 있을 때였다.
북한을 자극할 가능성이 높으니 전략대화 끝나고 발표하자는 외무성의
주장은 일축해 버렸다. 보수층을 자극해 9월 총재선거에서 승리하겠다
는 일념으로 북한을 때리기도 하고 한국을 자극하기도 하면서 동분서
주했다. 그래서 결국 아베는 자민당 총재가 됐고, 일본 총리가 됐다.

10장 끝나지 않은 한국전쟁

1. 무시된 무초 서한

"만약 피란민들이 미군 방어선의 북쪽에서 출현할 경우 경고사격을 하되 이를 무시하고 남하할 경우에는 총격을 받게 될 것이다."

미군이 피란민들에게 총격을 할 수 있도록 허용한 충격적인 내용이다. 이른바 '무초 서한'의 핵심내용이 바로 이것이었다. 한국전쟁 당시 주한 미 대사였던 존 무초(John Muccio)가 국무차관보인 딘 러스크에게 보낸 편지를 두고 무초 서한이라고 한다. 이 편지는 1950년 7월 26일 노근리 학살 사건 당일 작성된 것이다. 무초가 이런 내용의 편지를 러스크에게 보냈다는 얘기는 2006년 5월 AP통신에 의해 전해졌다. 당시 AP는 미군 당국이 1999-2001년 사이 16개월간에 걸쳐 벌인 노근리 민간인 학살 진상조사에서 조사관들이 무초대사의 서한을 검토했으나 최종 보고서에서는 이를 언급하지 않기로 결정했다고 보도했다. 미국 측이 정책적 판단으로 피란민들을 학살했다는 사실을 보여주는 편지의 내용을 조사 보고서에서 뺀 것이다. 그러면서 피란민 학살은 우연하게 발생한 것이라고 미국 측은 말해 왔다. 미 국방부는 민간인에 대한 발포지시는 집행된 바가 없다는 입장을 견지하고 있다. 2007년 4월 13일 AP의 인터뷰에 응한 미 국방부 측은 "무초 서한에 담긴 피란민 사격허용은 제안된 것으로 승인되지 않은 정책이어서 보고서에 담지 않았다"고 다시 강조했다. 하지만 진정 그런 것인지 미국은 너무 많은 것을 숨기고 있고, 우리 정부는 그에 대해 똑부러지게 따져 묻질 못하고 있다. 무초 서한의 구체적인 내용은 이런 것이다.

딘 차관보께,

피란민 문제는 처우 문제와는 별개로 군사상 중요하고, 또 중대하기까지 한 측면을 이뤄왔습니다. 당연히 미군은 이와 관련한 대책을 마련하고 있습니다. 이들 대책의 시행 시 미국 내에도 영향을 끼칠 수 있다는 판단에 따라 당신께 알려주는 게 바람직하다는 생각을 하게 됐습니다. 적은 피란민을 여러 면에서 자신들에게 유리하게 이용해 왔습니다. 피란민을 강제 남하하게 해 도로를 막아버림으로써 군사 이동을 방해하거나, 이들을 간첩침투의 경로로 이용하는 것 등입니다. 적군 병사를 피란민으로 위장시키는 것이야말로 가장 위험합니다. 우리의 방어선을 넘은 이들은 날이 어두워진 후 전진, 숨겨놓은 무기를 손에 넣어 후방에서 아군 부대를 공격합니다. 이런 공격이 대승하는 사례가 너무 잦습니다. 제24사단이 대전에서 패배한 것도 상당 부분 이러한 침투 때문입니다. 당연히 아군은 이런 위협을 차단한다는 결정을 내렸습니다. 어제 저녁 8군사령부의 요청으로 회의가 소집됐습니다. 결정사항은 다음과 같습니다.

1. 미 방어선의 북부에서 전단을 배포해 피란민의 남하를 금지한다. 만약 이들이 남하한다면 총격당할 위험이 있다. 피란민이 미 방어선의 북쪽에서 출현한다면 이들은 경고사격을 받으며, 그래도 남하를 강행한다면 총격을 받게 될 것이다(If refugees do appear from north of US lines they will receive warning shots, and if they then persist in advancing they will be shot).

2. 명령 없이는 누구도 남하할 수 없도록 미군 전투 지역 내 경찰이 전단

배포와 구두경고를 한다. 이어 경찰 통제하에 민간인의 모든 이동을 일몰시까지 끝낸다. 어두워진 뒤 이동하는 사람은 총격을 받을 위험에 놓인다.

3. 특정 구역의 소개가 불가피하다고 판단되면 전술사령부는 이를 사령부의 경찰연락관에게 통지한다. 한국 경찰은 이를 주민에게 통지하고 경찰 통제하에 정해진 이면도로를 통해 이들을 남하시키기 시작한다. 경찰로부터 통지받지 않은 채 이동하는 행위는 불허된다. 경찰 통지 없이 더 남쪽까지 내려간 사람은 해당 장소에 그대로 있어야 한다.

4. 단체 피란민은 일몰시 이동을 중지해야 한다. 다음날 일출시까지 이동을 재개할 수 없다. 경찰은 검문소를 설치해 간첩을 검거한다. 간첩을 관리하고 피란민을 수용소 및 다른 장소로 보내는 작업은 사회부(部)가 준비한다.

5. 경찰 통제 없는 집단 이동은 일절 불허된다. 개인 이동은 여러 곳에서 경찰의 검문을 받아야 한다.

6. 모든 대도시와 중소도시에서 밤 9시부터 통금에 들어가되 10시부터 공식적으로 실시한다. 허가받지 않고 밤10시 이후 거리에 나와 있는 사람은 구속돼 면밀한 조사를 받게 된다. 마지막 사항은 이미 집행 중에 있다.

존 J.무초 배상

미 8군사령관의 요청으로 열린 회의에서 피란민 대열은 일단 적으로 의심하고 철저하게 감시하고, 경고를 무시하고 내려오는 경우는 발포한다는 내용이 전체적인 흐름이다. 한국전쟁 당시 미군이 피란민을 어떤 관점에서 바라보았으며, 그들에 대한 정책방향이 어떤 것이었는지를 한눈에 알 수 있는 편지가 아닐 수 없다. 그런데도 미국은 이 내용이 다만 제안일 뿐 실행되지는 않았다고 말하고 있다. 하지만 과연 그런 것인가.

2. 노근리는 명령에 의한 학살

노근리사건은 미군이 피란민을 학살한 사건의 대명사로 여겨진다. 그러나 아직도 그 진상이 속 시원하게 밝혀지진 않고 있다. 한국전쟁이 발발한 지 한 달도 안 돼 1950년 7월 20일 대전이 함락됐다. 전선은 자꾸 남쪽으로 내려왔다. 7월 23일 충청북도 영동군 일대에도 전운이 감돌았다. 미군은 영동군 영동읍 주곡리 마을 사람들에게 북한군이 내려올 테니 마을을 떠나라고 독려했다. 주곡리 사람들은 이웃의 산간마을 임계리로 몸을 피했다. 그래서 임계리에는 많은 사람들이 모이게 됐다. 7월 25일 미군은 피란시켜 준다면서 임계리에 있는 사람들을 하가리로 데려갔다. 하가리는 임계리에서 4-5㎞ 떨어진 곳이다. 그렇게 인솔된 주민이 500~600명 정도였다. 미군은 한밤중에 도착한 주민들을 하천변에 모아 꿇어 엎드리게 한 뒤 총을 들고 감시했다. 7월 26일 아침 미군들은 모두 떠났다. 피란민들은 대구 쪽으로 가는 국도를 따라 걸었다. 이날 정오 무렵 미군들이 나타났다. 미군들이 인솔하는 대로 피란민들은 철도를 따라 400-500m 가량을 걸어 충북 영동군 황간면 노근리 지역에 도착했다. 미군은 피란 대열을 정지시키고 대열의 앞뒤에서 소지품 검사를 실시했다. 특별히 위험한 물건은 없었다. 미군은 어디론가 무전 연락을 취했다. 그 얼마 후 정찰용 경비행기 1대가 피란민들 머리 위를 몇 바퀴 돌고 갔다. 그로부터 얼마 후 미군 전투기 2대가 나타나 피란민들 가운데에 폭탄을 터뜨리고 기총으로 사격을 가했다. 많은 사람들이 죽었다. 다섯 가족은 전 가족이 몰살당했다. 전투기가 공격하는 동안 잠시 피신했던 미군들이 철로 위로 다시 올라와 피란민들에게 총을 쏘았다. 여기서 일부는 총에 맞고, 살아남은 사람들은 철로 아래 배수로와 철로변 아카시아 숲, 노근리 앞 쌍굴로 숨었다.

미군은 배수로에 숨어 있는 사람들에게 총을 쏘아 또 몇 명이 사망했다. 그런 다음 미군은 흩어진 생존자들을 모두 쌍굴 안으로 집합시켰다. 그러고는 터널 양쪽에서 총질을 했다. 처음에는 쌍굴 입구 전면 300-400m 전방의 산중턱에서 기관총을 쏘다가 나중에는 쌍굴 전면 약 90m까지 다가가 사격했다. 사격은 7월 26일 오후부터 29일 새벽까지 계속됐다. 사건 직후부터 300-400명 정도가 죽었다는 얘기가 나왔다. 지금까지 영동군청에 신고된 사상자만 248명이다. 한국 측 노근리 사건 조사반의 조사보고서에 따르면 살해된 사람 중 83%가 부녀자와 노약자였다.

이 사건이 외부에 처음 알려진 것은 1960년 민주당 정권 당시 유족들이 미군 소청심사위원회에 소청을 제기하면서부터였다. 당시 미군 측은 소청을 기각했다. 1994년 4월 '노근리 양민학살 대책위원회' 위원장 정은용이 유족들의 비극을 담은 『그대 우리의 아픔을 아는가』라는 실록 소설을 내면서 조금 더 알려졌다. 그해 노근리사건 피해자들이 문민정부에 진정서를 제출했다. 하지만 문민정부는 조사권을 포기한 채 주한미군사령부에 넘겨 조사는 이뤄지지 않았다. 그 후 월간지 ≪말≫이 몇 차례 보도했다. 하지만 미국정부의 조직적인 개입을 증명해 내진 못했다. 그러다가 1999년 9월 미국의 AP통신이 '피란민을 적으로 대하라'라는 내용의 미군 작전명령, 미군 제1기갑사단과 미 육군 25사단 사령부의 명령서 등 2개의 공식문건과 참전미군 병사들의 생생한 증언을 토대로 노근리 학살이 명령에 의한 것이었음을 처음으로 밝혔다. AP는 이 보도로 퓰리처상을 받았다. AP의 보도 이후 미 국방부는 16개월 동안 자체 진상조사를 실시했다. 자료 100여 만 건을 검토했고, 참전군인 171명을 면담했다. 결론은 세 가지였다. 첫째, 노근리에서 피란민에 대한 공중폭격과 지상공격이 있었고, 이로 인해 숫자미상의 민간인이 사망 또는 부상했다. 둘째, 공중폭격의 경우 전투기 조종사들에게 민간인을 쏘라는 명령은 없었다. 셋째, 지상공격의 경우 당시 병사들의 증언불일치로 민간인에 대한 사격명령이 있었는지에 대해 결론을 내지 못했다. 이 세 가지를 하나로 정리하면 노근리사건은 '겁에 질린 병사들이 피난민 틈에 적이 숨어 들어오는 것을 우려해 명령 없이 발포한 불행한 비극, 비계획적 살상'이라는 것이었다.

문제는 미군의 조사와 조사결과 발표에 허점이 많다는 것이다. 상부명령에 따라 발포했다는 참전용사들의 숱한 증언은 무시됐다. 미국에 불리한 여러 가지 중요한 문건들이 증거로 인정되지 않았다. 그 가운데 핵심적인 부분이 바로 무초 서한이다. 1950년 7월 25일 미 8군 사령부의 요청으로 대구에서 한미 고위관계자 회의가 열렸다. 장소는 내무부장관실. 당시 내무부장관은 조병옥이었다. 참석자는 무초 대사를 대리했던 해롤드 노블 1등서기관, 미 8군의 인사·정보 참모, 헌병대장, 방첩대장, 한국의 내무부와 사회부 관계자, 경찰국장이었다. 노근리사건 바로 전날이다. 회의 다음날 무초는 러스크 국무 차관보에게 문제의 '무초 서한'을 보냈다. 무초 대사는 이 서한을 쓰게 된 배경과 관련해, 이 같은 미국의 치명적인 전술로 인해 "미국 내에서 반발이 일어날 가능성이 있다고 보기 때문에"라고 적었다. 피란민에게 발포하도록 한 결정이 큰 문제를 낳을 수도 있음을 무초는 예상하고 있었다. 2006년 5월 AP가 서한의 존재를 보도할 때까지 미국은 그것의 존재를 얘기하지 않았다. 하지만 미국 국립기록보관소에 근무하는 역사학자 사아 콘웨이-란츠가 발굴한 것을 AP가 보도함으로써 서한의 존재가 확인됐다. 미국이 정책적인 판단으로 민간인에 대한 사격을 결정했음을 보여주는 것인데도 미국은 2001년 조사보고서에서 이를 언급하지 않았다. 다만 '증언불일치로 사격명령하달 여부에 대한 결론에 도달하지 못하였음'이라고 했다. AP의 보도 이후 우리 정부는 미국정부에 설명을 요구했다. 2006년 9월 29일 미국은 공문의 형식이 아닌 리처드 롤리스 국방부 부차관보의 편지 형식으로 답변을 보냈다. 물론 외교부는 서한을 공개하지 않았다. 대신 내용을 간략히 설명했다. 주요내용은 세 가지였다. ▲미 육군의 노근리 조사팀은 무초대사 서한을 조사과정에서 취합된 상당한 분량의 서류 및 증언, 증거의 하나로서 검토하였고, ▲무초 서한의 내용이 승인된 정책이나 일선부대에 전달된 정책을 반영하는 것이 아니었기 때문에 노근리조사보고서에서 언급하지 않았으며, ▲무초 서한이 2001년 노근리 조사보고서의 결론을 바꿀 근거를 제공한다고 보지 않는다는 것이었다. 미국의 답변에 대해 외교부는 별다른 얘기를 안 했다. '당시 미군의 정책적 판단과 관련해 이만큼 중요한 자료가 있었는데 왜 보고서에서 빠뜨렸느냐'라고 항의하면서 재조사까지도 요구할 만한 사안이었지만 그런 모습은 없었다. 외교부는 그러면서 "미 국방부의 설명이 대체로 이치에 닿는다는 입장"이라고 설명했다. 무엇이 이치에 닿는다는 것인지 모를 일이다. 주한미국대사가 본국에 보낸 서한에 '민간인에게 사격할 것'이라고 언급돼 있고, 미국은 이것이 집행되지 않았다고 말하고 있지만, 그런 결정에 대한 집행중지를 증명하는 문건은 내놓지 못하는 상황에서 미국대사 서한을 그냥 무시하자는 미국의 설명이 이치에 닿는 것인지 참으로 이해되지 않는다. 미국 정부가 무초 대사의 서한을 받고 서한에 나오는 내용을 실행에 옮기지 말도록 했는지, 아니면 어떤 다른 지시를 했는지, 이 부분은 분명히 밝혀져야 한다. 하지만 우리 정부는 여전히 이런 노력을 하지 않고 있다.

노근리사건과 관련된 소식을 접하면 필자는 가슴이 철렁한다. 외교·안보를 담당하면서 무초 서한의 중요성을 인식하지 못했다. 2006년 5월 29일 AP가 '무초 서한이 발견됐다'고 보도했지만 그것의 의미를 제대로 알지 못했다. AP를 연합뉴스가 받아서 기사를 내보냈지만 이것의 비중과 의미를 파악해 리포트로 다뤄야 한다는 생각을 하지 못했다. 노근리사건의 조사에 대한 경과를 모르고 있었기 때문이다. 따지고 보면 우리 현대사의 흐름을 규정지어 놓은 한국전쟁에 대해서 얼마나 아는지 스스로 의구심을 갖지 않을 수 없다. 생각해 보면 남북·북미·한미·한중·북중 관계가 복합적으로 얽혀 있는 한국전쟁에 대한 나 자신의 인식이 천박하기 이를 데 없다. 아는 만큼 보인다고 했던가. 당시 중요한 뉴스를 제대로 다루지 못한 부끄러운 경험이지만 겸허한 자세로 부지런히 읽고 생각하는 것밖에는 달리 도리가 없음을 새삼 새기는 계기가 되기도 했다.

노근리 민간인 학살에 대한 미국의 석연치 않은 태도는 무초 서한뿐만이 아니다. 미 제5공군 터너 로저스(Turner C. Rogers) 대령이 1950년 7월 25일 직속상관인 미 제5공군 부사령관 에드워드 팀버레이크(Edward J. Timberlake) 장군에게 메모를 보냈다. 이른바 '로저스 메모'이다. "제5공군은 미군에 접근하는 민간인을 공중 공격하라는 육군의 요구에 지금까지 따랐다"고 나와 있다. 미국은 조사보고서에서 로저스 메모를 언급하고는 있지만 "지금까지 그 요구에 따랐다"는 부분은 빠져 있다. 핵심을 뺀 것이다. 1950년 7월 26일 미 제25보병사단의 킨 장군이 예하부대 지휘관에게 보낸 작전명령과 통신기록도 '사살(shot)'이란 말이 들어간 대목만 누락시켰다. 노근리 인근의 용산리와 용암리 등에서 미 제35전폭대대 제8대대가 출격, 총격 임무를 수행했다는 임무수행보고서는 노근리라는 지명이 직접 명시되지 않는다는 이유로 증거 채택을 하지 않았다. 보고서는 "용암리 남동쪽 3마일 지점 도로를 명중시켰다"고 적고 있다. 이 도로는 노근리 쌍굴다리 옆의 비포장도로 바로 옆에 있는 도로다. 또, "황간 서쪽 1마일 지점에서 미확인물체를 공습하라는 명령을 받았는데, 그 미확인물체에 대한 공격 결과는 좋았다"라는 대목도 있다. 노근리 쌍굴다리는 황간 남서쪽 1.5마일 지점에 위치해 있다. 바로 쌍굴다리 부근을 말하는 것이다.

미국 입장은 공격명령이 없었다는 것이지만 실제로 공격명령이 있었다는 증거는 '로저스 메모' 외에도 너무 많다. 35전폭대대 소속 조종사가 작성한 7월 20일자 임무수행보고서에는 항공통제관의 지시에 따라 흰옷을 입은 사람들을 공습했고, 피란민일 가능성이 있는 사람들을 통제관의 지시에 따라 폭격하고 기총소사했다고 적혀 있다. 미 국방부의 노근리사건 조사단의 자문위원 피트 매클로스키(Pete McCloskey)까지도 "민간인에 대한 기총소사는 명령에 따라 이루어졌다. 그리고 그 명령은 미육군의 '피란민을 기총소사하라'는 요청에 따른 명령이었음은 의심의 여지가 없다"고 말했다. 지상군도 사격명령을 받고 피란민에게 사격했다는 증거와 증언은 넘쳐난다. 제1기갑사단 예하 8기갑연대는 7월 24일 오전 10시에 제1기갑사단사령부로부터 통신문을 통해 피란민을 포함해 전선을 넘으려는 모든 사람에게 발포하라는 명령을 받았다. 7기갑연대 2대대 H중대의 장교와 사병으로 근무했던 참전용사들도 피란민에 대한 사살명령이 있었음을 분명하게 증언하고 있다. 하지만 이런 증거와 증언들은 모두 무시됐다. 조사과정에서 미국정부는 비열한 협박까지 서슴지 않았다. 육군성 장관 루이스 칼데라는 노근리사건 조사와 관련해 전쟁범죄로 밝혀지는 증언자는 처벌한다고 말했다. 민간인을 사살했다고 함부로 말했다가는 전범으로 몰릴 수 있다고 협박한 것이다. 그래서 실제로 증언을 거부하거나 '남들이 쏘는 것을 보았다' '사격명령이 있었다고 들었다' 식으로 어정쩡하게 증언하는 사람도 많았다.

3. 진실규명이 시급한 '양민 학살'

한국전쟁 당시 미군의 양민학살은 맥아더의 전쟁초기전략과도 밀접하게 관련돼 있다. 전쟁 초기 북한의 남하 속도를 조금이라도 줄이기 위해 투입 가능한 모든 자원을 동원한다는 것이 맥아더의 전략이었다. 시간을 벌기 위해서는 접적 지역에 대한 대대적인 공습을 서슴지 않았다. 로저스 대령은 '로저스 메모'에서 자신의 상관인 팀버레이크 장군에게 민간인 피란민 대열에 북한군이 포함되어 있지 않거나, 이들이 적대행위를 하고 있다는 것이 확실하지 않을 경우에는 공격하지 않겠다는 방침을 미 8군사령부에 통보하도록 건의했다. 그만큼 민간인에 대한 공격이 심했다는 얘기다. 2007년 4월 13일 AP는 노근리 외에 추가 양민학살 사례를 보도했다. 1999년 노근리 학살사건 보도 이후 한국 내에서 60여 건의 양민 학살 주장이 제기됐는데, 이 가운데 경남 마산 곡안리, 경북 포항과 예천, 충남 아산 둔포, 충북 단양 등에서 발생한 사건들이 사실로 입증됐음을 보도한 것이다. 이들 사건들이 AP의 추가 취재로 미국 측의 관련 자료가 공개되면서 사실로 밝혀진 것이다.

1950년 8월 10일 미군과 미 전투기는 마산의 곡안리에 있는 한 사찰로 피신하려는 민간인들을 향해 사격했다. 생존자들이 증언한 바에 의하면 어린이를 포함해 민간인 83명이 사망했다. 1950년 9월 1일 미 구축함 USS디헤이븐호는 미 육군의 요청 아래 포항항 인근 해변에 모여 있던 피난민들에게 사격을 가했다. 100~200명이 사망했으며, 대부분이 여성과 어린이들이었다. 당시 포항 송골 해변에는 약 2,000명의 피란민이 운집해 있었다. 피란민들은 미군 전함이 포항 앞바다에 있었기 때문에 안전하다고 믿었다. 하지만 이날 오후 2시 8분 디헤이븐호는 해안함포사격통제반(SFCP)으로부터 함포사격 명령을 받았다. 디헤이븐호 승무원은 목표물이 인민군이 아닌 피란민이라는 사실을 알리면서 명령 내용에 대한 사실 확인을 요청했다. 통제반은 피란민 가운데 인민군이 섞여 있다는 미 육군정보국의 첩보에 따라 포격 명령을 다시 내렸다. 디헤이븐호는 오후 2시 19분부터 2시 30분까지 11분 동안 5인치 포를 15발 발사했다. 당시 구축함 전투 일지에는 "(피란민을) 해산하고 (인민군을) 쫓기 위해 사격했기 때문에 매우 경미한 사상자가 발생했다"고 기록돼 있다. 상세한 피해내용은 기록돼 있지 않다. 생존자들의 증언에 따르면 100~200명이 사망했다고 한다. 이 사건은 2004년 7월 부산일보가 미국 워싱턴에 있는 미 해군역사관에서 구축함의 전투일지를 찾아내 먼저 보도했었다. AP는 비밀해제된 자료를 통해 이 사건의 진실성을 다시 확인했다.

1951년 1월 15일쯤 충남 아산 둔포 마을에 있는 창고에 피신해 있던 피란민을 향해 미 전투기가 폭격을 가해 300명이 사망했다. 피란민들은 추위를 녹이기 위해 불을 지피고 있었다. 전투기는 아무런 경고 없이 폭격을 가했다. 1951년 1월 19일에는 미 전투기가 경북 예천의 산성마을에 네이팜탄을 투하해 주민 34명이 사망했다. 미군은 산성마을 사람들이 인민군에게 식량을 공급하고 있다고 믿었다. 하지만 생존자들은 인민군을 도운 적이 없다고 말했다. 폭격으로 사망한 사람가운데도 인민군은 없었다. 다음날인 1951년 1월 20일에는 충북 단양 영춘의 곡계골 입구에 미 전투기가 네이팜탄을 투하했다. 미 전투기가 네이팜탄을 투하하기 직전 미 정찰기가 이 지역 상공을 지나갔다. 네이팜탄 공격에 동굴 속에 피신해 있던 민간인 300명이 질식사했다.

이 같은 민간인 대량학살의 이면에는 미국인들의 인종차별적 편견이 자리하고 있었다. 노근리사건을 저지른 미 제1기갑사단의 사단장 로버트 게이(Robert R. Gay)는 피란민들을 사냥감(fair game)으로 칭했다. 뿐만 아니라 한국전에 참전한 미군들은 한국인들을 가리킬 때 동양인을 비하할 때 쓰는 'gook'(값싼 물건)이라는 단어를 사용했다. 미군은 노근리 학살이 이뤄지기 전에 피란민들을 상대로 짐검색을 철저히 실시했다. 특별한 무기가 발견되지 않은 만큼 북한군 게릴라가 없는 것은 분명해졌다. 그런데도 이들을 향해 무차별 총격을 가했다. 그런 측면에서 한국전쟁 당시의 민간인 학살은 종족 간의 살상인 'genocide'의 성격을 지니고 있다.

그동안 생존자들의 증언이 있어온 사건이 서면증거들을 통해 공식화되고 있지만 미국이 공식적으로 인정하는 사례는 아직까지 노근리사건뿐이다. 그것도 우발적 총격에 의한 '사소한 실수' 정도로 인정하고 있는 것이다. 미국은 심지어 전투일지 등 미군 자료를 통해 확인된 사례에 대해서도 책임을 인정하지 않고 있다. 무초 대사의 편지의 핵심 내용인 "피란민이 방어선 북쪽에 출현한다면 경고사격을 받고, 그래도 남하한다면 총격을 받게 될 것이다"라는 대목은 한국전쟁 기간 중 전국 곳곳에서 광범위한 민간인 학살이 있었을 가능성을 잘 보여준다. 지난 2002년 2월 1일 영국 BBC는 미 국방부의 조사보고서의 의문점을 낱낱이 지적하는 다큐멘타리를 방송했다. 미시건 대학의 학생들은 한 학기 동안 노근리사건에 대해 강의를 들은 뒤 미국정부의 조사가 잘못됐다며 서명작업을 벌여 부시 대통령에게 노근리사건에 대한 사과와 손해배상을 요구하는 청원서를 보내기도 했다.

미국은 사건의 실상을 밝힐 수 있는 충분한 자료들을 갖고 있다. 마음만 먹으면 얼마든지 진실을 밝혀낼 수 있다. 참여정부에서 출범시킨 진실·화해를 위한 과거사 정리위원회(진실위)가 조사를 결정한 미군 관련 민간인 집단희생 사건은 155건에 이른다. 1950년 7월 11일 미 공군기 2대가 익산역 인근 민가를 폭격해 300－400명이 숨졌다는 익산역 폭격사건, 1950년 8월 16일 미 공군기가 보급로 차단을 목적으로 4시간 동안 대전역 인근에 폭격을 가해 천 여 명이 사망했다는 대전역 폭격사건 등 대형 사건들이 아직도 진실이 밝혀지지 않은 채 남아 있다. 제대로 조사하기 위해서는 미국의 협조가 필수적이다. 미국의 협조를 이끌어 내는 것은 우리 정부의 의지에 달려 있다. 한미동맹에 대한 악영향 운운하며 벌벌 떨고 있으면 미국이 자료를 순순히 내줄 리 없다. 자꾸 요구하고, 우리가 할 얘기를 해야 한다.

전쟁 중 사망한 미군의 유해를 찾는 일에 대한 미국의 집념은 너무나 잘 알려져 있다. 북한까지 들어가 유해를 그토록 열심히 찾는다. 북한에 현금 주는 것을 그렇게 싫어하면서도 유해발굴을 위해서 미국은 북한에 그동안 2,800만 달러를 줬다. 미국이 동결했던 방코델타아시아(BDA)의 북한 자금보다 300만 달러가 많은 돈이다. 북한뿐만 아니라 남한의 한국전쟁 격전지, 베트남, 파푸아뉴기니 등 미군의 유해가 있을 만한 곳이면 어디든 간다. 한국전쟁 당시 미군 실종자가 모두 8,104명이고, 지금까지 찾은 유해는 229구다. 미군의 유해발굴은 앞으로 50년 100년 동안 진행될 것이다. 미군은 유해발굴을 위한 미군 실종자·포로 전담사령부(JPAC)까지 두고 연간 1억 달러의 거액을 쓰고 있다. 2002년 3월 아프가니스탄 산악지대에서 작전 수행 중 헬기에서 추락해 탈레반의 수중에 들어간 미 해군 특수부대 병사의 시신을 되찾기 위해 12시간 넘게 전투를 벌여 미군 6명이 숨지고 12명이 부상을 당하기도 했다. 모든 공격준비를 마쳐도 구조대를 위한 전진기지가 마련되지 않으면 공격을 개시하지 않는 것이 미군이다. "Leave no man behind(적진에 병사를 남기지 않는다)"가 미군의 기본적인 생각이다. 실종자·포로 전담사령부의 구호도 "Until They Are Home(그들이 집으로 돌아올 때까지)"이다. 이렇게 자국군의 유해발굴에는 모든 것을 아끼지 않는 미군이 한국의 선량한 민간인의 죽음에 대해서는 여전히 눈과 귀를 막고 있다. 전시작전권 환수가 모든 것은 아니다. 이런 것을 분명히 지적하지 않고서는 '보다 균형적인 관계(more balanced relations)'는 요원한 얘기에 불과하다.

11장 중국에게도 약한 대한민국

1. 동북공정과 조용한 외교부

중국의 동북공정도 잊을 만하면 한번씩 터지는 사안이다. 2006년 9월 중국 사회과학원의 변강사지 연구중심이 출간한 역사책이 문제가 됐다. 『발해국사』라는 이름의 역사책인데, 발해는 독립국이 아니라 당나라의 지방조직이었다고 썼다. 또 발해 건국의 주도세력은 말갈족이며, 발해 초기에는 '말갈'이라는 국호를 썼다고 기록했다. 변강사지 연구중심의 홈페이지에는 아직 내용이 완성되지 않은 다른 과제물에 대한 요약본도 올려져 있었는데, 고구려의 경우 고대 중국의 지방 민족 정권이라는 점을 거듭 부각시켜 놓았다. 고조선과 부여까지도 중국 역사의 범주에 포함시켰다. 동북공정 차원에서 진행되는 논문들은 기자에 대해서도 중국 중심으로 묘사했다. 기자는 주나라와 진나라의 신하이며 한반도에 최초의 지방정권을 세웠다고 주장했다. 간단히 말하면 고조선에서부터 부여, 고구려, 발해까지 온통 중국 영토에서 진행된 중국의 역사라는 것이 이들 동북공정 결과물들의 핵심 주장이었다. KBS의 베이징 특파원들이 이런 내용을 특종으로 보도하자 도하 각 신문과 방송들도 일제히 받아서 보도했다.

중국은 지난 2004년 7월에도 외교부 홈페이지의 한국사 소개부분에서 고구려사를 삭제하고, 관영 신화통신이 고구려를 중국의 지방정권으로 표현하는 등 고대사를 왜곡해 한중 간의 긴장을 조성했다. 당시 우리 정부는 중국정부에 강력 항의했다. 주중국 대사, 외교장관, 총리까지 나서 중국에 경고를 하고 나섰다. 한 달여 동안 한국의 파상공세가 계속되자 우다웨이 중국외교부 부부장이 서울로 날아왔고, 한중은 차관회담을 통해 5개항에 합의하면서 문제는 일단락됐다. 당시 합의한 5개항에는 ▶중국 정부는 고구려사 문제가 양국 간 중대현안으로 대두된 데 유념한다 ▶역사문제로 인한 한중 우호협력 관계의 손상 방지와 협력적 동반자관계 발전에 노력한다 ▶고구려사 문제의 공정한 해결을 도모하고 필요한 조치를 취해 정치 문제화하는 것을 방지한다 ▶중국은 중앙과 지방 정부 차원에서의 고구려사 관련 기술에 대한 한국 측의 관심에 이해를 표명하고 필요한 조치를 취해나감으로써 문제가 복잡해지는 것을 방지한다 ▶양측은 학술교류의 조속한 개최를 위해 노력하며 학술교류와 양국국민의 이해증진에 도움이 되는 방향으로 노력한다 등의 내용이 포함돼 있었다. 따라서 중국 사회과학원이 한국 고대사를 왜곡한 것은 2004년 구두 양해사항을 정면으로 어긴 것이었다. 사회과학원이 중국 정부 산하기관인 만큼 정부 차원에서 '동북공정'을 추진하고 있음이 분명히 드러났고, 정부차원에서 우리의 고대사를 왜곡하고 있음 또한 분명해졌다.

이에 대해 우리 정부는 너무 작고 약한 모습만 보였다. 언론보도가 대대적으로 나간 다음날인 2006년 9월 5일 외교부는 역사 관련 문제는 민감하고 국민 정서를 자극할 수 있는 것이고 학술적 연구에 대해서 미리 외교적 조치를 취하기는 어렵다면서 특별한 대응을 하지 않았다. 다만 동북공정 연구물들을 입수해 동북아 역사재단에 분석하도록 했다.

분석결과가 나오면 그때 가서 외교적 조치를 취할 수 있는지를 검토하겠다는 얘기였다. 중국이 이러한 연구 결과물을 내놓을 때까지 뭘 하고 있었느냐는 비판도 있었지만 묵묵부답이었다. 다음날에도 외교부는 더 분석을 해봐야 한다는 얘기만 되풀이했다. 이규형 외교부 2차관이 브리핑에 나섰는데, 이 차관은 분석을 더 해봐야 한다면서도 중국 사회과학원은 국책연구기관으로 사립 단체와 다르고, 소속원도 국가 공무원으로 단순한 민간학자가 아니라고 말했다. 외교부는 신중에 신중을 기할 뿐, 액션은 없었다. 그런 신분의 사람들이 하는 것이라도 연구물 자체가 단순한 개인연구인지, 정부 입장이 뒷받침된 것인지 따져봐야 한다고 강조했다. 그게 그렇게 쉽게 따져지는 것인가. 연구원에게 물어서 전적으로 중국정부가 시켜서 했다는 얘기를 들어야 비로소 항의를 하겠다는 얘기로 들렸다. 중국의 국책연구기관에서 신분이 공무원인 연구원들이 역사를 왜곡했으면 정부가 왜곡한 것이 아니고 무엇인지 알 수가 없었다. 설사 그렇게 조심스러워야 한다면 있는 그대로 유감표명하고 항의하면 되는 것이다. "사회과학원에서 그런 자료를 생산한다는 것은 유감이다. 즉시 중단해야 한다. 사회과학원이 국책연구기관이고 연구원들도 공무원이란 점에 주목한다. 이것이 중국정부와 무관하다고 볼 수 없다." 이렇게 성명을 내면 되는 것이다. 외교부의 대응을 관찰해 보도하면서 답답할 뿐이었다. 직접 나서서 성명서라도 써 주고 싶었다.

외교부는 결국 연구물이 중국 정부의 공식입장으로 채택된 것은 아니라는 점에서 일단 이번 문제를 중국 정부와는 분리하는 쪽으로 입장을 정리했다. 그러면서 중국 정부 차원에서 구두양해 사항을 어긴 것은 아니라고 보고, 변강사지 연구중심의 왜곡된 한국사 연구 내용을 중국 정부가 공식 입장으로 채택할 경우 문제를 제기하기로 했다. 외교부는 일부러 합의위반이 아닌 쪽으로만 해석을 하고 있었다. 더욱이 이해되지 않는 것은 이러한 태도가 자가당착이라는 것이다. 외교부는 2005년 10월 국회 보고자료에서 변강사지 연구중심의 역사연구작업을 '역사연구를 빙자한 조직적 역사왜곡 프로젝트'라고 규정했다. 그러던 외교부가 태도를 바꿔 따지고 또 따져보아야겠다며 미온적인 모습을 계속했다. 이런 모습에 여당인 열린우리당의 김근태 의장까지 나서서 "정부 당국의 대응은 외교적 입장을 감안하더라도 지나치게 신중한 것"이라고 질타했다.

우리 정부가 결코 강력하게 대응하지 않는 모습을 보면서 중국은 엉뚱한 주장을 멈출 기미를 보이지 않는다. 문제를 일으켰다가 잠잠해지면 다시 한번 불을 지피고 그러다가 다시 잠잠해지고 하는 모습을 반복한다. 마치 일본의 고위관료들이 종군위안부나 침략의 역사를 부정하는 말들을 잊을 만하면 한번씩 하는 것과 똑같다. 2006년의 동북공정 파란이 좀 잠잠해지자 2007년 5월 다시 문제를 일으켰다. 이번에는 지린성 사회과학원 산하 역사연구소가 그 일을 담당했다. 중앙에서 지방으로 이전한 것이다. 이 연구소가 발행하는 격월간지 '동북사지(東北史地)'에 실린 논문 '당나라 명종이 고려 태조 왕건의 족적을 밝히다'가 문제였다. 이 논문은 왕건이 한반도 토착 신라인의 자손이 아니라 중국 화이허(淮河) 유역에서 온 중국인(漢人)의 후예라고 주장했다. 하이허는 중국 황하강과 양자강의 중간을 흐르는 강인데, 이런 주장을 통해서 고조선과 고구려뿐만 아니라 고려도 중국 고대역사의 일부라고 주장하고 있는 것이다.

중국의 역사왜곡은 가히 종횡무진이라고 할 수 있다. 중앙에서 문제가 커지면 잠시 숨죽였다가 지방의 관변연구소가 나서고, 왜곡의 범위도 고조선, 고구려, 고려 가리지 않고 있으면서 백제, 신라까지 왜곡의 영역을 확대해 왔다. 동북공정을 주관했던 중국 국무원 산하 사회과학원의 변강사지 연구중심은 2001년 펴낸 책에서 백제와 신라까지도 중국사의 일부인 것으로 기술한 사실이 2007년 6월에 새롭게 드러났다. 이 센터가 2001년 출간한 『고대 중국 고구려 역사 총론』은 중국이 백제와 신라를 '기미(羈縻)통치' 방식으로 다스렸다고 쓰고 있다. 기미통치는 주변 민족의 영토를 중국의 행정구역에 속하게 해 놓고 나름의 자치를 인정하는 방식을 말한다. 백제 대해서 이 책은 "멸망(660년) 이전에는 당나라가 기미통치를 했고, 멸망 이후에는 직접 통치했다"라고 주장했다. 신라에 대해서는 중국 진(秦)나라 망명자들이 세운 정권이며, 중국의 변속국으로서 당나라가 관리권을 갖고 있었다고 기술했다. 변강사지중심이 동북공정을 본격 시작한 것은 2002년인데 당시 문제가 된 책은 『고대 중국 고려역사 속론』이었다. 하지만 실제로는 우리가 알지 못하는 사이에 『고대 중국 고구려 역사 총론』을 펴낸 2001년부터 동북공정은 철저히 준비되고 있었음을 알 수 있다.

광범위하게 그리고 철저하게 진행되고 있는 한국 고대사 왜곡에 대해 우리가 어정쩡한 대응을 계속한다면 이는 곧 중국의 오만을 부추기는 것이다. 그렇지 않아도 중국의 오만은 이미 우리에게 널리 알려져 있다. 우리 측 외교관을 폭행하고도 사과 한마디 하지 않고 넘어가기도 했다. 2002년 6월 13일 베이징 주재 한국 영사부에 탈북자 2명이 진입했다. 중국 공안, 정확히 말하면 베이징의 외교단지를 경비하는 중국 외교부 산하 '방옥공사' 소속의 보안요원들이 이들을 뒤쫓아 영사부 건물 안까지 들어와 탈북자 1명을 강제로 연행해 갔다. 특히 강제 연행된 탈북자 1명을 두고 주중대사관 측과 중국 공안 사이에 사상 초유의 물리적 충돌이 벌어지면서 중국 측 보안요원들이 우리 외교관과 언론인들을 폭행까지 했다. 중국 공안이 외교공관에 진입한 것 자체가 외교공관에 대한 불가침권을 규정한 빈 영사협약을 정면으로 위반한 것이다. 1961년 맺어진 외교관계에 관한 빈협약과 1963년 영사관계에 관한 빈협약은 '외교공관 지역에 대한 불가침은 외교특권 중 가장 중요하며 절대적인 권리의 하나'라고 규정하고 있다. 우리 정부는 공관 무단진입과 외교관 폭행을 '중대한 불가침권'이라고 보고 '엄중히 대응해 나가겠다'고 거듭 천명했다. 그러면서 4가지 사항을 요구했다. ▶중국의 공식사과 ▶재발방지 약속 ▶관련자 철저조사 ▶강제연행 탈북자 신병인도

등이었다. 하지만 이 가운데 탈북자 원상회복 외에는 얻어내지 못했다. 국제법을 위반하고 외교관을 폭행까지 한 사건에 대해 사과 한마디를 받아내지 못한 것이다. 다만 중국은 유감을 표명했다. 사안의 중대성에 비추어 유감표명은 지나치게 미흡한 것이었다. 게다가 외교부는 그간 우리 측이 일방적인 불가침권 침해의 피해자라고 말했지만 중국과의 협상 끝에 마련한 공동발표문에는 '한국 측도 원치 않는 상황이 발생한 것에 유감을 표명했다'는 문구가 삽입됐다. 우리도 잘못한 점이 있다는 것이었다. '중국에 양보한 것 아니냐'는 지적에 대해 외교부는 '상대가 있는 외교에서 100% 만족은 사실상 불가능하다'고 해명했다. 외교관이 달고 다니는 상투적인 말이다. 일방적으로 당했으면 그에 대한 일방적인 사과와 일방적인 보상을 요구하는 것이 상식이다. 상식이 외교에서는 안 통한다는 것인가. 외교부의 대응 방식은 늘 이런 식이었다. '주권침해'라고까지 규정하며 강력하게 대응한다고 해 놓고는 나중에는 제대로 얻는 것 하나 없이 끝내버리는 형식이었다. 서둘러 이 국면을 벗어나자는 생각밖에는 우리 외교부 당국자들의 머릿속에 없는 것 같다. 용두사미, 크게 시작해서 흐지부지 끝내는 게 우리 외교부의 트레이드마크가 돼 버렸다.

2005년 1월에도 비슷한 일이 발생했다. 중국 공안은 한나라당의 탈북자 기자회견을 방해했고, 이 과정에서 외교관을 폭행했다는 증언까지 나왔다. 1월 12일 오후 2시 베이징 창청호텔에서 김문수·배일도 의원 등은 탈북자 관련 기자회견을 막 시작하려 했다. 그런데 기자회견 도중 갑자기 불이 꺼지고 공안이 들이닥쳤다. 당시 현장에는 한국대사관 총영사를 비롯한 한국 외교관 4명도 있었다. 배일도 의원은 "불이 꺼진 상태에서 중국 공안들이 들어와 자신의 신분을 밝힌 외교관들에게 손전등을 이용해 배를 찔렀다"고 증언했다. 중국 측은 기자회견이 사전허가 대상인데 허가를 받지 않았다고 방해 이유를 댔다. 한나라당은 중국 정부에 대한 유감과 재발 방지를 촉구하는 내용을 담은 항의서한을 리

빈 주한중국대사에게 보냈다. 우리 외교부도 리빈 대사를 불러 유감표
명과 함께 중국 측의 재발방지를 요구했다. 그러면서 폭행당한 외교관
은 없다고 강조했다. 결국 또 그 선에서 마무리됐다. 좋은 게 좋은 거
라는 식에 다름 아니었다.

2006년 12월에는 서울에서 중국 외교관이 황당한 일을 저질렀다. 중
국외교관이 음주측정을 거부했다. 12월 12일 밤 10시쯤 서울 신촌역 근
처에서 중국 외교관 차량이 경찰의 음주운전 단속에 걸렸다. 경찰은 신
분확인과 음주측정을 요구했지만 차에 타고 있던 4명은 외교관의 면책
특권을 주장하며 문을 닫고 응대하지 않았다. 주한 중국대사관 직원이
현장에 나왔다. 이 직원은 차에 타고 있는 사람들이 주한중국대사관의
외교관들이라고 확인했다. 하지만 경찰은 실제 운전자가 외교관인지 확
인할 필요가 있었다. 그래서 신분증 제시를 요구했지만 이들은 계속 거
부했다. 그렇게 대치하기를 8시간 넘게 했다. 경찰은 다음날 새벽 6시쯤
외교 채널을 통해 사실관계를 확인하기로 하고 이들을 보내줬다. 1969
년 빈협약에 따라 외교관은 체포, 구속은 물론 부가가치세 면제, 통신의
자유 등 광범위한 특권을 보장하고 있다. 이 협약의 해석에 따라 외교관
에게는 음주측정을 강제할 수 없다. 문제는 어떻게 외교관 신분을 확인
하느냐 하는 것이다. 따라서 '내가 외교관이다'라고 자신이 신분을 밝혀
야 한다. 아무것도 내놓지 않으면서 '나는 외교관이다. 특권을 보장해라'
라고 말하는 것은 어불성설이다. 음주단속 현장에서도 마찬가지다. 현장
에서 신분증을 제시하고 외교관임이 확인되면 그냥 보내주면 되는 것이
다. 신분증을 보아야 외교관임을 알 수 있지 않겠는가. 그리고 외교관의
면책특권은 음주운전까지 허용하는 것은 아니다. 음주운전을 하다가 단
속되면 그에 합당한 처분을 받는 것이 당연하다. 다만 면책특권에 따라
벌금이나 운전면허 정지 등 행정처분은 면할 수 있다. 그리고 더 중요한
것은 외교관의 특권을 규정한 빈협약은 특권뿐만 아니라 의무도 적어
놓고 있다. 그 가운데 중요한 것이 주재국의 법령 존중 의무다. 음주운

전 단속 안 받겠다고 하기 전에 음주운전을 아예 하지 말아야 한다. 그 것이 그에게 주어진 의무다. 의무는 팽개치고 특권만을 주장하는 중국 외교관이 서울에서 8시간 이상 경찰을 상대로 시위를 했으니 이것도 중 국의 오만을 드러낸 것이라 아니할 수 없다.

   그렇다면 중국은 왜 이렇게 오만하고 우리 외교부는 왜 그렇게 중국 한테 약한 것일까. 최근의 동북아시아의 국제적 역학관계 속에서 북한과 의 관계가 여기에 크게 작용하고 있는 것으로 보아야 할 것이다. 2006년 말 상황이 반전되기 전까지 미국은 북한에 대해서 금융제재를 계속 밀 어붙여 왔고, 북한은 금융제재가 안 풀리면 6자회담에 못 나가겠다고 버텼다. 이런 상황에서 중국의 역할은 클 수밖에 없었다. 중국은 실제 로 매번 6자회담이 열릴 때마다, 또 BDA의 북한계좌에 대한 동결이 풀리는 데에 결정적인 역할을 해 왔다. 6자회담의 동력이 계속 힘을 발휘하는 정국에서도 마찬가지다. 6자회담은 그저 열리는 게 아니다. 매번 장소와 시간, 의제를 두고 실랑이가 벌어진다. 북한과 미국은 대 화국면에서도 양측에 요구할 게 많은 만큼 고도의 신경전을 계속하고 있다. 한국은 양측을 매개하기에 힘이 떨어진다. 누구도 달가워하지 않 는 존재다. 중국의 역할은 그래서 높이 평가된다. 미국과 북한 사이에 서 양측에 적당이 힘도 행사하면서 양측의 의사도 들어줄 수 있는 나 라는 중국밖에 없기 때문이다. 미국입장에서는 북한으로 가는 지름길이 중국이다. 경제적으로도 중요한 교역상대국이다. 그런 만큼 중국에 기 대하는 바가 크다. 북한도 중국의 눈치를 살피지 않을 수 없다. 식량과 석유를 중국에서 싼값에 들여오는 데다 국제사회에서 북한의 든든한 후원자 역할을 하고 있는 중국을 잃는다면 북한의 입지도 엄청나게 어 려워진다. 그래서 북한도 중국의 얘기는 귀담아 듣지 않을 수 없다. 이 러한 중국의 기능과 가치를 아는 외교부는 중국에 호통을 칠 수 없다. 중대사안이 발생할 때마다 그저 한국의 들끓는 여론이 가라앉기 만을 바랄 뿐이었다.

2. '피켓 세러모니'도 우리만 잘못?

중국의 동북공정은 이제 말릴 수 없을 만큼 노골적으로, 다양한 각도로 진행되고 있다. 백두산 지역을 대대적으로 개발하면서 공항을 만들고 관광도로도 건설하고 있다. 이른바 '장백산 문화론'을 제기하면서 백두산을 최초로 개발한 민족은 숙신계인 중국 소수민족이고 백두산을 중심으로 한 문화 강역을 역사적으로 관할해 온 민족이나 왕조 역시 중화민족이고 중국왕조라고 주장하고 있다. 2007년 1월 말 중국 창춘에서 동계아시안 게임이 열렸다. 개막식 식전공연의 제목은 '빙설 창춘'. 하지만 그 내용은 '백두산은 중국의 산'이었다. 공연 배경은 백두산 천지 부분에 중국을 상징하는 '中'자가 보이도록 했다. 쇼트트랙 500미터 경기에서 안현수가 1위로 골인했지만 중국의 리예를 밀었다며 실격 처리했다. 다음날 여자 쇼트트랙 300미터 계주에서 한국선수들은 중국의 반칙성 플레이에 선두를 내주고 은메달을 받았다. 이 선수들은 시상식에서 '백두산은 우리 땅'이라고 쓰인 종이를 들어올렸다. 이른바 '피켓 세러머니'였다. 얼마든지 애교로 봐줄 수도 있는 문제였다. 하지만 중국은 아니었다. 창춘 동계아시안게임 조직위원회는 김정길 대한올림픽위원장에게 항의서한을 전달했다. 중국성부 차원에서도 한국 대사관 관계자를 불러 정식으로 항의했다. 창춘시에서는 시청직원이, 선수들과 함께 귀국길에 오른 김정길 위원장을 공항까지 찾아가 사과를 요구했다. 집요했다. 우리 측은 선수단장 명의로 유감을 표명했다. 물론 스포츠 행사에 정치적으로 오해할 수 있는 구호를 내건 것은 잘못이다. 올림픽헌장 제53조 3항도 선수들이 스포츠 행사에서 정치적, 종교적, 인종적인 문제에 대한 선전이나 의사 표현을 하지 못하도록 규정하고 있다. 하지만 먼저 스포츠 행사를 정치적으로 이용한 건 중국이었다. 대회의 성화를 백두산에서 채화했고, 대회와 직접 관련이 없는 '창바이산 보호관리위원회'라는 이름으로 된 책자와 CD가 대회장의 메인 프레스 센터에 배포돼 백두산을 중국땅이라고 홍보하고 있었다. 그러니까 먼저 때린 놈은 중국이었다. 하지만 중국은 맞은 놈이 방어차원에서 휘두른 주먹을 문제 삼으며 사과 운운했다.

우리 측은 애초부터 창바이산 홍보 행태에 대해 한마디도 하지 않았다. 그리고는 중국이 한국 선수들의 행위에 대해 사과를 요구하자 유감을 표명했다. 우리 정부도 일체 공식 대응을 하지 않았다. 비공식적으로 중국 측에 '차분한 대응'을 주문했을 뿐이다. 외교부는 또 소리 나지 않게 하는 게 좋다는 입장이었다. 우발적인 일을 정치적으로 해석하는 것은 바람직하지 않다는 얘기였다. 이렇게 매번 조용조용 넘어가자고 하면 도대체 우리는 영원히 항의 한번 못 해 보는 것인가. 북한이 있고, 중국의 대북 영향력이 계속 유지되는 동안에는 우리는 그저 중국이 하는 대로 바라보기만 해야 하는 것인가.

12장 미국이 마음먹으면 북한도 속수무책

1. 6자회담의 열쇠 금융제재

BDA, Banco Delta Asia의 약자다. 마카오에 있는 소규모 은행의 이름이다. 우리의 귀에 BDA라는 용어가 들리기 시작한 것은 2005년 9월 16일부터다. 6자회담의 '9·19 공동성명'이 발표되기 사흘 전이다. 미국은 이날 BDA를 '돈세탁 우려 내상'으로 지정했다. BDA에 북한 돈이 들어 있는데, 그 돈이 불법이라는 것이었다. 미국의 주장은 그 돈에는 위조한 달러도 있고, 마약거래나 가짜 양담배를 만들어 팔아서 조성한 돈이 들어 있다는 것이었다. 돈세탁 우려 대상으로 지정되자 북한돈도 바로 동결됐다. 북한과 미국을 비롯한 한국·중국·일본·러시아 등 6자회담 당사국들은 '9·19 공동성명'에 서명했지만 북한과 미국의 돈을 둘러싼 신경전 때문에 성명의 기반은 약하디 약한 것이었다. 게다가 미국은 공동성명 직후 6자회담 폐막식에서 북한을 비난했다. 백악관의 지시를 받은 힐 차관보는 "북한의 인권 침해, 생물화학무기 계획, 탄도 미사일 계획과 확산, 테러, 불법 활동의 모든 우려에 대해서는 북미 정상화 논의의 필요한 부분으로 제기해 나갈 계획이다"라고 말했다. 경수로 지원의 시점도 문제가 됐다. 공동성명에는 "적절한 시기에 조선민주주의 인민공화국에 관한 경수로 제공문제 대해 논의하는 데 동의하였다"고 돼 있다. 하지만 힐은 폐막식 성명에서 "공동성명에 적당한 시기로 돼 있는 것은 북한이 모든 핵무기와 핵계획을 검증 가능한 형태로 폐기하고 NPT에 재가입하며 IAEA의 사찰을 받고 난 뒤를 의미한다"라고 말했다.[17] 이에 대해 김계관은 거세게 반발했다. 북한의 생각은 핵폐기보다는 경수로 제공이 먼저라는 것이었다. 이런 여러 가지 이유로 공동성명은 발표 다음날부터 삐걱거리기 시작해 결국은 이행되지 못했다. 이후 북한과 미국 사이 갈등의 핵심은 금융제재였다. 북한은 BDA에 묶여 있는 2,500만 달러를 풀어야 6자회담에 나갈 수 있다고 버텼고, 미국은 6자회담과 금융제재는 별개의 문제라고 하다가 나중에는 6자회담에 나오면 금융제재를 논의할 수 있다는 입장으로 바뀌었지만 어쨌든 6자회담에 나와야 한다는 주장을 되풀이했다. 북한과 미국은 관계의 진전을 이루지 못하고, 북한은 극단적인 방법으로 상황을 극한 상태로 몰아가서 타개의 계기를 마련한다는 전략으로 2006년 7월 5일 대포동2호를 시험발사하고 10월 9일에는 급기야 핵실험까지 하게 됐다.

북한은 북한에 대한 금융제재는 북한체제 자체를 의심하는 것과 다름없다고 보고 "제재의 모자를 쓰고 6자회담에 나갈 수는 없다"고 거듭 주장했다. 하지만 그런 주장의 이면에는 묶인 자금의 성격문제도 짙게 깔려 있었다. 이 돈이 김정일의 통치자금이라고 분명하게 증명이 되진 않았지만 그런 개연성은 많다. 천영우 우리 측 6자회담 수석대표도 '이 자금의 주인이 아주 센 사람이나 기관'일 것이라고 말한 적이 있다. 김계관 북측 수석대표와 여러 차례 만나서 얘기를 나누면서 그런

---

17) 후나바시 요이치 저. 오영환·박소영·예영준 역, 『김정일 최후의 도박』, 537-538쪽.

인상을 받았다고 한다. 김계관은 무조건 그 돈을 손에 쥐고 가야 6자
회담이 가능하다고 늘 강조했다는 것이다. 게다가 BDA문제로 인해 북
한은 전 세계적으로 돈거래를 하는 데 엄청난 어려움을 겪게 됐다.

2. '돈 세탁 우려 대상'의 공포

사실 미국이 한 일이라곤 2005년 9월 16일 BDA를 '돈 세탁 우려
대상'으로 정한 것밖에 없다. 그런데 이것이 북-미 간에, 그리고 동북
아 국제질서에 오랫동안 큰 파장을 몰고 다녔다. 미국이 BDA를 '돈
세탁 우려 대상'으로 지정하면서 예금자들은 돈을 인출하기 시작했다.
'이 은행 망하는 거 아냐' 이런 걱정으로 예금주들이 예금을 빼기 시작
한 것이다. 이에 도산을 우려한 BDA는 자금의 인출을 동결했다. 그러
면서 북한 자금도 묶였다.

BDA에 대한 자금 동결은 북한에 대해서는 국제금융시장에서 '사형
선고'로 작용했다. 베트남과 싱가포르 등에 있는 북한 계좌도 묶였고,
어느 나라 은행도 북한과 거래를 하지 않으려 했다. 중국도 마찬가지였
다. 미국의 금융제재가 계속되면서 중국은행들도 미국의 눈치를 보면서
북한과의 거래를 꺼릴 수밖에 없었다. 실제로 2006년 8월이 되면서 베
이징과 상하이에 있는 대부분의 중국은행들이 북한과의 금융거래를 대
폭 줄였고, 북한 측이 요구하는 신규 계좌에 대해서는 개설을 허용하지
않게 됐다. 또 일정규모 이상의 자금거래는 중국당국에 일일이 보고를
할 정도가 됐다. 중국당국의 북한과의 거래는 특별히 조심하라는 경고

도 계속했다. 이 때문에 북한은 중국 내에서조차 금융거래를 하는 데 상당한 어려움을 겪었다. 북한은 중국과 우호관계를 계속하면서도 그 친밀도가 과거와 같지는 않은 편이다. 2006년 7월 대포동2호 시험발사 이후 중국이 유엔안보리 결의안에 찬성해 준 데 대해 북한은 섭섭함을 여전히 간직하고 있다. 또 중국은 PSI에 직접 참여하고 있지는 않지만 북한이 미사일이나 핵개발에 쓸 만한 물건을 사들이려 할 때는 철저하게 통제해 왔다. 여기에다 미국의 금융제재까지 동참하고 있었으니 북한으로선 중국이 달가울 리가 없었다. 그런 만큼 북한과 중국의 관계도 과거와 같지 않음은 분명한 것 같다.

미국의 금융제재는 어떤 강제력이 동원되는 것이 아니다. 물리력을 동원해서 거래를 못 하게 하는 게 아니다. 외국은행에 대해 그렇게 할 수도 없다. 미국이 왜, 어떤 근거로 BDA에 있는 북한돈을 동결시킬 수 있나. 미국은 깡패국가인가. 의구심을 가질 만하다. 하지만 그 힘은 달러의 힘, 달러가 가지는 국제정치경제적 역학관계상의 파워에서 나온다. '돈 세탁 우려 대상'으로 지정만 하면 달러를 가진 미국기업들이 이 은행과 거래를 안 하게 되고 그러면 웬만한 은행은 영업이 어렵게 된다. 문제는 예금주들의 반응이다. 은행이 어려워지기도 전에 예금주들은 은행도산을 우려해 일제히 돈을 찾으려 한다. 그렇게 되면 은행은 실제로 훨씬 어려워지고 도산으로 가기 십상이다. 이렇게 미국은 자국법에 따라 의심스런 은행을 '돈 세탁 우려 대상'으로 지정하기만 하면 자금을 동결시킬 수 있고, 국제적인 은행들도 식은 죽 먹기로 도산시킬 수 있다. 실제로 미국정부로부터 '돈 세탁 은행'으로 지정돼 도산한 예는 많다. 우크라이나, 리투아니아, 미얀마 등의 8개 은행이 이런 식으로 망했다. 2006년 중국의 은행들이 북한과 신규거래를 중단한 데는 물론 중국정부가 조심하라고 경고를 한 것도 원인으로 작용했겠지만, 실제로는 미국의 제재분위기를 파악한 중국은행들이 적극적으로 협조한 측면이 강하다. 우리 정부당국도 그렇게 파악하고 있었다. 중국의 은행들이 과거처럼 국영은행이 아니고 민영화되고 미국의 투자회사들이 주주로 참여하면서 이들의 요구가 강해진 측면도 중국이 금융제재에 동참하지 않을 수 없는 구조로 작용했다. 빅5, 즉 중국공상은행, 중국건설은행, 중국은행, 중국농업은행, 중국교통은행 가운데 중국농업은행을 제외한 나머지는 외국 투자자들에게 일부 지분을 팔았다. 중국은행들도 이젠 달러가 지배하기 시작했다고 보아야 할 것이다.

2007년 3월의 6자회담은 이런 달러 지배 현상을 단적으로 보여줬다. 나아가 달러를 중심으로 한 금융과 경제질서가 동북아 정치지형에도 결정적으로 영향을 미칠 수 있음을 여실히 보여줬다. 3월 19일 6자회담을 열기로 했지만 북한은 BDA 자금이 풀리지 않으면 회담장에 나갈 수 없다고 버텼다. 그래서 미국은 19일 오전 11시로 예정돼 있던 6자회담이 열리기 전인 오전 9시 반쯤 BDA 북한 자금 전액에 대해 동결 해제를 선언했다. 하지만 그다음에 전혀 예상 못 한 문제가 발생했다. 북한은 BDA의 자금을 중국은행에 이체하려 했다. BDA는 돈 세탁 은행으로 지정돼 운신을 할 수 없는 상황이니 다른 은행으로 돈을 옮겨야 했다. 북한은 중국은행이면 충분히 협조해 줄 것으로 생각했다. 하지만 중국은행이 거부하고 나섰다. 천영우 대표의 말대로 "당초 전혀 예상하지 않았던 황당한 일"이 벌어졌다. 한국, 중국, 북한, 미국 모두 그렇게 하기로 합의했지만 불법행위에 연루된 자금을 받을 수 없다는 중국은행의 반대에 부딪혀 일이 어렵게 된 것이다. 중국은행은 이제 더 이상 중국정부의 것이 아니다. 홍콩과 상하이 주식시장에 이미 상장이 돼 있고, 신용도가 떨어지면 주가가 떨어지게 돼 있다. 결국 중국은행이 버티면서 2007년 3월 6자회담은 전혀 성과 없이 끝나버렸다.

사실 중국은행이 이렇게 버티는 것은 보다 큰 국제금융질서의 룰 때문이다. 물론 달러의 힘으로 미국이 주도하는 룰이다. 은행 간 국제적인 송금 업무는 SWIFT(국제은행 간 통신 협회, Society for Worldwide Interbank Financial Telecommunication)를 통해서 한다. SWIFT는 각국의 주요 은행 상호 간의 지급과 송금 업무 따위를 데이터 통신을 통하여 행함을 목적으로 하는 비영리 법인의 이름이다. 미국과 유럽을 중심으로 1973년 벨기에에서 발족해 200여 개 나라 7800여 개의 금융기관이 가입해 있다. SWIFT는 원래 금융거래를 표준화된 절차에 따라 네트워크에 의해 처리하는 것을 목적으로 설립됐다. 하지만 현재 SWIFT는 세계의 수많은 자금결제 시스템에서 통신 네트워크로서의 기능이 훨씬 중요해졌다. 증권결제 시스템의 인프라로서도 이용가치가 확대되고 있다. 미국은 테러와의 전쟁을 명분으로 이 시스템으로 국제적인 자금의 흐름을 파악하고 있다. BDA문제를 전담했던 스튜어트 레비 미 재무 차관은 "테러와의 전쟁에서 SWIFT는 매우 강력한 무기"라고 말한 적이 있다. 그만큼 미국은 이 시스템을 철저히 이용하고 있다는 것이다. 이를 모를 리 없는 중국은행이 미국이 불법자금으로 낙인찍은 자금을 SWIFT에 노출시키면서 받을 수 있겠는가. 중국은행이 SWIFT 시스템에 '빨간 줄'을 남기지 않으려는 것은 어쩌면 당연한 것이다. 더구나 그 돈은 달러다. 달러는 또 하나의 까다로운 절차를 거쳐야 한다. 달러로 송금되는 돈은 무조건 뉴욕의 예치환거래은행을 거치게 돼 있다. BDA가 중국은행으로 달러를 송금하면 마카오에서 베이징으로 바로 가는 게 아니다. BDA 뉴욕지점으로 와서 예치환거래은행을 경유해서 중국은행 뉴욕지점으로 돈이 넘어가는 것이다. 미국은 이렇게 SWIFT와 뉴욕 경유 시스템을 통해 이중으로 국제적 자금의 흐름을 파악하고 있다. 그러니 한번 의심을 받으면 움쭉달싹 못하게 돼 있는 것이다. 북한이 2,500만 달러를 찾을 경우 유력한 자금이체 창구로 거론되던 HSBC은행이 2007년 4월 13일 BDA와의 거래 중단을 선언한 것도 이런 미국 중심의 국제금융 시스템에서 불법자금 거래기관으로 낙인찍힐 것을 두려워했기 때문이다. 북한으로서는 현금으로 찾으면 그만이지만, 2500만 달러와 함께 오히려 그보다 더 중요한 것이 국제금융시장에 다시 공식적인 행위자로 인정받는 것이다. 그래서 다른 은행으로 송금돼야 한다고 고집한 것이다. BDA에서 다른 국제적인 은행으로 송금이 이뤄지면 이후로는 국제금융시장에서 다시 거래를 할 수 있음을 의미하기 때문이다. 하지만 이것은 미국정부가 한마디 한다고 해결될 문제가 아니다. 미국이 중심이 돼 만들어 놓은 달러 중심의 국제금융시장이지만 이제는 그 나름의 질서와 규범이 생겨 그 체제에 어울리지 않는 행위를 하면 그에 따른 불이익은 온통 스스로 감당할 수밖에 없다. 이를 감수하고 송금을 받아줄 은행을 북한이 스스로 찾아야 했으니 문제해결이 어려울 수밖에 없었다. 북한은 중국의 도움을 받아 백방으로 거래은행을 찾았다. 우선은 미국은행을 거쳐서 제3국은행에 돈을 예치하겠다는 것이 북한의 생각이었다. 그렇게 해야 북한자금을 송금받아도 국제거래에서 문제되지 않는다는 사실을 보여줄 수 있고, 이후에도 국제 금융시장에서 거래를 계속할 수 있기 때문이었다. 하지만 미국의 민간은행들이 나서지 못했다. 동남아 국가의 은행들을 상대로 거래은행을 찾았지만 쉽지 않았다. 다음으로 러시아와 이탈리아 은행들을 물색했다. 이것도 무산됐다. 미 국무부가 와코비아 은행을 거쳐 북한 자금을 제3국에 송금하는 방안을 추진했지만 재무부는 "미국의 상업은행이 돈 세탁 은행으로 지정된 BDA의 자금을 송금받는 것은 애국법 311조 위반"이라고 맞섰다. 재무부는 BDA의 경영진을 교체하면 BDA가 다시 살아날 수 있고 자금을 이전하는 것도 가능하다고 중국 측에 제안했지만 중국은 이를 거절했다. BDA의 대주주인 스탠리 호도 매각을 거부했다. 중국이 비켜선 자리에 러시아가 들어갔다. 국무부는 마지막 카드로 미국과 러시아의 중앙은행을 이용하는 쪽으로 방향을 정했다. 연방준비제도 이사회(FRB) 산하 12개 연방은행의 하나인 뉴욕 연방준비은행이 BDA의 북한자금을 송금받고 이를 러시아의 중앙은행에 보내 다시 러시아의 민간은행으로 보내는 방식이었다. 미국의 연방은행은 애국법 311조의 적용을 받지 않아 가능한 일이었다. 미 국무부가 아이디어를 내고 6월 6일 독일에서 열린 G8 정상회의에서 미국과 러시아가 논의해 최종 결론을 냈다. 러시아는 들러리와도 같았던 그동안 6자회담에서의 영향력을 한 차원 높은 단계로 끌어올리겠다는 생각으로 미국의 제안을 받아들였다. 국제 금융질서와 중국·미국 사이의 정치적 파워게임까지 얽혀 BDA 문제해결은 길고 지루한 과정이 필요했다. 하지만 중요한 것은 BDA를 죽이고 살리는 것도, 북한자금을 살리고 죽이는 것도 모두 미국의 손에 의해 결정됐다는 것이다.

미국의 힘은 이러한 금융질서에 대한 지배력에 그치지 않는다. 하나의 타깃을 정하면 정부부처가 철저하게 공조해 목적한 바를 이뤄낸다. 2003년 '북한이 불법거래를 하고 있다'는 단서를 잡은 것은 국무부였다. 세계에 깔려 있는 국무부 정보망을 통해 북한이 위조 달러를 사용하고, 마약과 가짜 담배를 거래한다는 첩보가 들어간 것이다. 국무장관 콜린 파월은 미 법무부에 철저한 조사를 의뢰했다. 법무부는 미국에서 활동하는 중국계 범죄조직에 주목했다. 이들이 마약을 취급하고 있었고, 북한과 선이 닿아 있을 가능성이 높다고 보았다. 중국계조직에 첩자를 여럿 집어넣었다. 그 가운데 남녀 한 쌍을 연인관계로 가장하고, 뉴저지 앞바다에서 선상결혼식까지 했다. 이 결혼식에 중국계 조직원들을 잔뜩 초대했다. 그러고는 배에 올라 꼼짝할 수 없게 해 놓고는 이 조직원들을 몽땅 잡아들였다. 이 결혼식 작전의 이름은 '로열 참 앤드 스모킹 드래곤(Royal Charm and Smoking Dragon)'이었다. 선상결혼식을 한 배의 이름 '로열 참'을 넣어 지은 것이었다. 잡아들인 59명의 조직원들을 통해 BDA의 돈 세탁에 대한 수많은 정보를 캐냈고, 이런 작업을 4년 동안이나 한 끝에 결국 미국은 2007년 3월 14일 BDA가 북한의 불법활동에 적극 가담했다고 발표했다. 그러고는 미국은행들에게 BDA와 거래하지 못하게 했다. 대신 6자회담을 위해 북한 돈 2,500만 달러는 동결에서 해제했다.

북한을 옥죄면서도 중국에 대해서는 양국관계의 미래를 걱정하며 조심조심하는 모습이었다. 미국은 초기 조사를 통해 북한이 BDA와 중국은행(Bank of China)의 마카오 지점에서 돈 세탁을 한 증거를 대량 확보했다. 돈 세탁 규모는 중국은행 쪽이 훨씬 컸다. 하지만 중국은 BDA만 돈 세탁 우려 대상으로 지정했다. BDA는 작은 은행이어서 마카오 금융체제를 붕괴시킬 가능성이 적었기 때문이라는 게 미국 측의 설명이다. 하지만 중국의 반발을 미국은 우려했다. 중국은행은 지금은 주식의 40%가 민간과 외국인 소유가 됐지만 조사 당시는 중국정부가 소유한 중국 내 은행 규모 3위의 은행이었다. 이런 은행에 손을 댔다가는 중국과의 마찰이 커질 것 같으니까 소규모의 민영은행 BDA가 타깃이 된 것이다. 미국의 세계전략에는 경제와 정치안보가 한 덩어리로 붙어 있다. 경제적인 조치는 정치적인 이유에서 나오고, 안보 이슈를 중심으로 경제적인 협력관계를 유지하기도 한다.

3. '저능국' 만드는 테러지원국 리스트

미국은 매년 『국별 테러리즘 보고서』를 발표한다. 이 보고서를 통해 국제적인 테러행위에 직접 가담했거나 이를 지원, 방조한 혐의가 있는 나라는 '테러지원국(state sponsors of terrorism)'으로 분류한다. 북한은 지난 1987년 11월 김현희가 연루된 KAL기 폭파사건으로 이듬해 1월 미국의 테러지원국 리스트에 올랐다. 북한의 경우 KAL기 폭파사건 이후에는 눈에 띄는 테러지원 행위를 한 적은 없지만 70년 일본 항공기를 납치한 일본 적군파 등 테러리스트를 보호하고 있다는 점 때문에 미 행정부의 테러지원국 명단에서 빠지지 못하고 있다. 북한과 미국은

2·13 베이징 합의에 따른 양국관계 정상화 실무그룹 첫 회의를 2007년 3월 6일 뉴욕에서 열었는데, 여기서 북한의 테러지원국 제외 문제도 논의했다. 회담이 끝난 뒤 김계관은 테러지원국 해제에 대해 미국과 이미 합의했다고 말하기도 했다. 하지만 테러지원국 해제는 미국이 그렇게 쉽게 양보할 사안이 아니다. 미 국무부가 내는『국별 테러리즘 보고서』는 매년 4월에 발표된다. 그러기 위해서 국무부는 전년도 11월까지 다양한 자료를 수집, 조사한다. 또 명단에서 어떤 나라를 제외하려면 대통령이 발표 45일 전에 의회에 보고해야 한다. 의회의 평가도 받아야 한다는 얘기다. 그래서 테러지원국 해제는 하루아침에 국무부의 말 한마디로 될 수 있는 것이 아니다. 게다가 미국의 맹방 일본은 테러지원국 명단에서 북한이 제외되는 것을 극구 반대하고 있다. 일본인 납치 문제가 해결되기 전에 북한이 테러지원국 명단에서 벗어날 수 없다는 것이 일본의 입장이다. 결국 미국은 4월 30일 발표한 보고서에서 북한을 다시 테러지원국으로 지정했다. 이란, 시리아, 수단, 쿠바가 고스란히 또다시 테러지원국이 됐다. 북한 부분에 대한 기술은 7줄에 그쳤다. 5개 나라 중 가장 적은 분량이다. 미국이 테러지원국 지정의 근거로 거론한 것은 두 가지. 하나는 12명의 일본인 납북자들의 행방에 대한 북한의 해명이 충분하지 않다는 점이고, 다른 하나는 북한이 1970년에 발생한 요도호 납치사건의 범인 4명을 보호하고 있다는 것이다. 2006년에는 한국전 이후 납북된 민간인 485명이 납북됐다고 언급했지만 2007년에는 이에 대한 얘기는 빠졌다. 일본과 관련된 사안들만 남은 것이다. 일본이 얼마나 강하게 북한의 테러지원국 지정에 대해 관심을 표명해 왔는지에 대한 방증이 아닐 수 없다. 그나마 보고서는 작년에 이어서 올해에도 "북한은 1987년 대한항공기 폭파 이후 테러행동을 지원하지 않은 것으로 알려졌다"고 말하고 있다. 게다가 북한은 9·11테러 바로 다음날 외무성 대변인을 통해 "온갖 형태의 테러를 반대한다"고 밝히고, 미국의 테러근절 대책에 대해서도 특별히 문제를 제기

하지 않았다. 그럼에도 불구하고 테러지원국에서 제외되진 못했다. 미국정부 내의 강경파와 일본의 입김이 작동한 결과일 것이다.

문제는 '테러지원국 지정'의 효과다. 국무부의 보고서에 불과한 이 문건은 한 나라의 명줄을 좌지우지할 만큼 그 힘이 막강하다. 일단 테러지원국 명단에 오르게 되면 미국 애국법에 따라 무기와 테러에 이용될 만한 물자를 수출할 수 없다. 물론 미국의 대외원조 대상에서도 제외된다. 무역제재도 받는다. 국제금융기구에도 가입할 수 없다. 국제적으로 도저히 정상적으로 국가적 행위를 영위할 수 없도록 아예 '저능국'으로 만들어 버리는 것이다. 북한은 이러한 제재를 1988년 이후 계속 받고 있다. 이라크, 아프가니스탄, 파키스탄, 리비아는 테러지원국에서 풀렸지만 이란, 시리아, 수단, 쿠바는 여전히 테러지원국으로 남아 있다.

테러지원국과 함께 북한을 옥죄고 있는 것이 적성국교역법에 의한 제재다. 이 법은 1차 세계대전 당시인 1917년 미국이 적국에 대한 무역을 제한하기 위해 만들었다. 대통령에게 적국과 모든 교역을 감시, 제한할 권한을 줬다. 북한은 1950년 한국전 직후 이 법의 적용대상국으로 지정됐다. 이 법에 따라 미국은 북한과 상업 및 금융거래를 할 수 없다. 경제지원과 원조도 제한된다. 94년 제네바합의 뒤 미국 상품의 북한 반입 제한, 북한과 외국 간 거래 시 미국 무역 선박의 북한 입항 금지 등은 풀렸다. 북한과 미국이 장거리 미사일 발사 유예에 합의한 이후 2000년 6월 북한 자산 동결, 경제지원 제한 등이 일부 해제됐다. 하지만 북한은 쿠바와 함께 여전히 적성국교역법의 규제를 받고 있다. 사실 북한과 미국은 교역규모가 크지 않기 때문에 테러지원국 지정이나 적성국교역법 적용이 북한의 미국과의 거래에 영향을 주는 요소도 많지 않다. 하지만 문제는 이것이 갖는 국제적 영향이다. 그것의 상징적 의미는 엄청나게 크다. 지금의 세계에서 미국의 영향을 받지 않는 나라가 어디 있겠는가. 그러니 미국이 '나쁜 나라'라고 지목한 나라와 자유롭게 거래할 수 있는 나라는 거의 없다. 이러한 상징적 의미가 북한에게는 중요하다. 미국의 조치가 다른 나라와의 거래를 못 하게 하는 요소로 작용하기 때문이다. 그런 만큼 테러지원국 및 적성국교역법 해제는 북－미 관계 정상화로 가는 신뢰 구축의 '단초'라고 할 수 있다. 6자회담이 진행되고 북미관계가 진전되면서 비핵화 문제와 함께 이 두 가지 문제가 어떻게 다뤄지는지를 보면 과연 북미가 수교까지 갈 수 있는지를 충분히 가늠해 볼 수 있다.

13장 미국을 어찌할 것인가

1. 중국·일본 그리고 미국

주변 강대국 미국, 중국, 일본의 우리에 대한 영향은 누가 뭐래도 크다. 이들 3국은 우리에게 다른 사고, 다른 인식을 갖고 접근한다. 우선 우리에게 중국은 어떤 존재인가. 중국은 이제 더 이상 공산주의 국가가 아니다. 자본가를 인정하고 사유재산을 인정하는 공산주의가 어디 있겠는가. 그만큼 중국 사람들은 사적이익의 추구에 진력하고 있다. 중국 사람들을 보고 '만만디'라고 말하는 것은 세상물정 모르는 말이다. 중국에서 택시를 타 보면 안다. 조금이라도 더 벌려고 과속에 곡예운전, 우리나라 택시는 이제 조족지혈이다. 원래 한족이 이성적이고 이기적이다. 국민당의 부패에 넌더리가 나서 마오쩌둥을 지지한 것일 뿐 공산주의와 잘 어울리지 않는 민족성을 갖고 있다. 몇 년 전 칭다오의 하이얼 본사를 취재한 적이 있다. 중국의 경제영웅 50인 가운데 한 사람이라는 장루이민 총재도 만났다. 이 사람이 하이얼을 키운 것은 중국인의 특성을 제대로 파악했기 때문이었다. 일한 만큼 주는 성과급을 과감하게 도입했다. 작업반별로 커다란 게시판을 만들고 거기에 이름과 사진을 붙여 놨다. 매일 저녁이면 그날 가장 잘한 사람 옆에 '웃는 얼굴' 스티커를, 가장 성과가 나쁜 사람 옆에는 '찡그린 얼굴' 스티커를 붙였다. 한 달 통계를 내서 월급에 그대로 반영했다. 어떤 사람은 최저임금만 받고, 어떤 사람은 그것의 몇십 배를 받는 사람도 생겨났다. 직원들은 경쟁적으로 일했고, 그래서 그렇게 단기간에 회사는 성장했다. 합리성과 어울리는 한족의 민족성이 탈공산주의 조류를 타고 제대로 발현되고 있는 것이다.

중국이란 국가도 마찬가지다. 어느 나라 못지않게 철저한 국익 중심주의로 중국은 움직이고 있다. 경제에 진력하자는 정책방향이 서 있는만큼 중국 주변의 국제정세의 불안은 철저하게 예방하려 하고 있다. 한반도의 상황이 불안해져서 탈북자가 대량으로 중국에 쏟아져 들어올 것을 우려하고 있고, 특히 북한의 대량살상무기 저장고가 대부분 중국 가까운 지역에 위치해 있는 만큼 북핵위기가 고조돼 미국이 북한을 폭격을 하는 상황에 대한 걱정도 크다. 그렇게 되면 중국이 분쟁에 휘말리지 않을 수 없고, '선 경제대국 후 정치대국'이라는 중국의 백년대계가 한꺼번에 무너지기 때문이다. 미국과의 교역은 더욱 확대하면서 미국시장에 내다 팔 것은 저가로 쏟아내고, 기술을 익힐 것은 또 철저하게 익힌다. 그러면서도 유럽이나 러시아를 이용해 미국을 견제한다. 유럽국가들이 공동으로 생산하는 에어버스 여객기를 대량으로 구매하기도 하고, 미국의 위성항법장치에 맞서서 유럽식 항법장치를 구축하려는 갈릴레오 프로젝트에 참여하기도 한다. 가끔은 러시아와 정상회담을 통해 미국의 단극체제에 대한 비판을 가하기도 한다. 북한문제만 해도 어떤 경우에는 미국·일본이 주도하는 대북제재안에 강경하게 반대하기도 하고 어떤 경우에는 미국의 주문을 받아서 북한의 미사일 발사 중지, 2차 핵실험 중지를 적극 설득하기도 한다. 지금의 상황에서 6자회담에 의장국으로 적극 임하는 것도 철저하게 국익차원이다. 93-94년

1차 북핵위기 해결에도 중국이 관여했지만 그다지 적극적이지는 않았다. KEDO(한반도 에너지 개발기구)에도 참여하지 않았다. 한·미·일은 물론 EU까지도 참여했는데, 중국은 돈 내는 일에서 눈을 돌렸다. 하지만 현재의 상황은 다르다. 미국은 북핵위기를 중요한 문제로 인식하면서도 이라크 안정화에 전념해야 하는 상황이고, 한국은 북한을 직접 상대하기가 여의치 못한 입장이어서 모두 중국에 기대하는 바가 크다. 이 같은 국제환경을 십분 활용해 중국은 6자회담에서 주도적인 역할을 하면서 동북아에서의 입지를 확대하고 미국과의 관계 발전도 꾀하고 있다.

이처럼 실리적인 중국에게 우리 역시 철저하게 실리적으로 접근해야 한다. 중국입장에서 한국이 이용가치가 매우 크고, 우리와 협조하는 것이 매우 유리함을 보여야 한다. 외교의 최고 가치를 국익에 두는 미국도 그렇겠지만 중국의 철저한 실리주의 성향에 비추어 볼 때 우리가 중국에게 무익한 존재임이 확인되는 순간 중국은 우리를 철저하게 무시하고 우리의 요구는 거들떠보지도 않을 것임이 틀림없다. 우리가 약해지고 우리의 주장이 미약해지는 순간 북한문제나 한반도문제도 중국 나름의 시각으로 그들에게 철저하게 유리한 방향으로 끌고 갈 것이다.

일본의 대북정책은 한마디로 '무전략'이라고 할 만하다. 어떤 때는 북한과 곧 수교라도 할 것처럼 접근하다가 어떤 때는 강경하기 그지없다. 물론 일본은 이상적인 외교 지향점을 가지고 있다. 한국·북한·중국과의 관계를 안정시키고 이를 바탕으로 동북아시아의 평화의 틀을 확립한다는 것이 일본 외교의 큰 그림이다. 그래서 정부개발원조(ODA)도 계속적으로 확대하고 북한과의 관계정상화도 지속적으로 모색하고 있다. 하지만 일본의 구체적인 외교 행태는 이러한 이상과는 동떨어진 길로 가고 있다. 고이즈미 정권 당시에는 두 차례나 북한과 정상회담을 했다. 2002년 9월 정상회담에서 고이즈미 총리는 식민지지배가 야기한 고통에 대해 사죄했고, 김정일 위원장은 납치와 공작선 파견을 시인하고 사죄했다. 하지만 이후 일본사회에서 납치에 대한 반감은 이전보다 훨씬 고조돼 북일관계의 진전은 없었다. 2004년 5월 평양에서 열린 2차 북일 정상회담도 상황은 비슷했다. 당시 고이즈미 총리는 "일본의 대북 적대행동을 철회하고 재일 조선인을 차별하지 않겠다"고 말했고, 회담의 분위기는 국교 정상화에 대한 기대까지 낳았다. 하지만 일본정부의 북한에 대한 접근은 그때마다 납치문제에 발이 묶였다. 여기에는 언론이 일조를 톡톡히 했다. NHK와 텔레비전 아사히가 특히 심했다. 일본국민들은 북한에 대한 식민지 지배는 전혀 생각하지 않은 채 북한의 가해책임만 물었다. 납치문제를 제기하는 것은 이해되는 일이다. 하지만 단서가 있다. 일본도 식민지배에 대해 과거청산을 위한 성의를 보여야 한다. 종군위안부, 피폭자, 강제동원 노동자 등의 문제에 일본이 성의를 보여야 한다.

북일관계가 진전이 있는 듯하다가 다시 후퇴를 반복하는 것은 일본정부의 의지와 전략이 없기 때문이다. 아베 정권은 '납치문제 해결'을 일본의 가장 중요한 과제로 다루면서 북일관계 교착을 자초했다. 일본정부는 과거 역사에서 항상 가해자였다. 하지만 납치문제에 관한 한 명백한 피해자다. 일본정부는 납치문제를 거론할 때마다 피해자 이미지로 부각되고, 이 문제가 일본의 과거 동북아 침략사를 어느 정도 상쇄해줄 것으로 일본은 기대하고 있다. 6자회담에서도 뜬금없이 납치문제를 거론할 만큼 이 문제에 집착하는 이유가 여기에 있다. 일본은 동북아시아에서 고립의 길을 가고 있는 것이다. 이는 전적으로 일본정부의 책임이고 과오다. 아베 총리의 정치적 성장과정을 보면 왜 이런 상황까지 오게 됐는지를 알 수 있다. 아베가 자민당에서 거물 정치인으로 급성장하게 만든 것이 사실은 북한의 일본인 납치문제였다. 임기 1년을 못 채우고 물러난 실패한 총리로 인식되고 있지만 2002년 즈음 아베는 '싸우는 정치가'로 우익의 희망이었다. 그런 아베의 성장 배경은 북한이었다. 특히 2002년 9월 북일 정상회담은 아베가 총리 후보로 급부상하는 결정적인 계기가 됐다. 당시 관방 부장관이던 아베는 고이즈미의 평양 방문에 동행했다. 김정일과의 회담과정에서 아베는 고이즈미 총리에게 북한이 일본인 납치사건을 시인하고 사죄를 하기 전에는 북일 공동선언에 서명하지 말라고 강력하게 주장했다. 이런 사실이 언론에 보도되면서 정치권에서 상승기류를 타기 시작했다. 북일정상회담의 성과로 일본인 납치 피해자 다섯 명이 일본을 일시 방문했을 때 이들을 북한으로 돌려보내지 말아야 한다고 주장한 것도 아베였다. 북한과의 협상에서는 분명히 일시귀국이었다. 1주일 정도 일본에 머무르다 다시 북한으로 돌아가는 것이었다. 아베의 직속상관 후쿠다 야스오 관방장관도 북한과의 약속대로 일단 돌려보냈다가 추후에 가족과 함께 귀국하는 방안을 추진하자고 했다. 하지만 아베는 '이들을 그대로 돌려보내는 것은 국가의 책임을 포기하는 것'이라고 맞서 결국 자신의 주장을 관철했다. 북한에 남은 가족들도 이후 긴 협상 끝에 일본으로 데려갔다. 2006년 7월 북한의 미사일 시험발사 당시에도 유엔안보리의 대북제재 결의안 추진을 진두지휘하면서 북한에 대한 선제공격론까지 언급하는 등 강경한 대북정책을 밀어붙여 일본인들의 인기를 얻었다. 아베의 입장에선 국내정치에 대한 종속변수로서의 대북정책이 있을 뿐이다. 국내에서 인기를 얻기 위해 강경정책을 말하지 않을 수 없는 것이다. 그러니 북핵문제를 해결하자고 모인 국제 다자회의 석상에서도 납치자 문제를 치밀한 플랜하에서 거론하고 있는 것이다.

이러한 일본의 국내정치 우선 전략은 미국의 반감도 사고 있다. 특히 미 하원의 종군위안부 결의안 채택을 방해하던 일본을 보고 미국인들은 "일본정부가 소수의 자국민 납치문제에는 목소리를 높이면서 수만 명 위안부 문제에 대해서는 책임을 회피하는 이중적 태도를 보이고 있다"고 비판했다. 특히 아베 총리가 3·1절인 2007년 3월 1일 "군대위안부를 강제로 동원했다는 증거가 없다"고 말해 한국이나 중국뿐만 아니라 미국인들까지 "일본은 이해할 수 없다"는 반응을 하게 만들었다. 미 하원이 종군위안부 문제 해결을 촉구하는 결의안을 추진하면서 청문회도 하고 종군피해여성들의 증언까지 이어져 이 문제에 대한 미국인들의 관심은 대단히 높아졌다. 그런 상황에서 아베의 발언은 미국인과 미국정부를 매우 불편하게 만들었다. 이런 상황에 처한 미일관계에 대해 미 의회조사국(CRS)의 아시아 외교·국방·무역 위원회 분석관인 에마 챈릿-에버리(Chanlett-Avery)는 "아베 신조 일본 총리의 일본군 위안부 문제에 대한 발언으로 일본인 납북자 문제에 대한 동정심이 사라지고 있다"고 말했다. 그러면서 "미·일 관계에도 이상기류가 형성되고 있다"고 분석했다.[18]

2007년 4월 26일 정상회담을 위해 워싱턴에 간 아베 총리는 미국의 의회지도자들을 만난 자리에서 "위안부들이 아주 고통스러운 상황에 강제적으로 처하게 된 것을 매우 미안하게 느낀다."고 말했다. 하원의원 마이크 혼다가 제출한 종군위안부 관련 일본정부 비난 결의안이 상임위원회 상정을 기다리고 있는 상황에서 위안부 문제에 대해 뭔가를 말해야겠다고 생각한 끝에 한 말이었다. 하지만 그의 말은 "강제적으로 처하게 된"이라는 수동의 어법을 하고 있었다. 자신들의 잘못에 대한 명백한 책임은 회피했다. 부시와 공동기자회견 석상에서는 참으로 이해 못 할 모습을 보였다. "인간으로서 그리고 총리로서 마음으로부터 동정하고 있으며 죄송스럽게 생각한다는 점을 부시 대통령에게 이야기했다"고 아베는 얘기했다. 이에 대해 부시는 "총리의 사죄를 받아들인다"고 응대했다. 전후 사정을 모르는 사람이 들으면 종군위안부 문제가 일본과 미국 사이의 문제라고 생각할 수밖에 없도록 말하고 있었다. 아베는 미국에 사죄하고 미국은 또 이를 받아들였다. 이를 두고 아사히신문은 4월 29일자에서 "국내에서 비판받아도 신경을 안 쓰더니 미국에서 문제가 되니까 당장 사죄하는 것은 어찌된 일인가"라고 꼬집었다. 아베에게는 오로지 미국만이 보였을 뿐이다. 미 하원에 제출된 종군위안부

---

18) 조선일보 2007. 4. 13, A2면.

결의안의 채택을 막기 위해 아베는 그런 제스처를 한 것이라고 볼 수 있다. 일본의 이러한 태도는 미국측의 종군위안부에 대한 문제의식을 확산시켰고, 결국 미 하원은 2007년 7월 30일 종군위안부 결의안을 만장일치로 통과시켰다. 결의안을 통해 미 하원은 위안부 강제동원을 공식 시인, 사과하고 역사적인 책임도 인정하라고 일본에 촉구했다. 일본이 동맹 파트너 미국에 대해 갖고 있는 기대와 희망은 여전하지만 미국의 일본에 대한 태도가 예전만 못함은 다양한 형태로 감지된다. 2007년 2·13합의로 북한의 핵시설 동결에 합의하고도 BDA 문제가 해결되지 못하다 2007년 6월이 돼서 BDA의 북한자금을 미국 중앙은행―러시아 중앙은행―러시아 민간은행의 경로로 송금하면서 문제가 해결되자 6월 21일 힐 차관보가 북한을 방문했다. 북한의 핵시설 폐쇄 의지를 직접 확인할 수 있는 중요한 방문이었다. 2002년 10월 제임스 켈리가 방북한 이래 현직 국무부 동아태 차관보가 평양을 찾는 게 4년 8개월 만이었다. 6자회담 재개를 위한 중요한 행보이기도 했다. 미국은 힐의 방북계획을 방북 바로 전날인 20일 일본에 통보했다. 미국은 방북계획을 통상 1주일 정도 전에 주일 미 대사관이나 외교 장관 통화를 통해 일본 측에 전달해 왔다. 이런 관례에 비추어 보면 하루 전 통보는 아주 이례적인 것이다. 일본은 납치문제에 매달려 미국과 한국의 대북협상 기조에 불만을 갖고 있다. 이를 알고 있는 미국은 이제 북핵문제 해결에 관한 한 일본과 긴밀하게 협조하기는 어렵다는 판단을 하고 있는 듯하다.

미국이 이처럼 일본에 대해 반감을 가지는 것은 최근 일본의 행위, 특히 일본군 위안부를 인정하지 않으면서 야스쿠니 신사참배와 과거사 왜곡으로 지속적으로 문제를 야기하는 것을 '보편적 가치에 대한 도전'으로 보기 때문이다. 인간의 존엄성이나 인권과 같은 보편적 가치를 무시하는 일본을 다시보기 시작한 것이다. 일본이 한국, 북한, 중국으로부터 모두 지지를 받지 못함에 따라 미국의 동북아전략도 흔들릴 가능성이 높다. 최근 일본경제의 부활은 역설적이게도 그런 가능성을 더 높여 주고 있다. 일본은 다시 살아나는 경제력을 바탕으로 방위비를 늘려 미국의 제5세대 최첨단 전투기 F-22를 무려 100대나 구입하려 하고 있다. 대당 가격이 3억 달러이니까 전투기 구입에만 300억 달러를 쏟아 붓겠다는 것이다. F-22는 작전 반경이 2000㎞에 이르러 다른 어떤 기종도 그 성능을 따라가지 못하고 있다. 일본이 이 계획을 실행한다면 중국, 한국과의 공군력 불균형은 엄청나게 심화된다. 특히 중국은 대만, 필리핀까지도 작전반경에 넣을 수 있는 F-22의 대량구입에 신경을 곤두세우고 있다. 중국과 대만 사이에 분쟁이 발생할 경우 일본 공군의 적극적인 개입까지도 중국은 우려하지 않을 수 없게 된 것이다. 일본이 중국과 한국의 부정적인 반응을 예상하지 못했을 리 없다. 하지만 주변국의 반응에는 아랑곳하지 않고 '보통국가'라는 기치 아래 경제력이 받쳐주는 군사력의 확장을 꾸준히 시도하고 있음을 F-22 대량 구입 방침을 통해 분명히 확인할 수 있다.

미국은 일본과 손을 꼭 잡고 일본의 경제력과 군사적인 잠재능력을 십분 활용해 동북아의 안정구도를 끝까지 유지하겠다는 전략을 가지고 있다. 여기에 한국도 포함시켜 남방 3각동맹의 형식으로 세계전략상 중요한 동북아를 경략하려 하고 있다. 그래서 한일 간의 갈등도 미국은 싫어한다. 아이젠하워나 케네디 대통령 당시부터 한일관계 발전에 공을 들인 이유가 이런 것이다. 특히 케네디는 2명의 유능한 외교관을 동원해 한국과 일본의 수교를 주선하기도 했다. 당시에 그 노력이 수교로 직결되지는 않았지만 그만큼 한일관계에 신경쓰고 있었다. 하지만 일본이 동북아에서 소외의 길을 간다면 미국은 중국과의 협력관계에 더 신경을 쓸 수도 있다. 물론 중국이 당장 동맹국이 될 수는 없다. 하지만 전략적 협력관계를 더욱 발전시켜 가면서 경제적 협력을 넘어서 군사적 협력까지도 할 가능성은 있다. 그렇게 되면 한·미·중 주도의 새로운 동북아 질서가 형성된다. 일본에 대한 외교는 그래서 보다 당당하게 할 필요가 있다. 역사적으로 과오가 많은 일본에 대해 그에 대한 진정한 반성과 그에 따른 국제사회에 대한 책임 있는 행동을 지속적으로 요구해야 한다. 일본은 여전히 유엔 상임이사국에 대한 미련을 버리지 못하고 있다. 우리는 이를 중요한 레버리지로 사용할 필요가 있다. 중국에 대한 협력관계는 일본에 대한 견제의 수단으로 여전히 유효하다. 일본은 납치문제만 해결되면 북일관계 정상화 교섭을 할 수 있다고 말하고 있다. 하지만 북한과의 긴장관계가 국내정치를 요리하기에는 훨씬 유리함을 알고 있는 일본의 정객들이 이 과정을 순순히 밟을지는 의문이다. 납치문제가 해결되면 '북핵문제가 완전히 해결돼야 한다' '미사일도 핵 못지않은 대량살상무기다' 이런 주장들을 들고 나올지 모른다. 더 근본적으로는 일본이 과연 핵문제 해결에 대한 의지가 있는지도 충분히 검토해 보아야 한다. 북한이 핵으로 동북아를 위협하는 상황이 일본으로서는 군사적으로 무장하기에 훨씬 유리하고, 나아가 중국과의 관계에 따라서는 직접 핵을 가지겠다고 주장하기에도 한층 우호적인 환경이 될 수 있다. 일본의 진정한 동북아 정책이 무엇인지는 쉼 없이 관찰할 필요가 있다.

2. 미국을 진정 어찌할 것인가

2006년 4월 김대중 정부가 6월 남북정상회담을 발표했을 때 미국 쪽에서 "우리에게 정보도 안 주고 이럴 수가 있느냐" 하는 얘기가 나왔다. 한국정책을 담당하는 실무선에서 나온 말이었다. 하지만 실제로 김대중 정부는 고위급 채널을 통해 일찍부터 미국과 상의했다. 1999년 3

월 대북정책조정관 윌리엄 페리가 한국을 찾아왔다. 페리는 5개월 전 클린턴으로부터 대북정책 조정관으로 임명돼 한국과 중국, 일본 등의 의견을 부지런히 수렴하고 다녔다. 1998년 8월에 터진 금창리 지하 핵 의혹시설과 대포동1호 시험발사 사건 이후 클린턴 행정부는 과연 대북정책을 '포용정책'으로 그대로 가져갈 것인지 고민하고 있었다. 페리는 청와대로 김대중 대통령을 예방했다. 그 자리에서 김대중 대통령은 기밀사항을 말해 줬다. 바로 남북정상회담 추진 건이었다. 비선을 통해서 남북정상회담을 추진하고 있는데 미국의 협조가 필요하다는 얘기였다. 미국이 대북정책을 포용에서 압박으로 전환하면 북한을 결정적으로 자극할 것이고 그렇게 되면 정상회담은 될 수 없는 상황이었다. 그래서 김대중 대통령은 그 시점에서 대북정책을 바꾸면 안 된다고 페리를 설득했다.[19] 그래서 그런지 페리는 그해 10월 발표한 대북정책에 대한 검토보고서에서 포용정책은 지속돼야 한다고 지적했다. 김대중과 페리의 대화내용은 비밀이 잘 지켜져 2000년 4월 남북정상회담이 공식발표될 때까지 정상회담설은 누설되지 않았다.

이는 한국과 미국의 협의가 아주 잘된 경우에 대한 좋은 사례가 될 것이다. 나라 사이에 협의가 하나의 규범(consultation norms)이 될 만큼 철저한 공조체제가 갖춰져 있을 경우만 이런 정도의 협의가 가능할 것이다. 하지만 뒤집어 생각해 보자. 미국의 협조 없이 우리는 정상회담도 못하는 나라라는 얘기도 된다. 미국이 마음먹으면 남북이 만나 민족문제를 풀어가기 위한 논의도 하기 어렵다는 얘기다. 미국이 만일 북한에 대해 포용정책 더 이상 안 된다는 입장을 서둘러 발표했더라면 남북정상회담은 아마도 성사되기 어려웠을 것이다. 물론 북한이 경제적인 이해를 보고 남북정상회담에 응한 측면도 있지만 미국이 북한에 대해 강경한 입장으로 돌아선 상황이었다면 북한도 그에 상응하는 조치를 들고 나왔을 것이다. 한반도가 긴장상황에 빠지면 남북정상회담이라는 커다란 이벤트는 나

---

19) 월간중앙, 2000년 5월호, 119쪽.

오기 어려웠을 것이다. 이것이 한미관계이고 우리의 현실이기도 하다.

　노태우 정권이 북방정책을 한창 추진할 당시에도 미국은 우리 정부의 걱정거리였다. 당시의 북방외교는 청와대의 박철언 정책보좌관이 주도했다. 박철언은 1988년 8월 말 한국 고위관료로는 처음으로 소련을 방문했다. 당시 통일민주당 총재였던 김영삼과 경쟁적으로 소련과의 관계개선 작업을 진행했다. 그러면서 박철언은 미국에 알리지 않았다. ‘미국의 눈치를 너무 볼 필요 없다. 윤곽이 나오기 전에는 보안을 유지해야 한다’는 것이 박철언의 생각이었다. 하지만 외무부는 달랐다. 사전에 알리는 것이 한미관계 발전을 위해서 좋다는 판단이었다. 김종휘가 이끌던 청와대 외교안보수석실도 외무부와 같은 생각이었다. 박철언은 굽히지 않았다. 대통령의 명을 받아서 비밀리에 하는 일을 일일이 미국에 보고하는 것은 안 된다고 맞섰다. 6공화국 이전에는 주요 정책을 결정할 때 미국에 72시간 전에 통보해 줬다. 다른 나라에는 24시간 전에 알려 줬다. 하지만 6공들어서는 이런 관례를 없애고 모든 것을 비밀에 붙였다.[20] 김종휘는 1988년 9월 초 박철언과는 다른 라인으로 소련을 방문했다. 김종휘는 며칠 먼저 모스크바에 들어온 발철언과 같은 호텔에 머물러 얼굴을 마주치기도 했다. 하지만 각자의 일정에 따라 움직였다. 이들의 소련방문은 사전에 미국에 알리지 않았다. CIA 요원으로 한국지부에서 활동했던 이용수씨에 의하면, 김종휘는 소련에서 돌아와 제임스 릴리 주한미국대사를 만나 방소 사실을 알렸다. 정부에서 기밀로 하고 있는 사항을 미국에 알린 것이다. 알맹이는 빼고 얘기했다. 미국은 그 시점에서 모든 것을 알고 있었다. KGB가 CIA에 김종휘의 방소사실 뿐만 아니라 누구를 만나서 어떤 얘기를 했는지를 자세히 알려 줬고, 대화내용을 녹음한 테이프까지 넘겨줬다. 김종휘는 CIA 서울 지부장도 만났다. 그 자리에서는 한국 북방정책이 잘못된 것이고 자신은 어쩔 수 없이 북방정책에 관여하고 있다고 말했다. 미국 측은 김종휘로

---

20) 이용수, 『제럴드 리의 코리아 파일』, 서울: 지식공작소, 1996, 115쪽.

부터 북방정책에 대한 소신을 듣고 싶어 했다. 하지만 그는 변명으로 일관했다. 실망한 CIA 지부장은 30분도 안 돼 자리에서 일어나 버렸다.[21] 참여정부 들어서도 미국은 남북한 정상회담에 대해 꾸준히 부정적인 입장을 취해 왔다. 클린턴 행정부와는 확연하게 차이 나는 부분이기도 하다. 부시 행정부는 북한 핵문제가 해결되지 않는 상황에서 남북한이 정상회담을 통해 유화국면을 주도해 나가는 것을 꺼려 왔다. 부시 행정부의 마인드로는 남북한이 가까워지면 북한은 미국이 주도하는 경제제재에 대한 경계를 낮추고, 그렇게 되면 북핵문제 해결은 더욱 어려워질 것으로 판단한 것이다. 그런 속내는 2007년 5월 미국을 방문한 신기남 국회정보위원장을 통해서 확인됐다. 국무부의 힐 차관보와 데니스 와일더 백악관 국가안보회의(NSC) 아시아 담당 선임보좌관을 만난 신기남은 이들이 "북한의 비핵화에 진전이 없는 상황에서 한국이 북한과 정상회담을 하는 것은 바람직하지 않다"는 입장을 밝혔다고 한국 언론의 워싱턴 특파원들에게 말했다. 신기남의 전언에 따르면 힐은 "북

---

21) 이용수, 『'NO'라고 말할 수 있는 한국』, 서울: 살림, 1996, 30−34쪽. 이용수는 김종휘에 대해 'K수석'이라고 표현하고 있다. 하지만 시기상으로 1988년 8월~9월이고, "당시 P보좌간과 함께 외교와 안보의 축을 이룬 K수석"이라는 대목이 있는 점으로 미루어 보아 김종휘를 이르고 있음을 알 수 있다. 여기서 P보좌관은 당시 정책보좌관이었던 박철언을 가리키고 있다. 또 이용수는 위의 K수석에 대해 "문민정부에 들어와 비리사건에 연루되자 미국으로 도망가서 망명을 신청했다. 물론 미국정부는 그의 망명을 거부했다. 그 후 그는 한국에서 사법부의 심판을 받았다"는 설명을 더해 K수석이 김종휘임을 보다 분명히 하고 있다. 김종휘는 율곡사업에 대한 감사원 감사가 시작될 무렵인 1993년 4월 미국으로 출국했다. 1994년 1월에는 미국정부에 영주권을 신청해 정치적 망명을 시도했다고 비난 받았다. 우리 정부가 미국정부에 강력하게 요청해 김씨의 영주권은 받아들여지지 않았다. 그는 1995년 12월 귀국했다. 김우중 대우그룹 회장 등으로부터 1억 4천 5백만 원을 받은 혐의로 구속됐다가 두 달 후 집행유예로 풀려났다. 돈은 받았지만 특혜를 주지는 않았기 때문이었다. 실제로는 김종휘의 공식직책이 1988년부터 1991년 12월까지는 외교안보담당보좌관이었고, 1991년 12월부터 외교안보수석보좌관이었는데, 이용수가 1996년 책을 쓰면서 김종휘의 직책을 최종 직책인 외교안보 '수석'으로 칭하고 있는 것으로 보인다.

한이 6자회담에 열의를 보이지 않는 상황에서 남북 정상회담을 하는 것은 적절치 않다"고 분명히 말했고, 와일더 보좌관도 남북한 정상회담을 할 경우 북한에 한미 관계를 이간질하는 구실을 줄 수 있다고 우려했다.

미국은 북일관계의 발전도 탐탁지 않게 생각한다. 특히 국방부와 핵비확산 담당 부서들은 북일관계가 진전되면 북한에 대한 압력을 행사하기가 곤란해진다는 점을 우려해 왔다. 또 관계정상화 과정에서 일본이 일제 식민지 지배에 대한 배상으로 북한에 100억 달러 정도를 지원하게 된다면 이 돈이 모조리 핵이나 미사일 개발에 들어가는 게 아닐까 하는 것이 이들의 우려다. 실제로 켈리가 방북하고 HEU문제를 터뜨린 것도 2002년 10월. 고이즈미가 평양을 방문하고(2002년 9월 17일) 북일관계 정상화 분위기가 고조되는 상황이었다. 일본도 미국의 속내를 아는 만큼 고이즈미 방북을 미리 알리지 않았다. 특히 당시 북일정상회담을 엮어냈던 다나카 히토시 외무성 아시아대양주 국장은 고이즈미의 방북사실을 미리 알리면 미국이 저지할 것을 믿고 '조기통보하지 말 것'을 적극 주장했다. 그래서 결국 일본은 고이즈미의 방북이 확정된 이후인 2002년 8월 27일 일본을 방문한 아미티지 국무부 부장관에게 방북확정을 통고했다.

2007년 10월 남북정상회담은 2000년 정상회담과는 좀 다른 양상으로 준비되었다. 김대중정부가 사전에 미국에 '정상회담 준비'를 통보했던 것과는 달리 노무현 정부는 미국과 상의하지 않았다. 2007년 8월 8일 정상회담 개최 사실을 공식 발표하기 몇 시간 전에 송민순 외교부 장관이 라이스 미 국무장관에게 전화로 알렸다. 미국측은 놀랐다. 그도 그럴 것이 미국은 그동안 '속도조절론'을 꾸준히 제기해왔다. 북한의 핵문제가 해결되기 전에는 남북정상회담을 자제해 줄 것을 요청해온 것이다. 남북정상회담설이 여기저기서 나오는 상황에서 버시바우 주한 미대사는 2007년 7월 11일 화계사 강연에서 "남북간 최고위층의 만남은 평화체제와 비핵화, 관계 정상화 프로세스의 마지막 부분에 이뤄지는 것이 좋다"고 말했고, 힐 차관보는 2007년 7월 16일 서울을 방문해 "남북관계가 6자회담 과정에서 협조적으로 이뤄지길 바란다"고 말했다. 남북정상회담을 하면 6자회담의 동력은 떨어지고, 남한이 북한에 대규모 지원을 하고 나서면 북한의 비핵화 의지는 약해질 수밖에 없다는 얘기였다. 미국은 그러면서도 한국이 정상회담을 할 것으로 예상은 하고 있었다. 2차 정상회담 확정 이후 중일일보와 인터뷰를 한 빅터 차전 백악관 국가안전보장회의 보좌관은 "노무현 정권은 임기중에 북한과 정상회담을 하기를 늘 원했기 때문에 정상회담 소식에 놀라지 않았다"고 밝혔다.[22] 6자회담과는 별개의 트랙으로 남북간의 관계 개선을 추구하고, 남북간의 정상회담이라는 큰 틀에서 문제 해결을 시도하는 것은 반드시 필요하다. 하지만 노무현 정부는 그런 과정을 미국과의 긴장관계 속에서 했다. 북한 핵문제를 해결하는 데 공조의 끈을 유지해야 할 상대가 긴장관계의 상대가 된 것이다. 미국은 하지 말라고 하고 한국은 계속 추진하는 양태가 된 것이다. 이런 구도는 북한에게만 유리하다. 한미의 동상이몽을 관찰하고 있는 북한은 6자회담을 통해 미국의 양보를 모색하다가 미국의 태도가 누그러지지 않으면 남북관계를 레버리지로 이용할 수 있는 여유를 가진다. 핵문제 해결을 최우선으로 하든, '평화체제의 과정 속에서 핵문제 해결'을 대북전략으로 선택하든 한미간의 보폭은 맞아야 한다. 미국은 핵문제 해결을 최우선 과제로 보는데 한국은 다른 얘기를 한다면 그 전략은 효과가 떨어지게 마련이다. 북한핵문제, 한반도 평화 문제가 남북간의 문제만이 아니라 국제적 차원의 문제이기 때문에 '우리식'으로 밀어붙이기만 해서는 안 되는 것이다. 이는 민족적 자존을 지키는 것이 아니라 문제해결을 영원히 어렵게 만드는 길이기 때문이다. 우리식으로 하고 싶은 것이 있다면 충분한 시간을 가지고 미국과 일본, 중국을 설득하고 끌어들여 우리식의 정책을 추진할 때 다른 얘기가 나오지 않도록 해야 한다. 그리고 그런 방향이

---

22) 중앙일보 2007. 9. 9. 8면.

정해지면 그것이 오래 가야 한다.

　미국을 제치고 북한과 무엇을 한다는 것은 한국 정부에서 늘 논쟁거리가 돼 왔다. 지금도 북한과의 관계를 진전시키든 북한에 대한 정책을 바꾸든 미국 눈치를 살핀다. 오랫동안 미국을 중심으로 생각하고 미국을 중심으로 한 외교를 익힌 외교관들의 타성 때문으로 돌릴 수도 있다. 하지만 우리의 현실이 그렇게 만들었다고 하는 측면이 옳을 것이다. 우리의 안보를 미국이 책임질 만큼 많은 것을 미국에 맡겨 왔고 미국이 우리 물건은 사주지 않으면 경제가 휘청거렸던 것도 사실이다. 미국은 그래서 한국에 간섭하고 남북관계에 적극 개입하는 것을 스스로 당연하게 여겨왔다. '무임승차론'이다. '한국의 안보를 우리가 지켜주고 한국은 미국에 무임승차하고 있으니 미국은 한국에 좀 간섭해도 된다'는 인식에 바탕을 둔 것이다. 하지만 지금은 많이 달라졌다. 우리의 경제적·정치적 지위가 과거와는 비교할 수 없을 만큼 상승했고, 미국의 시장이나 동북아 국제질서 유지를 위한 파트너로서의 가치도 어느 때보다 높아져 있다. 미국방부는 한국과 동아시아의 중요성을 체감하고 2006년 10월 조직개편에 이를 반영했다. 아태지역 업무는 아프리카, 중동지역과 함께 국제안보국에서 다뤄왔는데 아태안보담당실(Office of Asian and Pacific Security Affairs)을 신설해 아시아태평양 지역 업무를 맡게 한 것이다. 특히 2007년 7월까지 이 조직의 수장이었던 리처드 롤리스가 설명하는 바에 따르면 아태안보담당실의 한국담당부서는 국방부 조직 내에서도 상위 기관의 일부가 되어 한국의 위상은 그만큼 높아졌다.[23] 특히 미국이 수출하는 무기의 시장으로 따지면 우리는 세계에서 네 번째로 큰 시장이다. 중국을 견제하려는 미국으로서는 한국의 전략적 가치가 과거 냉전시대 못지않게 크다. 우선 우리 스스로의 이러한 지리적·전략적 가치에 대한 인식을 분명히 하고, 이를 바탕으로 할 말은 하고, 따질 것은 따지고, 챙길 것은 챙기는 그런 외교를

―――――――――――――――――――

23) 리처드 롤리스 전 미국방부 아태담당 부차관 인터뷰, 신동아 2007년 8월호, 85쪽.

해야 한다. 그것이 결국 우리의 국익을 추구하는 길이고, 한미관계도 장기적으로 보다 균형적인 상태로 공고화하는 길이다.

색 인

· 저자약력 ·

이름: 안문석

경력: KBS 입사(1993년)
사회부, 뉴스기획부, 통일부 등에서 취재, 보도 활동
국제팀 데스크(2005년),
정치외교팀 외교안보 데스크(2006년)
국제팀 차장(현직)

학력: 서울대 철학과 졸업(1991년)
영국 요크(York) 대학교 비교정치학 석사(2001년)
영국 워릭(Warwick)대학교 국제정치학 박사(2006년)

주요 프로그램:
93년 입사 이후 데일리 뉴스 리포트는 물론, 정치, 국제문제 관련 다큐멘터리 제작
* 주식회사 중국 1, 2부 (2002년 1월 신년특집)
* 부시2기, 북핵 그리고 한반도(2004년 11월, KBS스페셜)
* 미국에 맞서는 슈퍼파워 EU(2005년 4월, KBS스페셜)

주요 저서 및 논문
저서: '북한이 필요한 미국, 미국이 필요한 한국'(2006년, 박영률 출판사)
논문: 'The Big Influence of a Small State: The Perry Process and the Influence of the Kim Dae-jung Government'(국제정치논총, 2006년 12월호 영문판)
'자유주의 이론의 틀로 본 현대 한미관계사: 종속에서 자유주의적 영향으로의 변화'('한국동북아논총' 2007년 6월)
'Coalition Instibility under the Presidential System: the Case of South Korea'('한국동북아논총' 2007년 9월)

노무현 정부와 미국

• 초판 인쇄	2007년 12월 31일
• 초판 발행	2007년 12월 31일
• 지 은 이	안문석
• 펴 낸 이	채종준
• 펴 낸 곳	한국학술정보㈜
	경기도 파주시 교하읍 문발리 513-5
	파주출판문화정보산업단지
	전화 031) 908-3181(대표) · 팩스 031) 908-3160
	홈페이지 http://www.kstudy.com
	e-mail(출판사업부) publish@kstudy.com
• 등 록	제일산-115호(2000. 6. 19)
• 가 격	15,000원

ISBN   978-89-534-8025-4 93340 (Paper Book)
        978-89-534-8026-1 98340 (e-Book)